KB216383

어린이들의 창의·인성 교육을 위한 정통 바둑 교과서가 만들어져 무척 기쁩니다.
바둑은 알면 알수록 새롭고, 더 많은 것을 발견할 수 있는 신비한 세계예요.
바둑을 두면 두뇌가 발달하고, '사고력'이 좋아지며,
'창의력'과 '집중력', '문제 해결력' 등을 기를 수 있답니다.
그뿐만 아니라 대국을 하면서 자연스레 상대방을 존중하고
배려하는 마음도 배울 수 있어 인성 교육에도 탁월하지요.
그리고 마음껏 수를 상상하며, 자유롭고 창조적인 생각을 펼칠 수 있어요.

한국기원이 기획한 "초등 창의·인성 바둑 교과서"는 바둑의 원리를 체계적으로 담았고,
어린이들의 인성을 함양할 수 있는 다양한 활동과 재밌는 스토리텔링,
바둑 상식까지도 세심하게 정리해 완성도를 높였습니다.
바둑 교육의 효율성을 높이기 위한 저자의 고민과 정성이 느껴지는 이 책을 통해,
어린이 여러분이 보다 쉽고 재미있게 바둑을 배우고
바둑이 주는 즐거움과 지혜를 알게 되길 바랍니다.

- 세계 바둑 랭킹 1위 신진서 9단, 세계 여자 바둑 랭킹 1위 최정 9단 -

만화로 배우는 바둑을 통해 이번 차시에서 배울 내용을 쉽고 흥미롭게 접할 수 있습니다.

▲ 그림과 한 줄 문장을 통해 이번 차시에서 배울 핵심 내용을 알 수 있습니다.

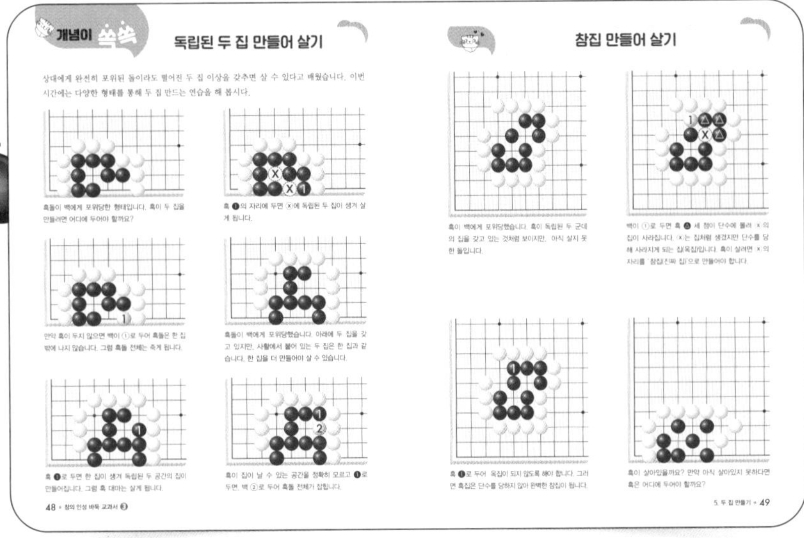

> 자세한 설명과 용어 풀이, 캐릭터를 통해 바둑의 개념을 쉽게 이해할 수 있습니다.

다양한 예시를 보며 개념을 정확하게 이해하고, 기초를 다질 수 있습니다.

초등

초급편

창의 인성 바둑 교과서

3

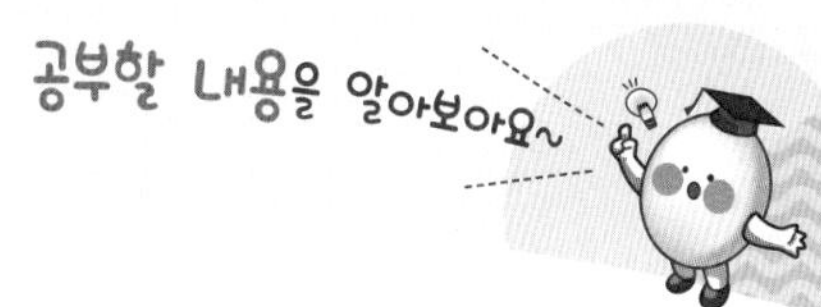

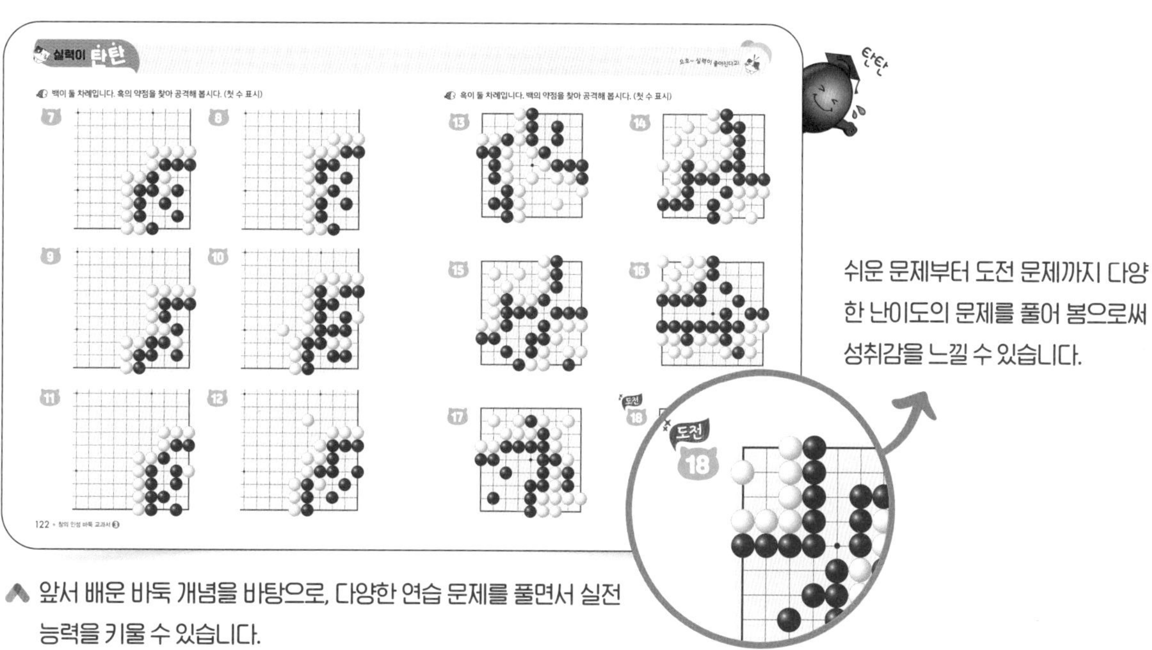

쉬운 문제부터 도전 문제까지 다양한 난이도의 문제를 풀어 봄으로써 성취감을 느낄 수 있습니다.

앞서 배운 바둑 개념을 바탕으로, 다양한 연습 문제를 풀면서 실전 능력을 키울 수 있습니다.

'마음이 쑥쑥'을 통해 바둑을 배우며 예의, 배려, 존중 등의 인성을 기를 수 있습니다.

'이야기로 배우는 바둑 상식'을 통해 옛날부터 오늘날까지 바둑과 관련된 재미있는 이야기를 볼 수 있습니다.

이 책의
차례

공부할 순서를 알아보아요~

기본 화점 정석

이 단원을 배우면!

- 화점 정석 중 가장 기본 정석이라 불리는 '날일자 수비형' 정석을 알 수 있어요.
- 화점 정석 중 '붙여뻗기' 정석을 알 수 있어요.

인성 바둑의 승패와 상관없이 바둑을 즐길 수 있어요.

오늘 배울 내용을 생각해 보며, 그림을 살펴봅시다.

정석은 많이 알고
있을수록 좋아.

정석 사전

만화로 배우는 바둑

안녕, 얘들아. 새로 온 친구를 소개할게!

난 현빈이야. 잘 부탁해.

그럼 현빈이는 바둑을 처음부터 배우는 거야?
아니야. 현빈이는 바둑 교실에서 입문 과정을 마쳐서 너희랑 실력이 비슷해.
음…

오! 대국할 친구가 한 명 더 늘었네!
헤헤~

오늘은 기본 화점 정석을 배워 보자.

정석? 그게 뭔데?

정석이란, 귀에서 이루어지는 형태로, 흑과 백이 서로 최선이라고 인정되어 온 수순을 말해.

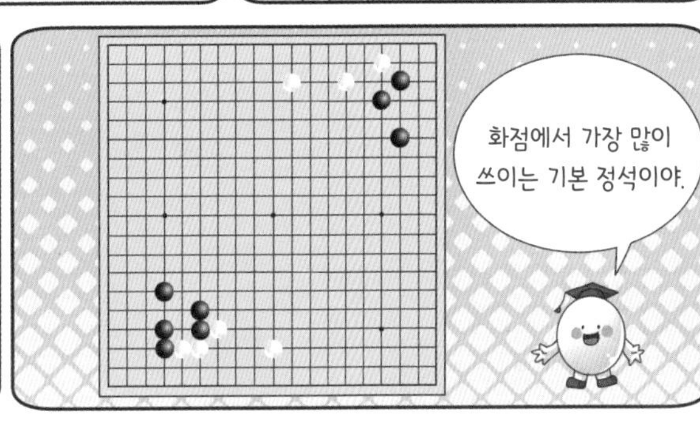
화점에서 가장 많이 쓰이는 기본 정석이야.

설마 이걸 다 외워야 해?
응….

스윽
달그락

헉
처억
앗!

우아. 현빈이 대단하다! 벌써 다 외웠어?
별 거 아니야.
허걱

흠. 제법인데? 바둑 신동 강한돌의 강력한 라이벌이 되겠군!
하하
하하하. 못 말려.
하하

정석: 화점 날일자 수비형

정석이란 귀 방면에서 벌어지는 흑백 사이의 서로 최선으로 인정되어 온, 양쪽의 이해득실이 비슷한 변화 수순입니다. 정석은 최선을 다한 공격과 수비로, 흑백 간에 치우침이 없는 균형적인 결과를 이룹니다.

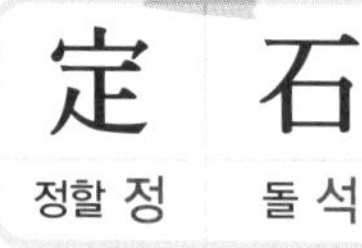

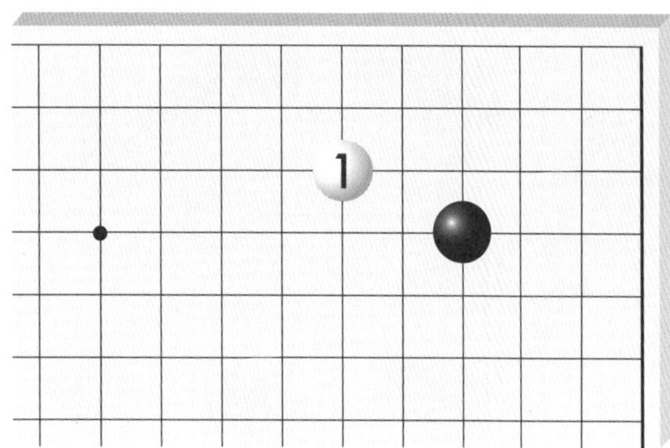

화점의 날일자 걸침에 대해 배웠죠? 백이 ①로 걸쳐왔을 때 흑은 어떻게 대응해야 할까요?

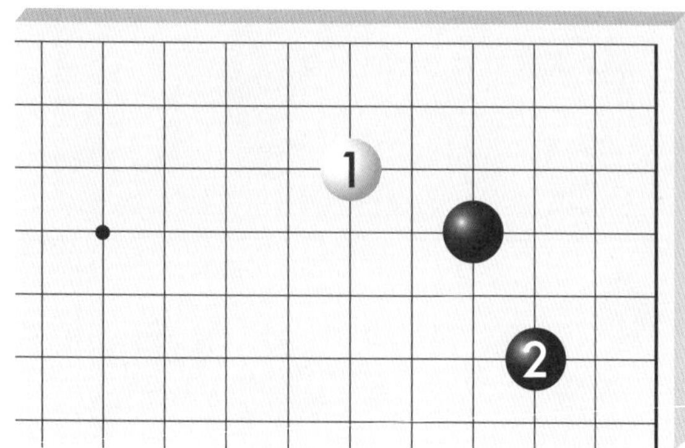

흑이 가장 안전하게 받아주는 수는 흑 ❷의 날일자입니다. 상대가 걸쳐온 반대 방향으로 3선 날일자를 하여 귀의 집을 확보하려는 수비형 응수입니다.

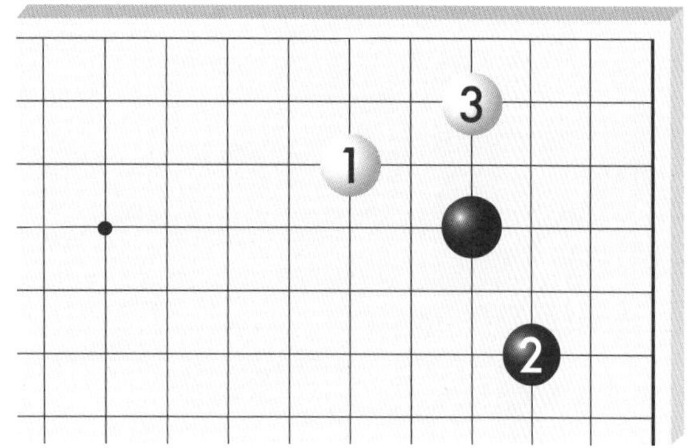

그럼 백은 어떻게 둘까요? 백 ③으로 흑의 귀에 미끄러져 들어가는 것이 정석입니다. 흑이 귀의 집을 지키며 더 늘리기 전에 흑의 집을 줄이려는 의도입니다.

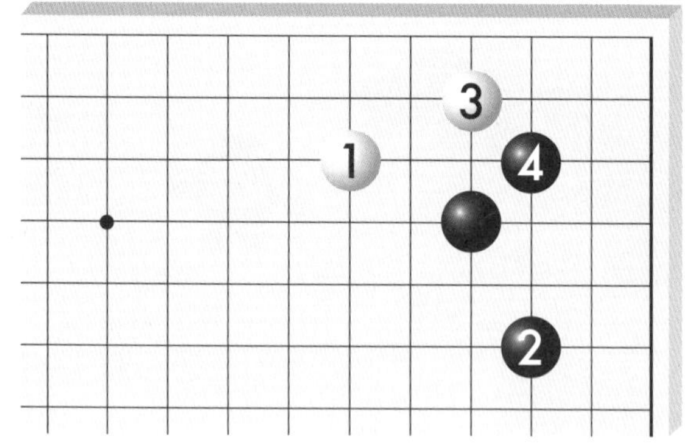

흑의 입장에서는 백이 더 이상 들어오지 못하도록 ❹로 막아서 흑의 집을 지킵니다.

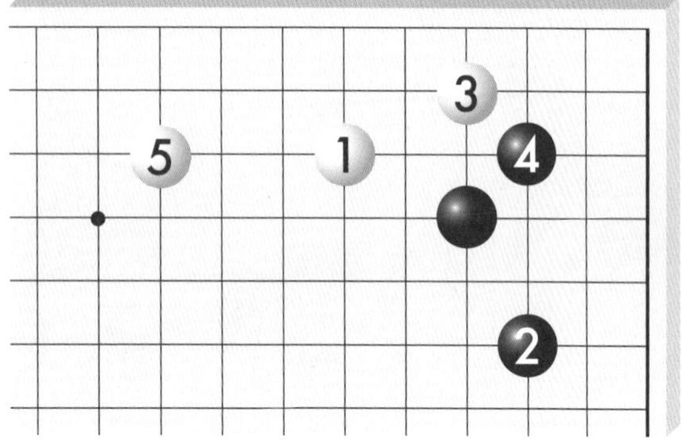

마지막으로 백은 ⑤처럼 변 쪽으로 두 칸을 벌려 안정을 취하며 집을 만듭니다. 여기까지가 화점에서 가장 많이 두는 수비형의 기본 정석입니다. 수순은 간단하지만 고수들도 실전에서 많이 두는 정석입니다.

정석: 붙여뻗기 정석

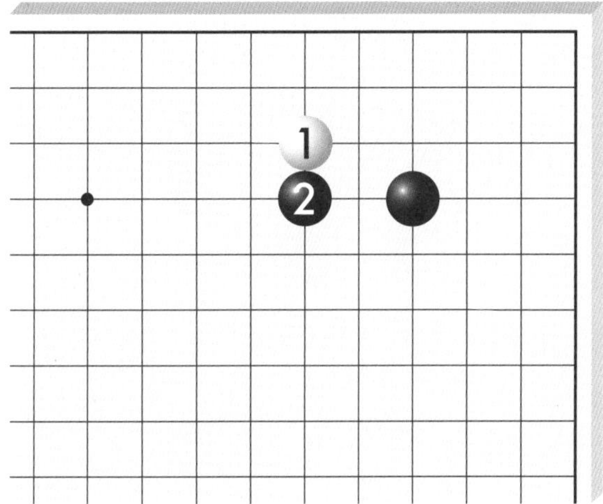

백이 ①로 걸쳐왔을 때, 흑 ❷처럼 위로 붙여갈 수도 있습니다. 바둑에서 붙인다는 것은 '돌과 돌이 맞닿게 두는 것'을 말합니다. 백은 어떻게 응수하는 것이 좋을까요?

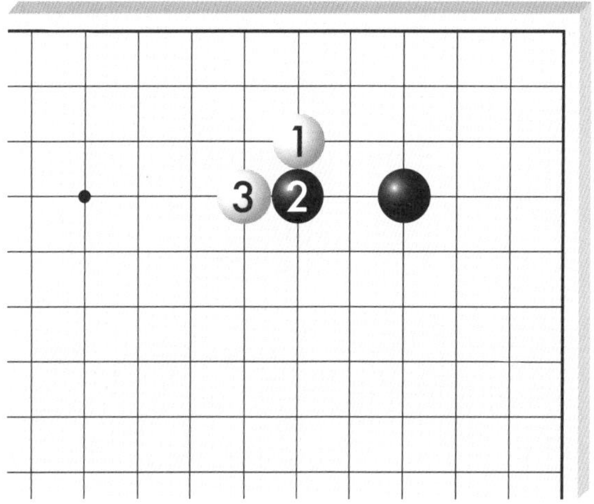

백은 ③으로 젖혀가는 것이 좋은 수입니다. 젖힌다는 것은 '나란히 붙은 돌의 옆쪽에 두는 것'입니다. 붙였을 때 젖히는 것이 가장 좋기에 '붙이면 젖혀라.'라는 격언이 생겼습니다.

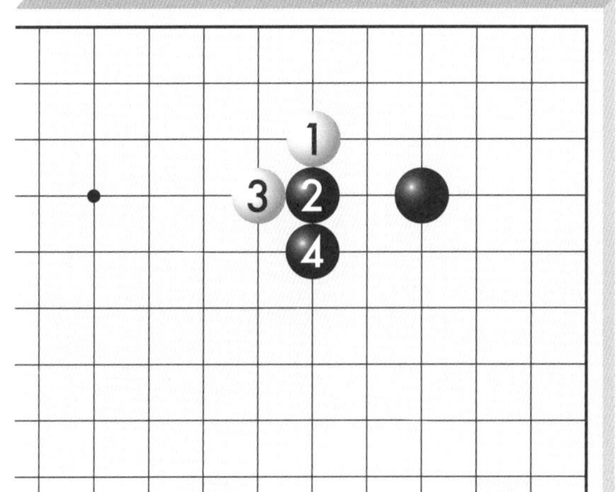

흑은 어떻게 두어야 할까요? 흑은 ❹와 같이 뻗어 두는 것이 좋습니다. 뻗는다는 것은 '돌 하나를 더 이어 놓는 것'입니다. '뻗다'와 '는다'는 같은 뜻입니다. 젖혔을 때 느는 경우가 많기 때문에 '젖히면 늘어라.', '젖히면 뻗어라.'라는 격언이 생겼습니다.

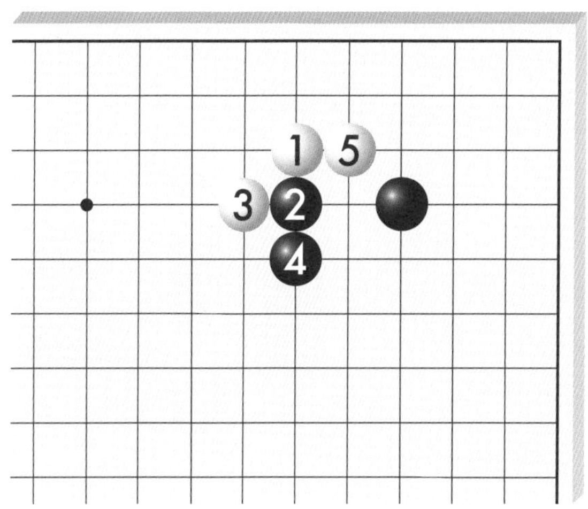

다음에 백은 ⑤의 자리로 늘어 둡니다. 그 자리를 두지 않으면 반대로 흑이 두었을 때 호구 모양이 되어, 흑의 모양이 좋아지기 때문입니다. 호구 모양은 호랑이 입과 같이 아주 튼튼한 모양입니다. 그래서 '호구 자리 급소'라는 바둑 격언이 있습니다. 백 ⑤는 그런 자리를 흑이 차지하지 못하도록 방해하는 수입니다.

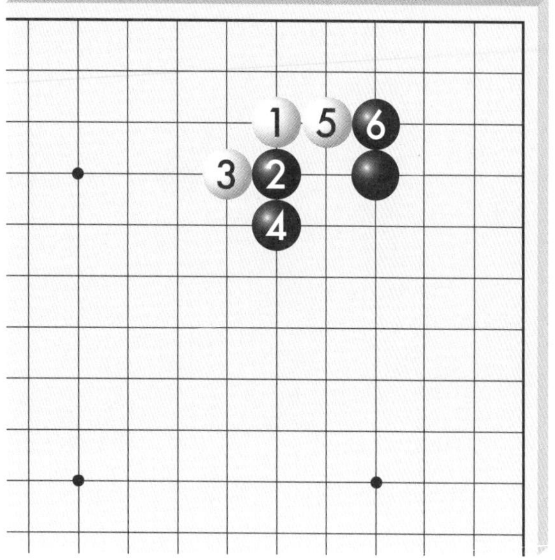

그러면 흑은 ❻으로 막아 귀의 집을 지켜야 합니다.

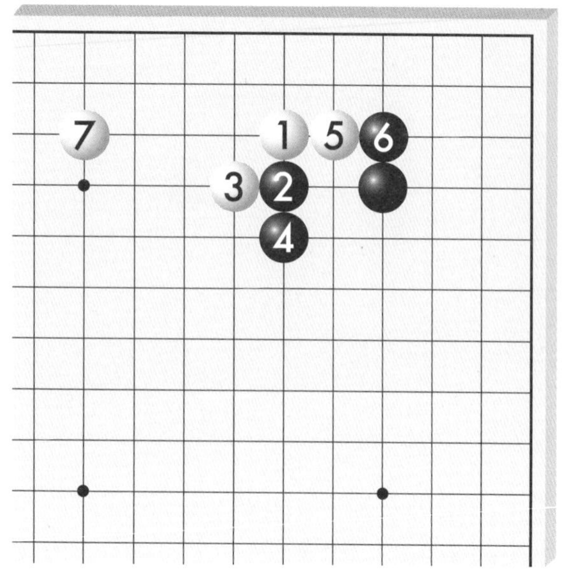

백은 ⑦과 같이 두 칸을 벌려 안정을 취하며 변의 집을 확보합니다.

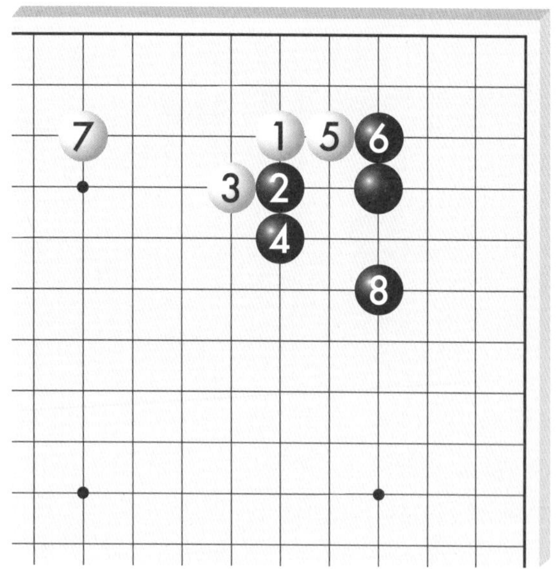

마지막으로 흑이 ❽로 한 칸 뛰어 약점을 지키면서 튼튼한 집 모양을 만들면 정석이 마무리됩니다.

오호~ 실력이 좋아진다고!

▲, △로 두어 온 장면입니다. 다음 응수로 알맞은 자리에 ✓표를 해 봅시다.

1

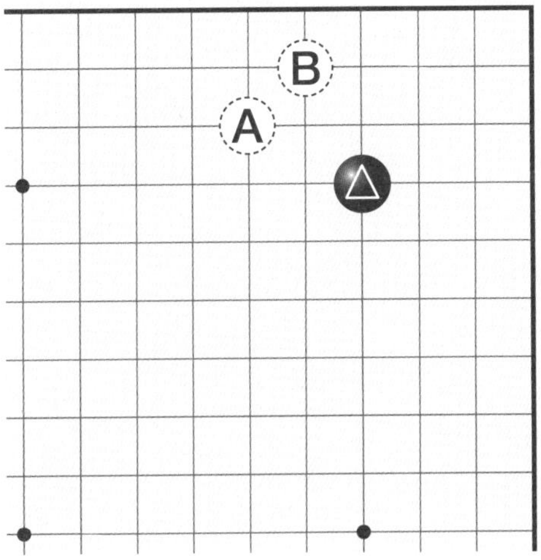

- [ ] A
- [ ] B

2

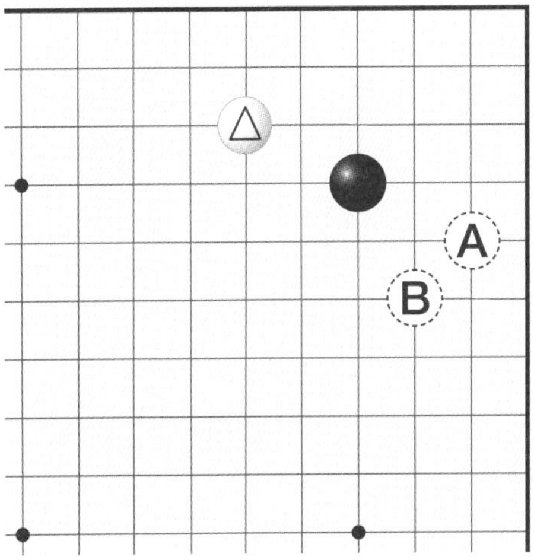

- [ ] A
- [ ] B

3

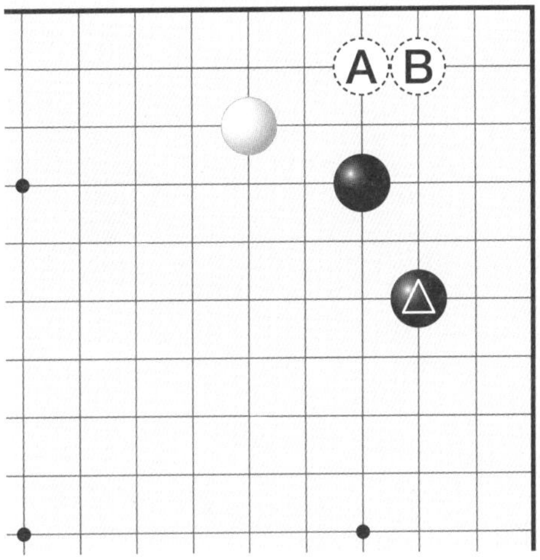

- [ ] A
- [ ] B

4

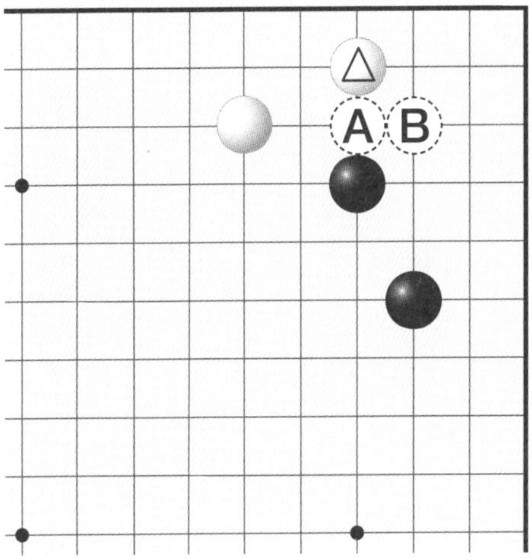

- [ ] A
- [ ] B

5

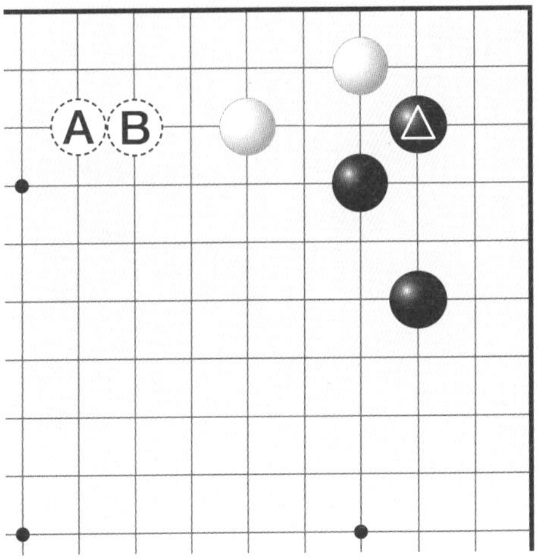

- [ ] A
- [ ] B

6

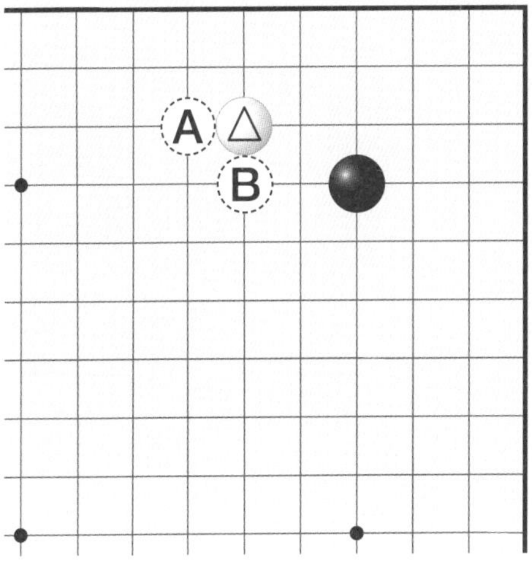

- [ ] A
- [ ] B

실력이 탄탄

△, △로 두어 온 장면입니다. 다음 응수로 알맞은 자리에 ✓표를 해 봅시다.

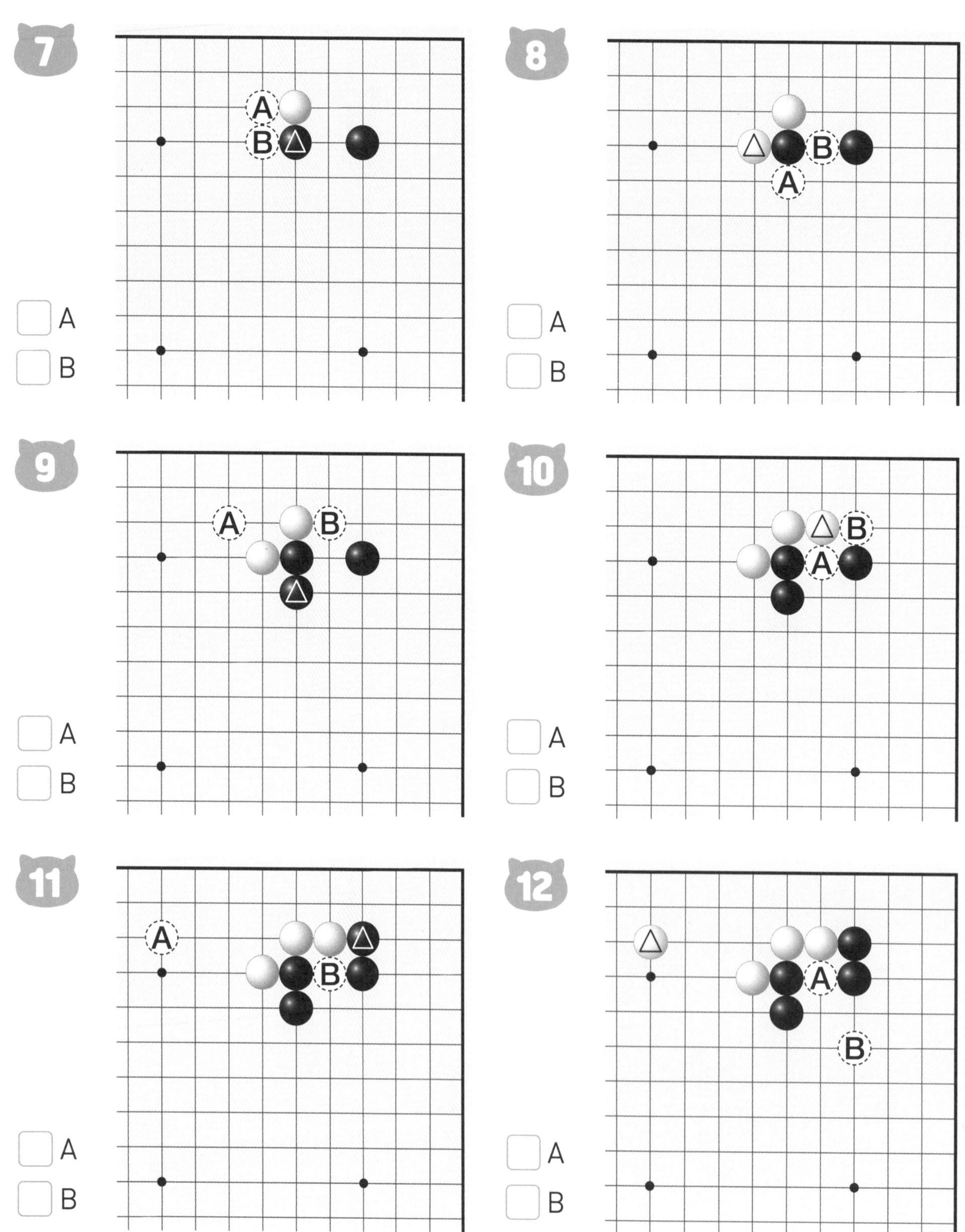

△, △로 두어 온 장면입니다. 다음 응수로 알맞은 자리에 ✓표를 해 봅시다.

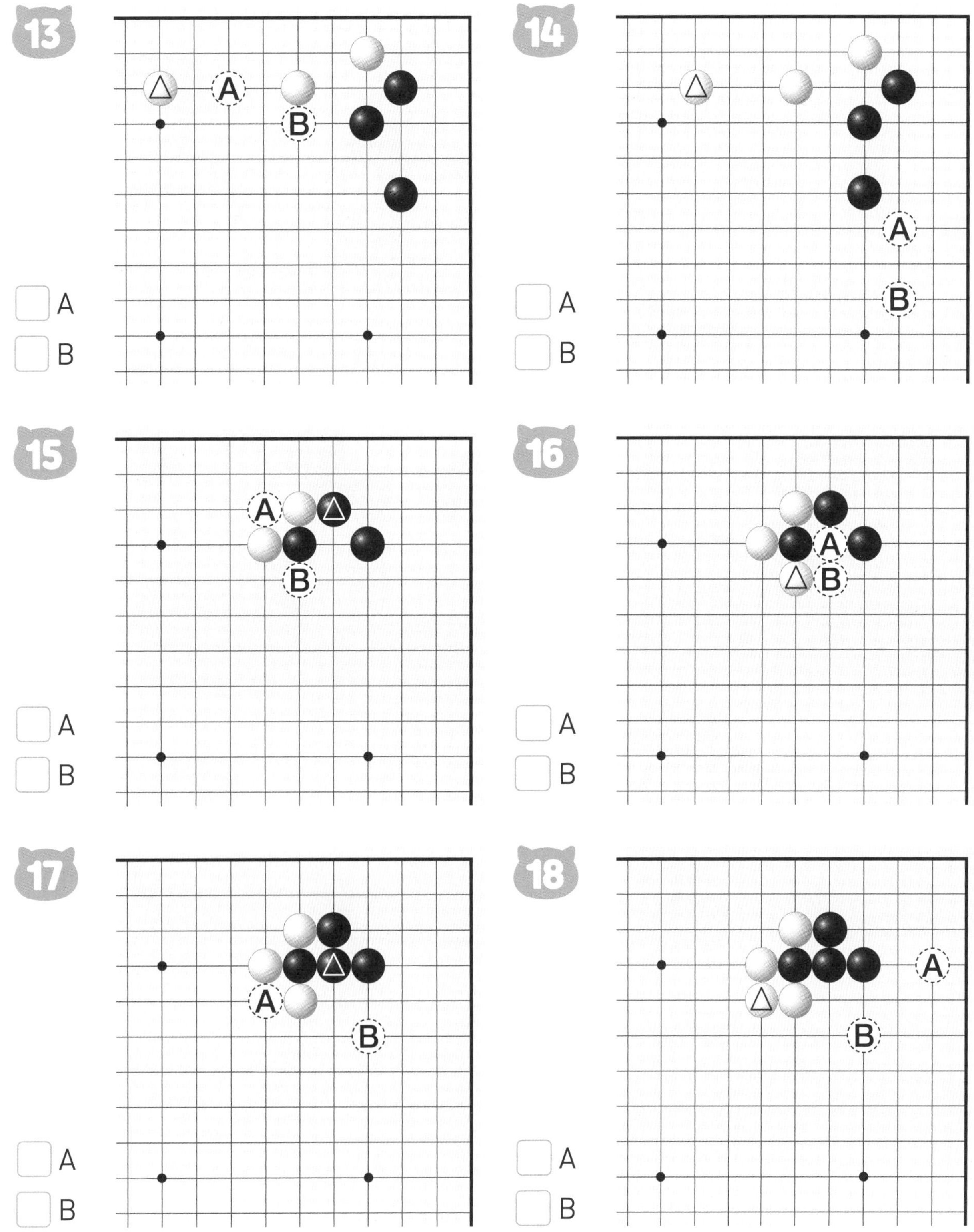

마음이 쑥쑥

다음 만화를 보고, 질문에 답해 봅시다.

바둑학원

초급반

또 이겼네!

초급반

중급반

중급반

또 졌어.

바둑 학원에 가기 싫다. 재미가 없어.

이겼다. 얘랑 하면 늘 이기네.

새로 옴

너는 만날 지는데 뭐가 즐거워?

바둑은 이길 때도 있고 질 때도 있지. 이기면 이겨서 기쁘고, 지면 강한 상대랑 둬서 내 실력이 늘었을 테니 즐거워.

바둑의 진정한 즐거움은 승패와 관련이 없구나.

'이기는 기쁨과 지는 괴로움은 서로 형제이다.'라는 말이 있습니다. 이 말의 의미는 무엇일까요?

이야기로 배우는 바둑 상식

정석은 외우고 잊어라!

'정석을 외우되 잊어라.'라는 바둑 격언이 있습니다. 기껏 열심히 공부하고 외운 정석을 잊으라니, 왜일까요?

이 바둑 격언은 창의성을 강조합니다. 정석을 모르면 바둑을 둘 수 없지만 정석 대로만 두면 실력이 향상되지 않습니다. 정석을 공부해서 바둑의 원리를 터득하고, 정석을 뛰어 넘어 새로운 수를 창조해야 합니다.

2016년 3월, 세계를 놀라게 했던 인공지능 '알파고'와 '이세돌 9단'의 대결은 사람들에게 충격을 주었습니다. 이세돌 9단이 승리할 거라는 예상을 깨고 알파고가 4:1로 이세돌 9단을 이겼기 때문입니다. 알파고가 보여준 수는 매우 놀라웠습니다. 지금까지 인간 고수들이 두어 오던 수를 완전히 바꾸어 놓았기 때문입니다. 물론 알파고도 인간 고수들의 기보를 학습했습니다. 그러나 기존의 수에 얽매이지 않고 틀을 깬 수를 둔 것입니다. 오히려 인공지능이기에 고정 관념에 사로잡히지 않고 더 창의적인 수를 둘 수 있었습니다. 알파고는 '정석을 외우되 잊어라.'라는 바둑 격언을 실천한 것입니다.

이후 바둑의 정석은 많이 바뀌었습니다. 이제 프로 기사들도 인공지능 바둑 프로그램이 두는 수를 따라 두며 창의적인 수법과 사고방식을 배우고 있습니다. 기존의 낡은 방식을 벗어나 새로운 것을 발견할 때, 비로소 놀라운 세계가 열립니다.

여러분도 마음껏 상상의 나래를 펼치고 창의적인 생각을 하는 어린이가 되기를 바랍니다.

2 기본 소목 정석

이 단원을 배우면!

- 소목에서 한 칸으로 걸쳐왔을 때 기본 정석인 '붙여뻗기' 정석을 알 수 있어요.
- 소목에서 날일자로 걸쳐왔을 때 기본 정석을 알 수 있어요.

인성 예의에 어긋나지 않는 올바른 자세로 대국할 수 있어요.

오늘 배울 내용을 생각해 보며, 그림을 살펴봅시다.

소목에서 자주 사용되는 기본 정석을 익히자.

만화로 배우는 바둑

얘들아. 오늘은 소목 정석을 배워 보자!

응? 지난 번에 배운 화점 정석도 못 익혔는데?

하하. 소목은 화점과 더불어 많이 쓰이는 귀의 착점이기 때문에 알고 있는 게 좋아.
끙...

좋아! 어서 알려줘!

기본 소목 정석이야. 무턱대고 외우는 게 아니라, 한 수 한 수 그 의미를 이해하는 게 중요해!

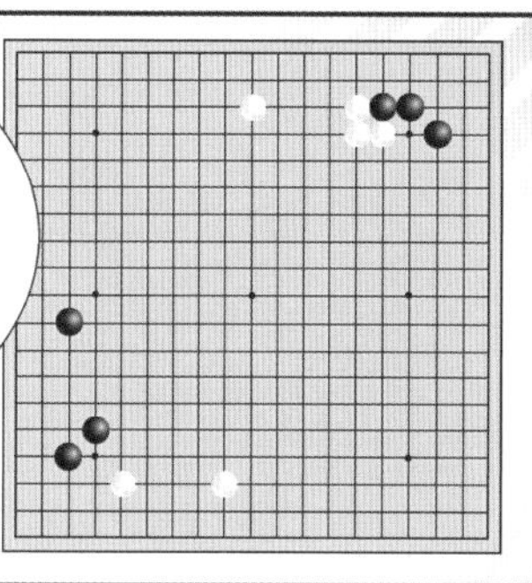

외우는 건 딱 질색인데. 아직 구구단도 다 못 외운다고!
으이구, 자랑이다!
휙-

그냥 외우려고 하면 금방 잊어버려. 의미를 이해하면 저절로 외워질 거야!
하...

왜 그렇게 두는지만 이해하면?
맞아. 그렇지.
샤삭

그럼 지금부터 한 수 한 수의 의미를 어서 알려줘!

에휴. 바둑 고수가 되려면 어쩔 수 없지.
하하 하

소목: 붙여뻗기 정석

소목은 화점과 더불어 가장 많이 두는 귀의 착점입니다. 소목에서 벌어지는 기본 정석을 배워봅시다.

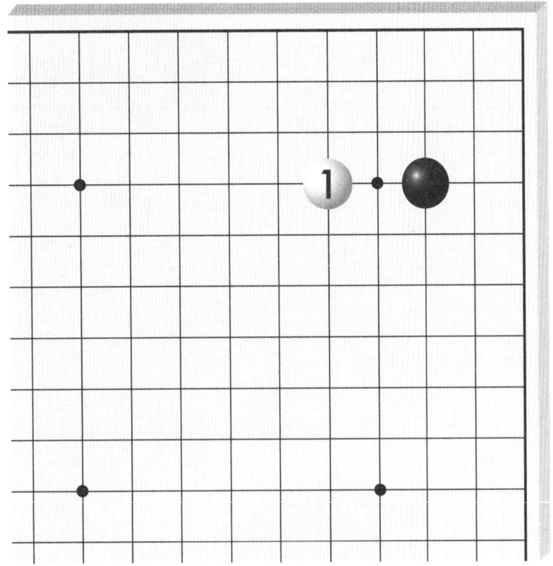

소목에서 백이 ①로 한 칸 걸침을 해왔습니다. 흑의 응수는 여러 가지가 있는데, 그중 귀의 집을 가장 크게 만들려면 어떻게 두는 것이 좋을까요?

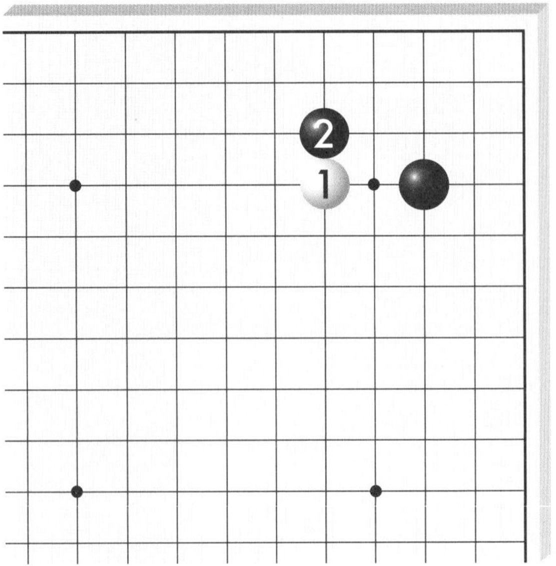

흑 ❷와 같이 아래로 붙여 가면 귀의 집을 가장 크게 차지할 수 있습니다. 그럼 백의 한 수는 어디일까요?

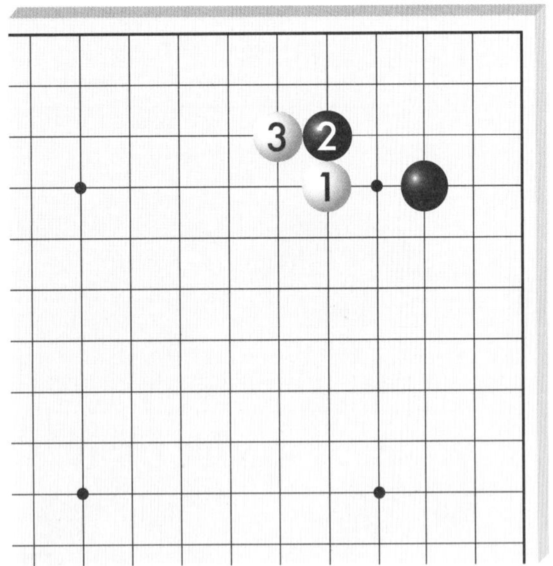

'붙이면 젖혀라.'를 배웠습니다. 지금 장면에서도 백 ③으로 젖히는 것이 좋은 수입니다. 흑의 다음 한 수도 바둑 격언을 떠올리면 생각할 수 있겠죠?

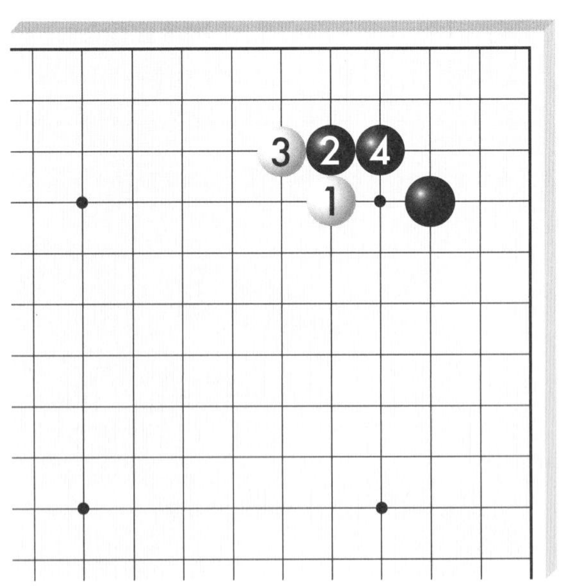

'젖히면 뻗어라.'라는 격언대로 흑 ❹로 뻗어가면 됩니다. 이 수로 인해 흑의 귀는 이미 흑집으로 굳어진 셈입니다. 다음 백은 어디를 두는 것이 좋을까요?

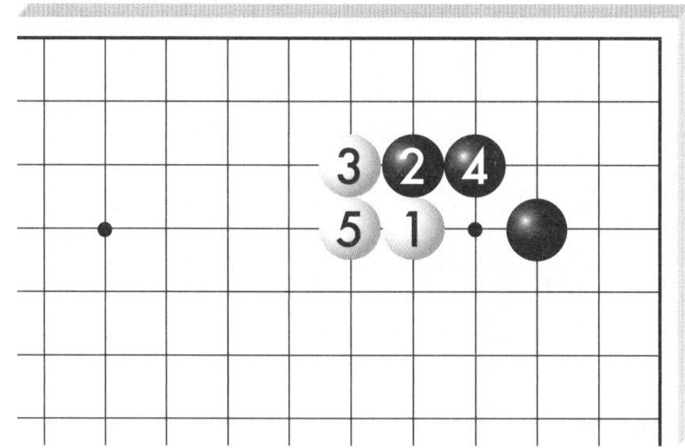

백은 약점이 생겼으므로 흑에게 끊기지 않도록 백 ⑤처럼 꽉 이어야 합니다. '돌의 연결'은 바둑의 가장 중요한 원리니까요. 그렇다면 흑의 다음 한 수는 어디일까요?

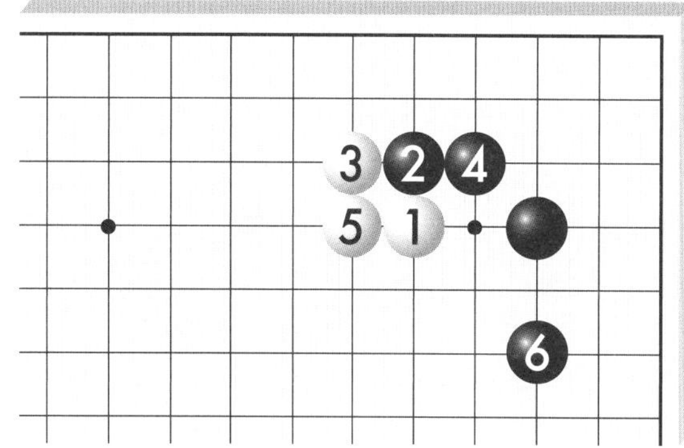

흑은 ❻으로 벌려서 집을 더 키워가는 것이 좋은 수입니다. 이제 우상귀는 완전한 흑집이 되었습니다. 마지막으로 백의 다음 한 수를 생각해 볼까요?

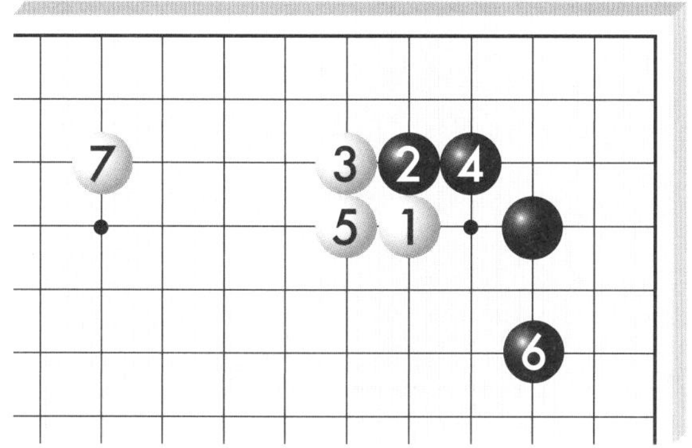

'*2립 3전'의 격언대로 백 ⑦처럼 세 칸을 벌려 두면 됩니다. 지금은 ③과 ⑤의 돌이 두 개나 서 있어서 강한 형태이기 때문에 세 칸을 벌려도 끊어지지 않습니다.

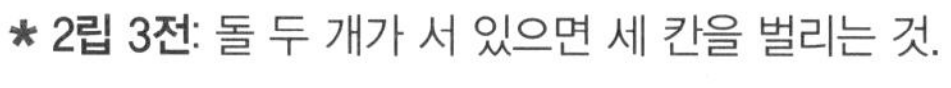
* **2립 3전**: 돌 두 개가 서 있으면 세 칸을 벌리는 것.

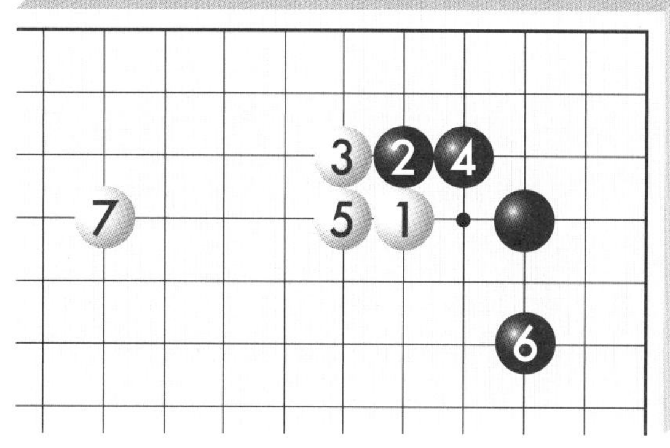

주변의 배석에 따라 백 ⑦을 한 칸 높게 4선으로 갈 수도 있습니다. 높이 갈 때도 역시 3칸을 벌려 두는 것이 중요합니다.

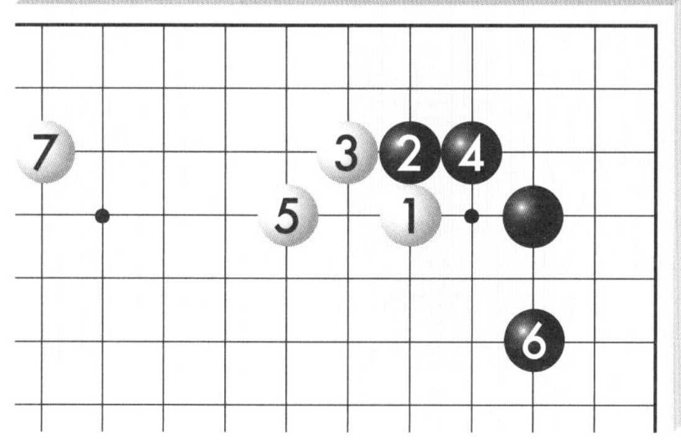

약점을 지킬 때 백 ⑤와 같이 호구로 두고, 흑이 ❻으로 받으면 백 ⑦로 벌려 두는 것도 정석입니다. 주변의 모양에 따라 가장 최선의 수를 선택하는 것이 좋습니다.

소목: 날일자로 걸쳐왔을 때

정석을 선택할 때는 주변에 있는 나의 돌들과 상대의 돌들을 잘 살펴보고, 가장 효율적인 수를 선택해야 해요!

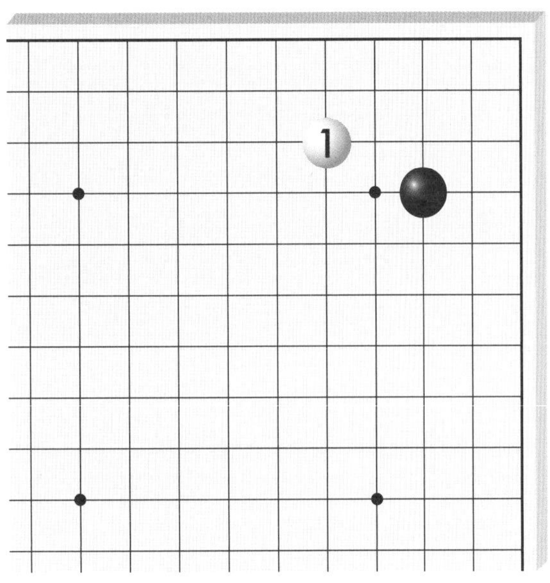

백 ①과 같이 날일자로 걸쳐 왔을 때는 어떻게 대응해야 할까요?

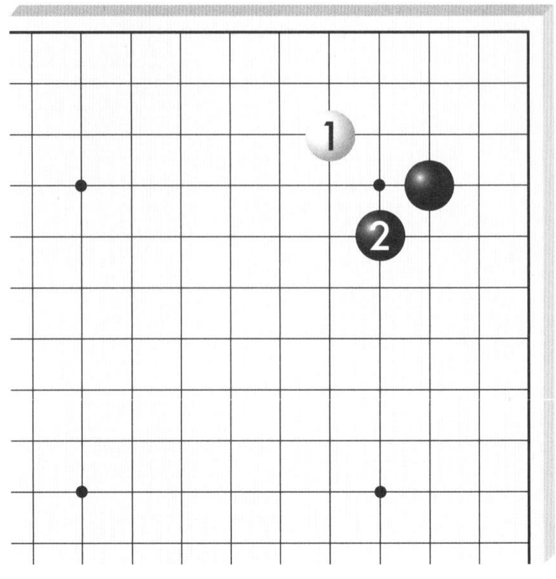

가장 알기 쉬운 수는 흑 ❷의 입구자로 받는 수입니다.

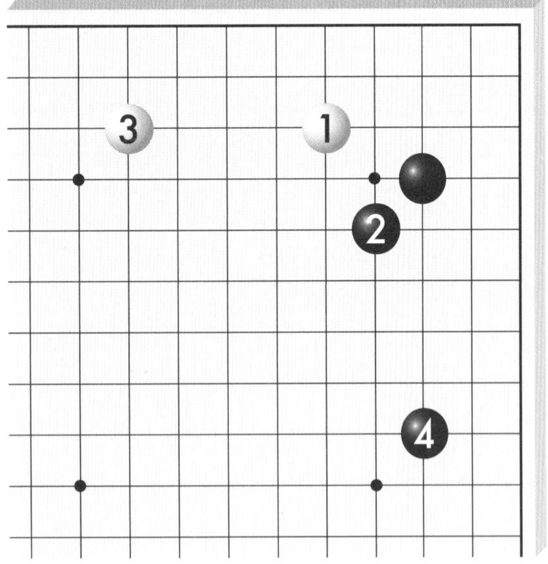

백이 ③으로 벌리면 흑도 ❹정도로 벌려서 영토를 넓힙니다.

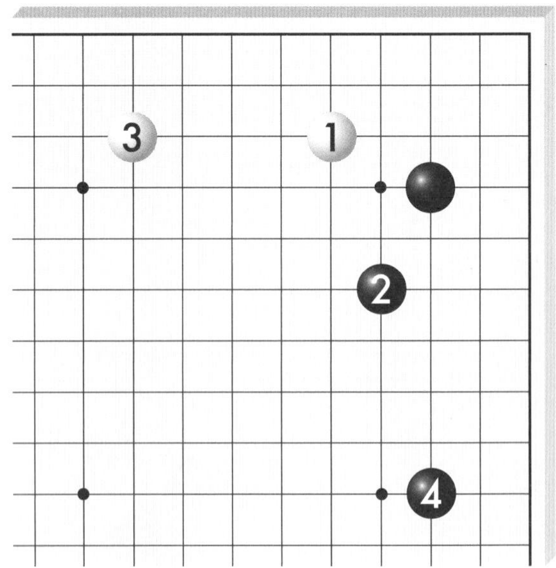

최근에는 흑 ❷와 같이 날일자로 받는 수도 자주 둡니다. 역시 백이 ③으로 받는다면 흑 ❹로 벌려서 집을 만들며 안정을 취합니다.

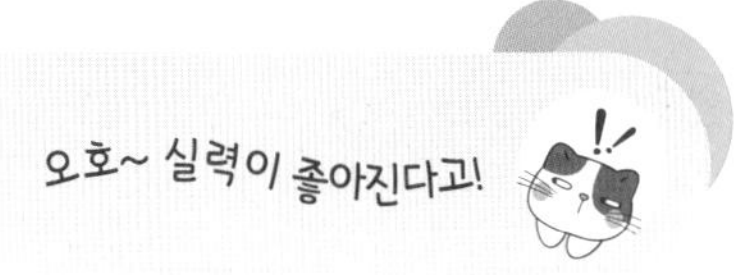

△, △로 두어 온 장면입니다. 다음 응수로 알맞은 자리에 ✔표를 해 봅시다.

1

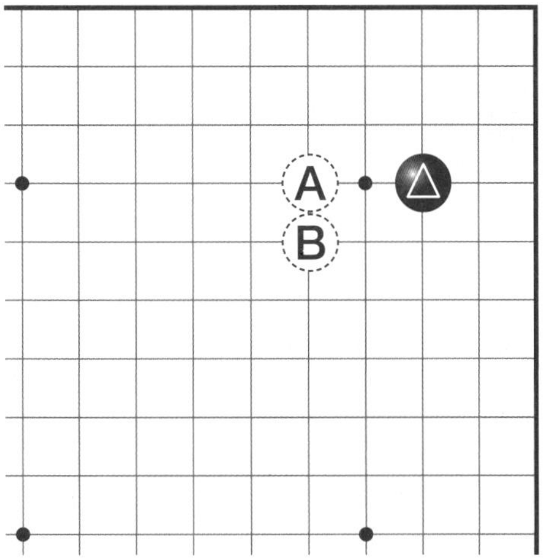

☐ A
☐ B

2

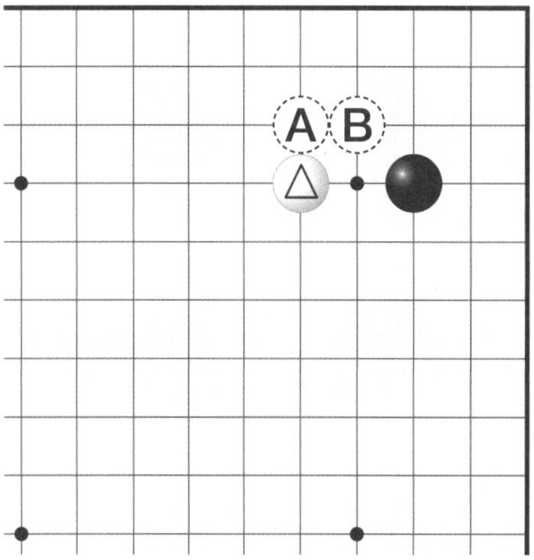

☐ A
☐ B

3

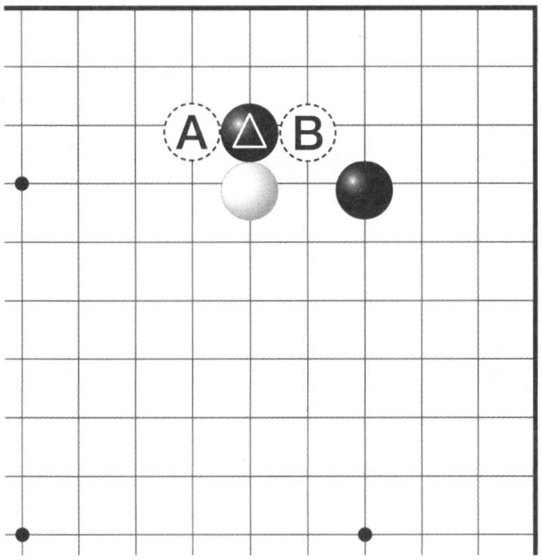

☐ A
☐ B

4

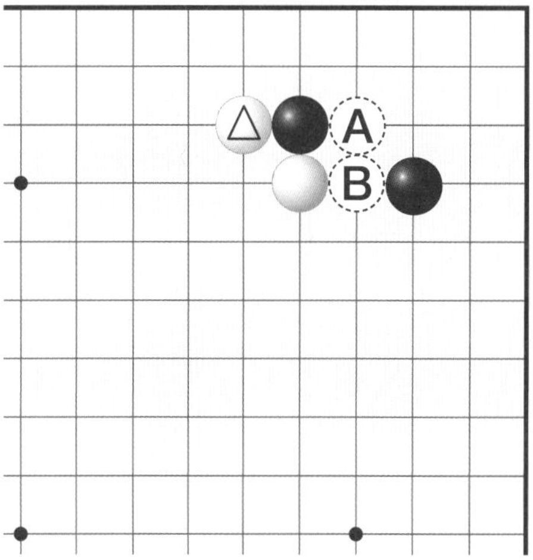

☐ A
☐ B

5

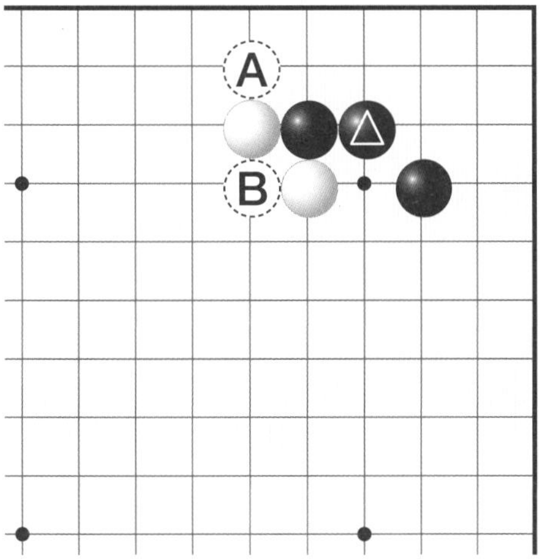

☐ A
☐ B

6

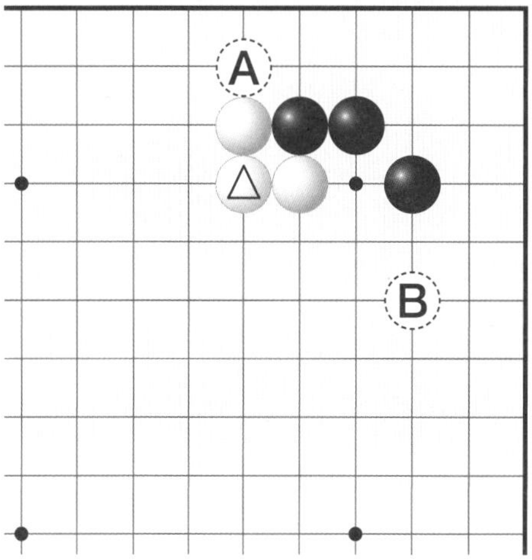

☐ A
☐ B

실력이 탄탄

△, △로 두어 온 장면입니다. 다음 응수로 알맞은 자리에 ✔표를 해 봅시다.

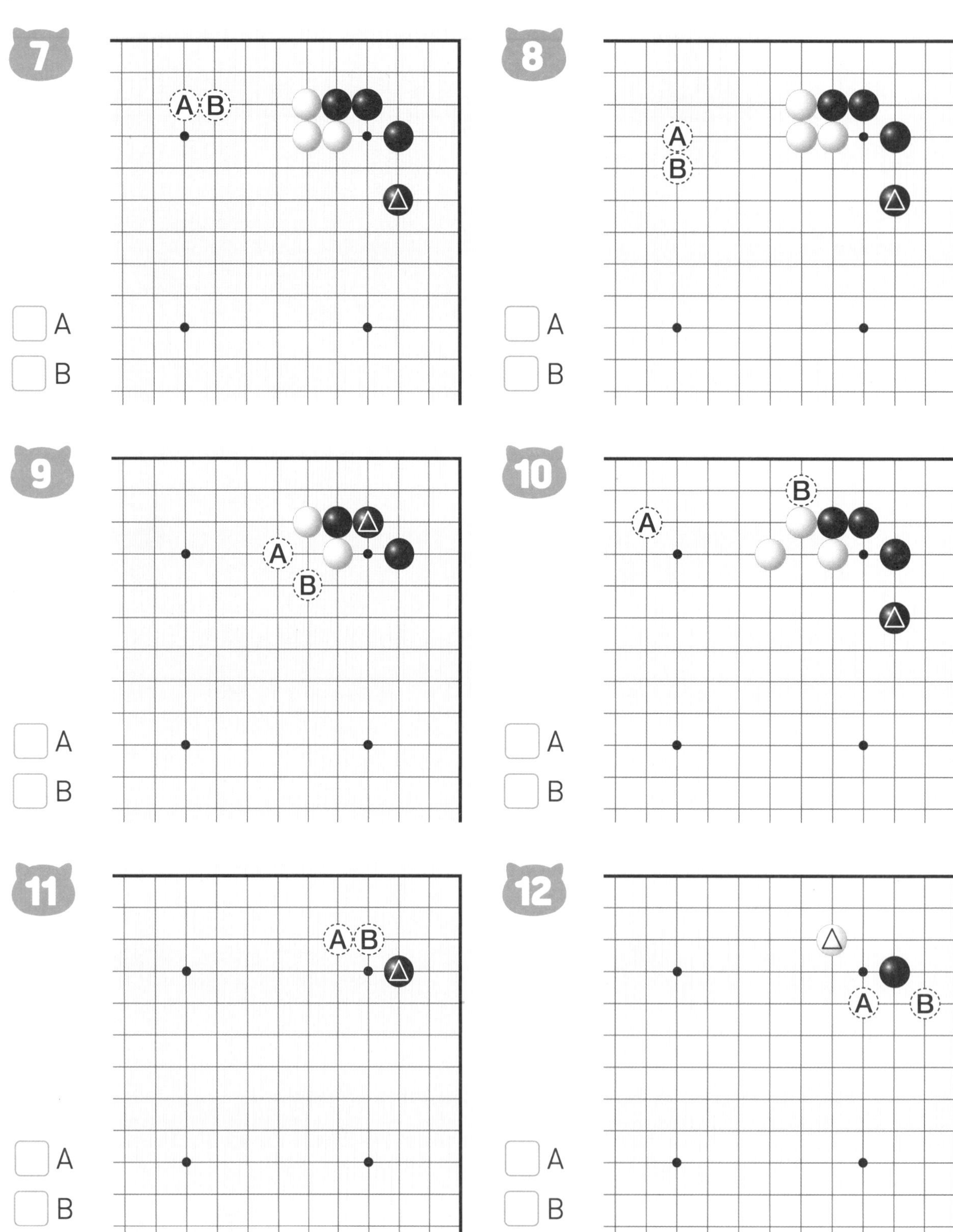

▲, △로 두어 온 장면입니다. 다음 응수로 알맞은 자리에 ✓표를 해 봅시다.

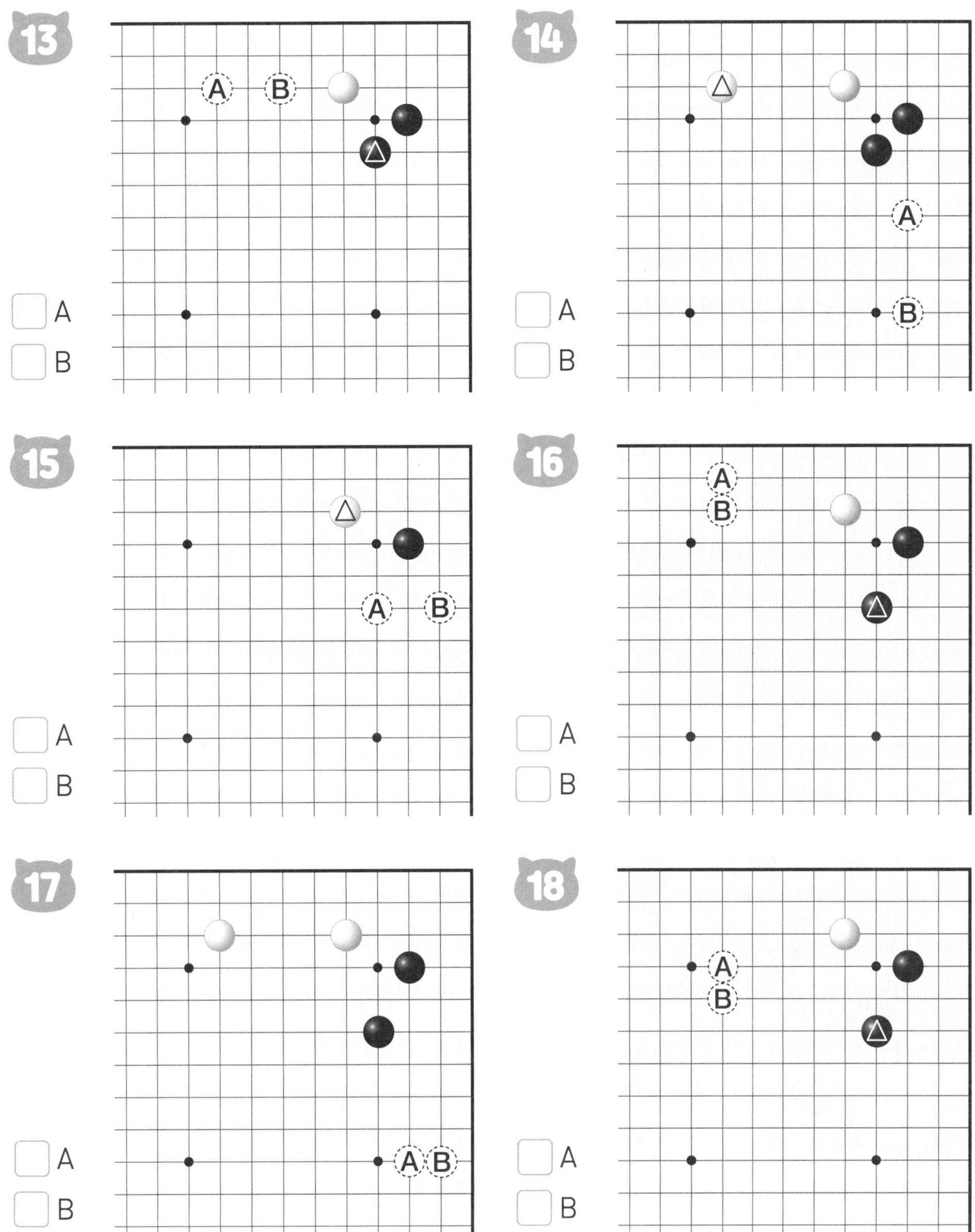

마음이 쑥쑥

한돌이와 나리, 그리고 현빈이가 대국을 하고 있습니다. 다음 그림 중 바둑 예절에 어긋난 자세를 찾아 잘못된 부분에 ○표 해 봅시다.

이야기로 배우는 바둑 상식

바둑은 인생의 축소판

– 윤태호, 만화 〈미생〉 중

바둑을 '인생의 축소판'이라고 부릅니다. 그저 네모난 나무판 위에 검은 돌, 흰 돌을 뚝딱뚝딱 올려놓는 게임일 뿐인데, 우리의 인생이 한 판의 바둑과 같다니! 왜일까요? 그만큼 바둑은 우리의 삶과 닮았으며, 파란만장한 이야기를 담고 있기 때문입니다.

놀라운 것은, 수천 년 동안 수없이 많은 바둑이 두어져 왔지만 똑같이 두어진 바둑은 단 한 판도 없다는 사실입니다. 인류의 역사가 시작된 이래, 똑같은 인생을 산 사람이 단 한 명도 없는 것과 마찬가지로 말입니다. 그래서 '누구에게나 자신만의 바둑이 있다.'는 말은 '누구에게나 자신만의 인생이 있다.'는 말을 의미하기도 합니다.

행복하기만 한 인생을 사는 사람도 없고, 불행하기만 한 인생을 사는 사람도 없듯이 한 판의 바둑에도 *희로애락이 담겨 있습니다. 아무리 유리한 바둑이어도 방심하면 금세 역전을 당하기도 하고, 형세가 불리하고 앞이 막막해도 참고 기다리면 기회가 오기도 합니다.

또 우리의 삶이 순간순간 선택의 연속인 것처럼, 한 판의 바둑은 수많은 선택과 실천의 과정이라고 할 수 있습니다. 한 수 한 수 둘 때마다 선택을 해야 합니다. 상대가 던진 질문, 즉 상대가 둔 수에 대해 가장 좋은 나의 대답을 생각하여 다음 수를 선택합니다. 그리고 내가 선택하여 둔 수는 상대방에게는 또 하나의 질문이 되고, 상대 역시 가장 좋은 답을 찾아 선택합니다. 대국이 끝날 때까지 이 과정이 계속해서 반복됩니다. 한 판의 바둑과 한 사람의 인생은 '선택의 과정'이라는 면에서도 닮았습니다.

이렇듯 바둑과 인생이 여러 가지로 닮았기 때문에 인생을 '한 판의 바둑'에 비유하는 것이겠지요?

* **희로애락(喜怒哀樂)** 기쁨과 노여움과 슬픔과 즐거움을 아울러 이르는 말.

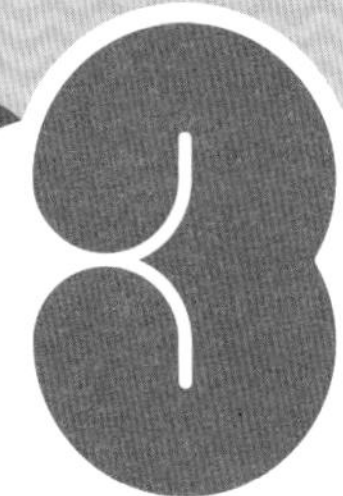

살릴 수 있는 돌, 살릴 수 없는 돌

이 단원을 배우면!

- 살릴 수 있는 돌과 살릴 수 없는 돌을 구별할 수 있어요.
- 살릴 수 없는 돌을 살리려다가 더 큰 손해를 당하지 않을 수 있어요.

인성 내 실력을 자만하지 않고 겸손할 수 있어요.

오늘 배울 내용을 생각해 보며, 그림을 살펴봅시다.

만화로 배우는 바둑

장문권법을 쓰다니! 제법인 걸?
도망가자!
탁~
어림없지!
척

잡아버린다.
으악! 다 잡혔다!
이렇게 두면!
흠. 이번엔 축에 몰렸군!

어서 달아나자!
윽...
계속 단수쳐서 축으로 몰아야지.
으악! 다 잡혔다!
크헉
앗!
하하하

한돌아. 살릴 수 있는 돌과 살릴 수 없는 돌을 구별해야 해.
흥!
우는 소리! 내 돌은 무조건 살리려고 최선을 다해야지.

아니야! 이미 살릴 수 없는 돌은 포기해야 해. 돌을 살리려 할수록 손해만 더 커져.
헉...
탁

하하하
소중한 돌들아, 지켜주지 못해 미안해!
으이구! 살릴 수 있는 돌들이나 잘 살리라고!
엉엉
엉엉

살릴 수 있는 돌

이번 시간에는 돌이 살 수 있는 상황인지 주변의 돌들과 연관지어 살펴봅시다.

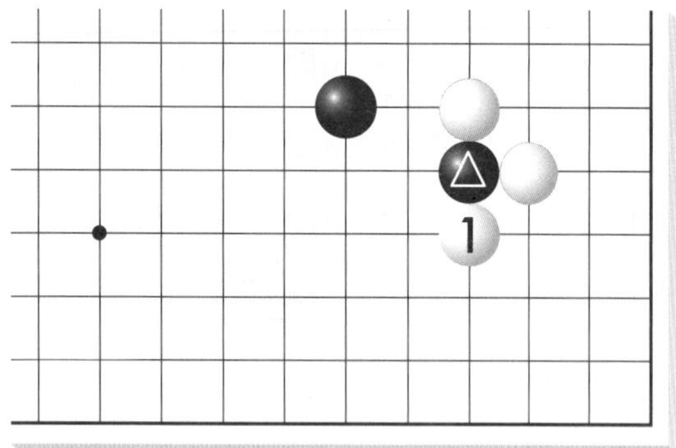

백이 ①로 단수친 장면입니다. 흑 ▲를 살릴 수 있을까요?

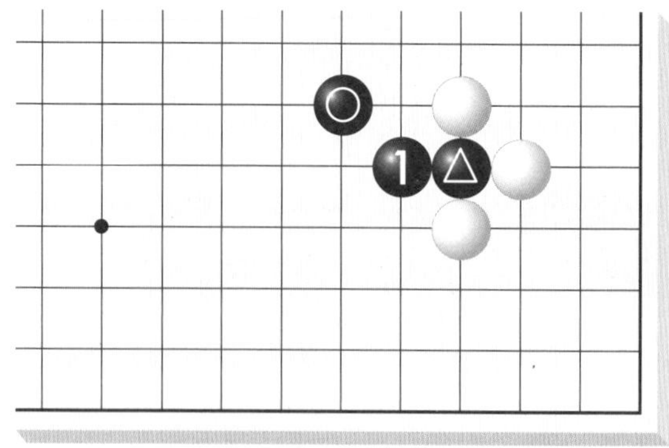

흑 ❶로 두면 ▲를 살릴 수 있습니다. 흑 ●와 연결되어 살아간 형태입니다.

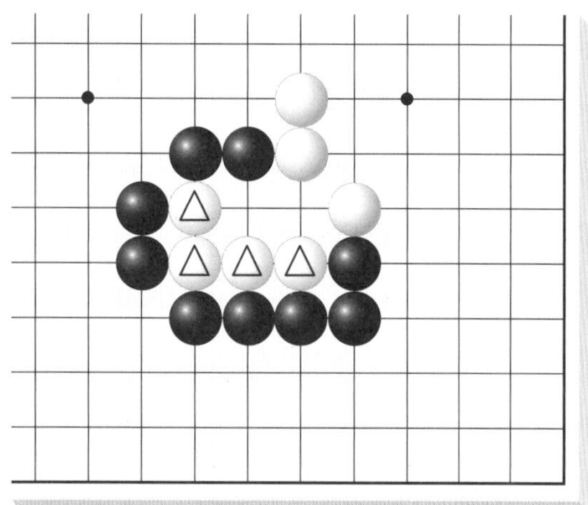

백 △ 네 점은 살릴 수 있을까요? 살리려면 어디에 두어야 할까요?

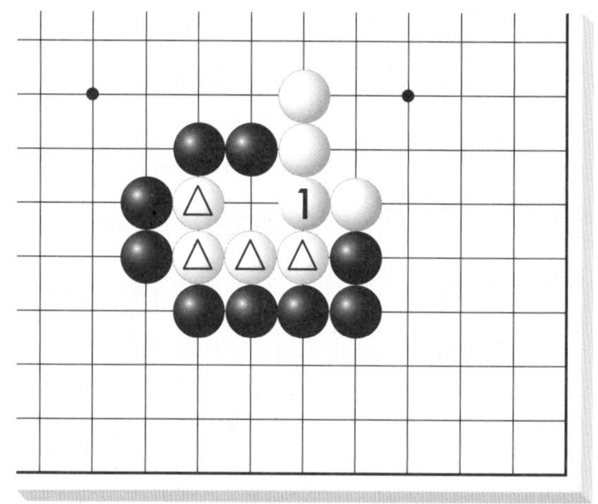

백 ①로 이으면 살릴 수 있습니다. 그곳에 두지 않으면 흑이 그 자리에 두어 환격으로 백 △가 잡힙니다.

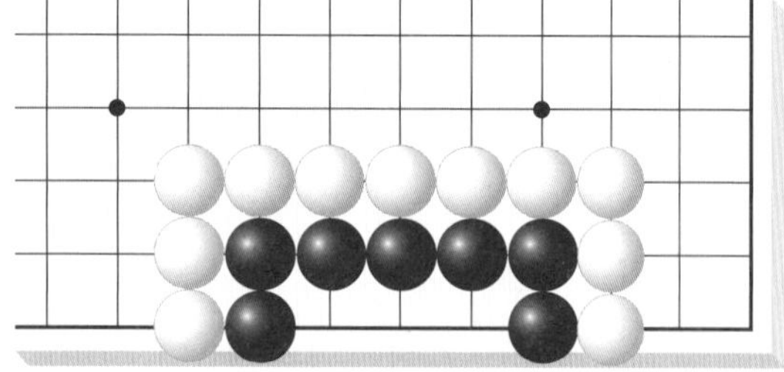

다음의 흑돌은 살릴 수 있을까요?

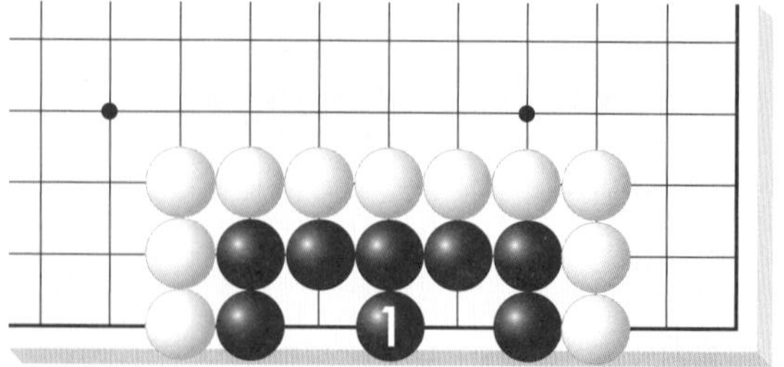

흑 ❶로 두면 떨어진 두 집이 나서 살 수 있습니다. 그 자리에 두지 않으면 백이 ①의 자리에 두어 흑돌 전체가 잡힙니다.

살릴 수 없는 돌

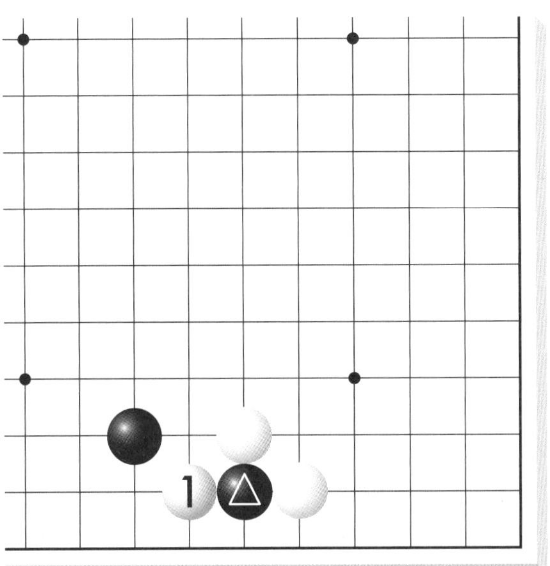

백이 ①로 단수친 장면입니다. 흑 ▲는 살릴 수 있는 돌일까요?

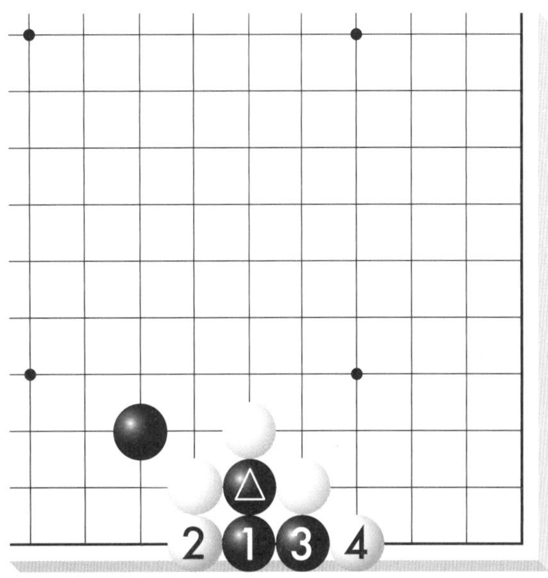

흑이 ❶로 달아나도 백이 ②로 단수 치면 결국 잡히고 맙니다. 흑이 ❸까지 나간다면 백 ④로 따먹힙니다. 이렇게 되면 처음에는 ▲ 한 점만 잡힐 것이 결국 세 점이나 잡혀 더 손해를 보게 됩니다.

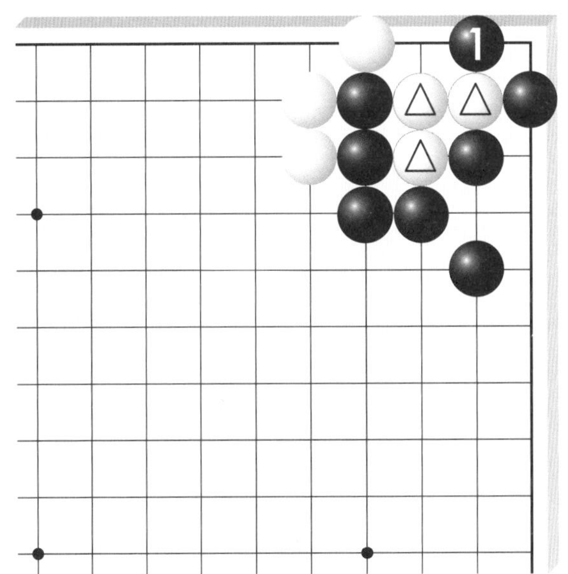

흑이 ❶로 단수친 장면입니다. 백 △는 살릴 수 있을까요?

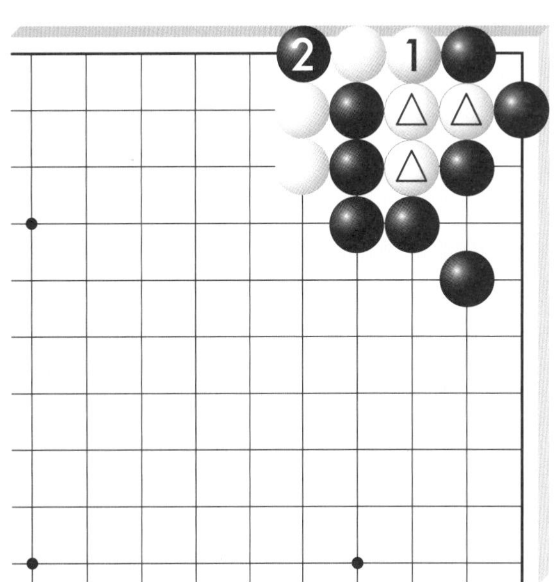

만약 백 △를 살리려고 백 ①로 이으면 흑이 ❷로 백 다섯 점을 따내게 됩니다. 앞에서 흑이 ❶로 단수쳤을 때 백 △ 세 점은 살릴 수 없는 돌이었습니다.

살릴 수 있는 돌과 살릴 수 없는 돌을 잘 구분하는 것은 중요합니다. 돌을 살릴 수 있는데도 잡히게 놔두거나, 살릴 수 없는 돌을 억지로 살리다가는 더 큰 손해를 입게 됩니다.

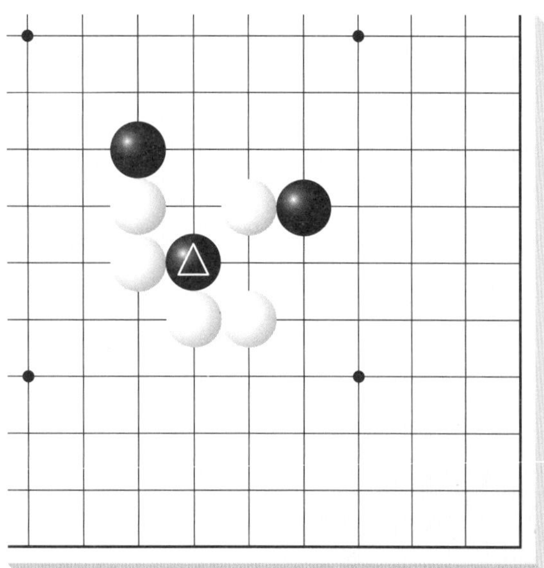

다음 형태에서 흑 ▲는 살릴 수 있는 돌일까요?

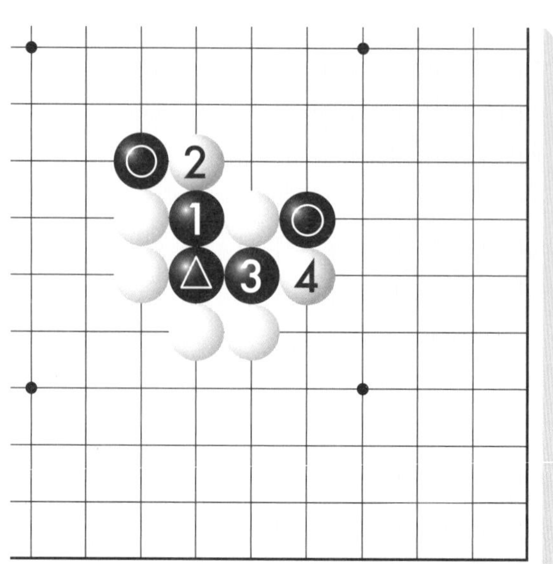

흑이 한 점을 살리려고 ❶에 두면 백은 ②로 끊고, ❸으로 다시 도망가려 해도 백 ④로 잡히고 맙니다. 지금은 주위의 흑 ◉들도 도움이 안 됩니다. 이렇게 되면 한 점만 잡혔던 게 세 점으로 늘어나 손해가 더 커집니다.

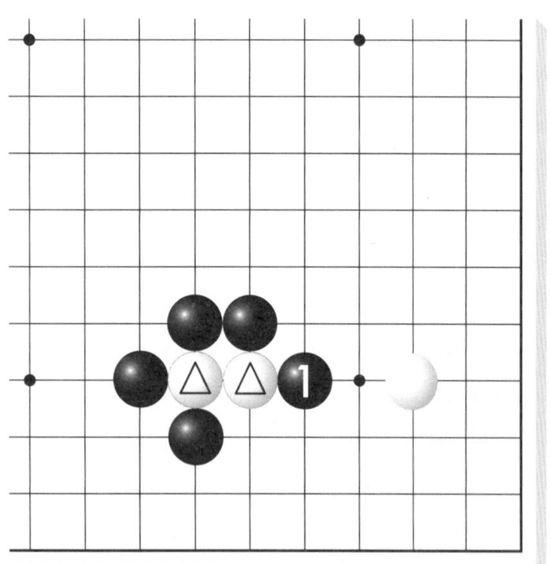

다음 백 △ 두 점은 살릴 수 있는 돌일까요?
흑 ❶의 단수를 당한 순간, 백 두 점은 축에 몰려 살릴 수 없습니다. 그러면 포기하고 다른 곳에 두어야 합니다.

오호~ 실력이 좋아진다고!

백 △를 살릴 수 있으면 O표, 없으면 X표를 해 봅시다.

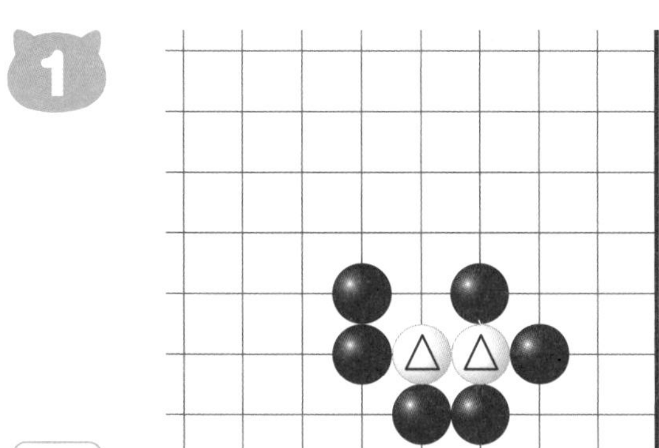

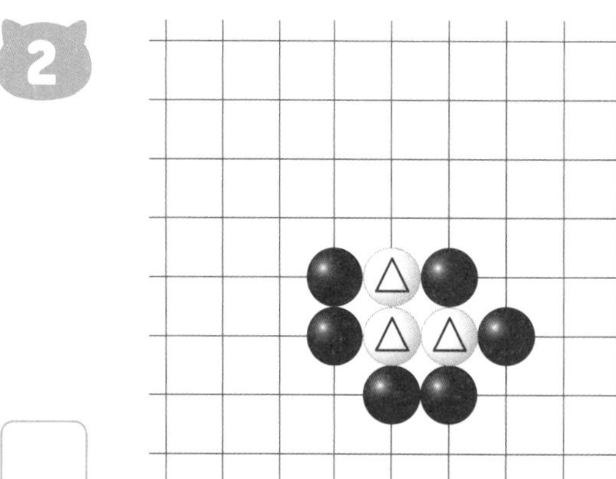

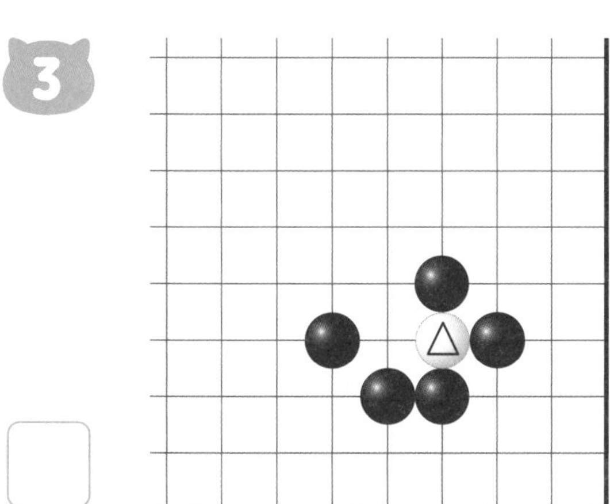

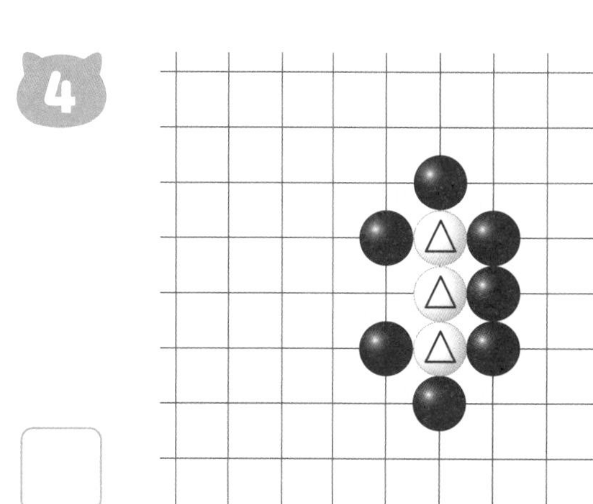

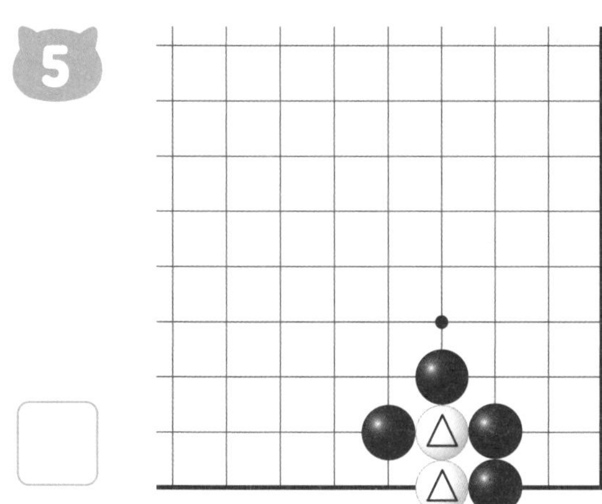

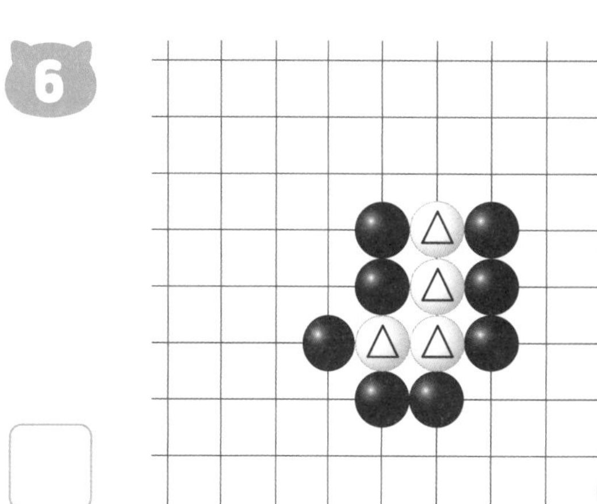

실력이 탄탄

흑 △를 살릴 수 있으면 O표, 없으면 X표를 해 봅시다.

7

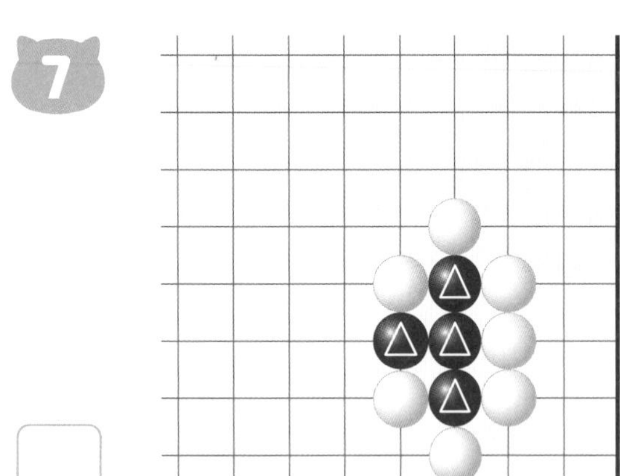

8

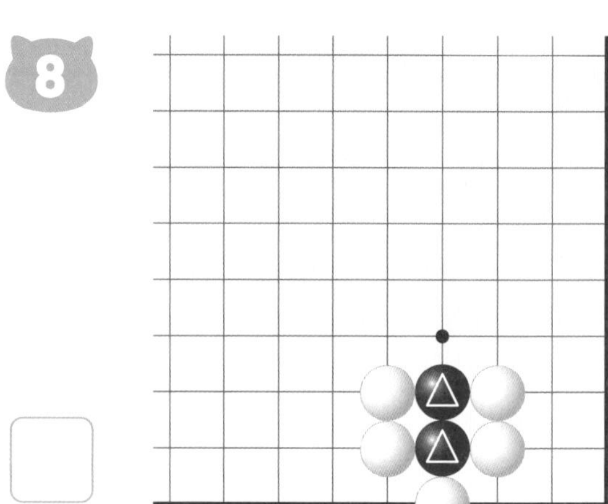

9

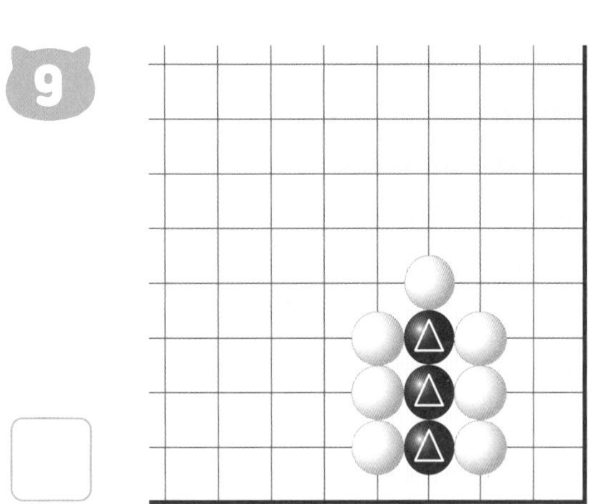

10

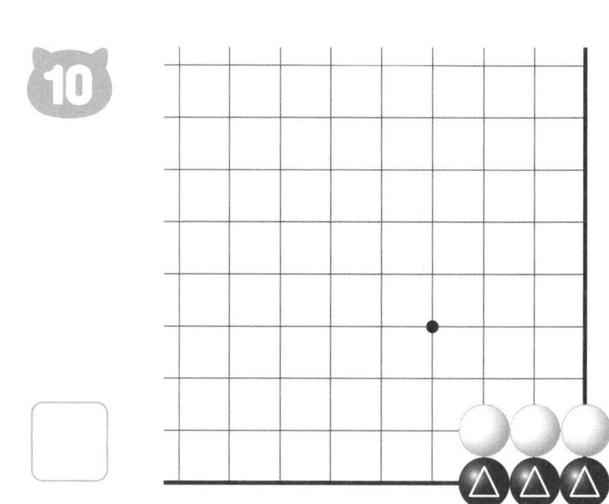

11

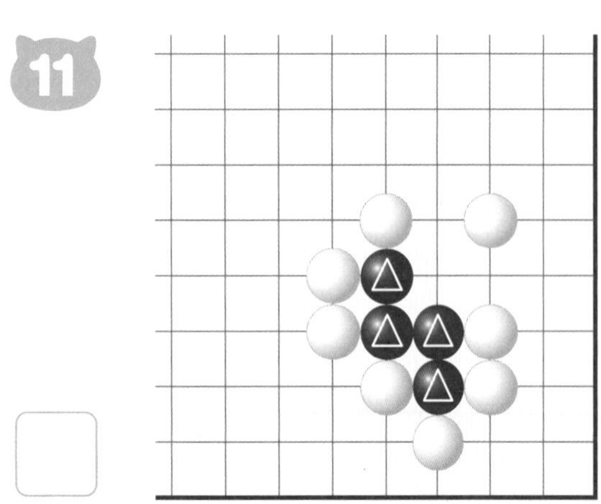

12

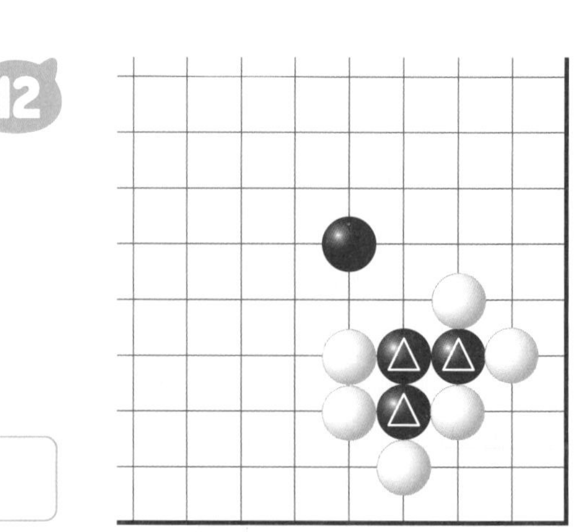

백 △, 흑 ▲ 표시된 돌을 살릴 수 있으면 O표, 없으면 X표를 해 봅시다.

13

14

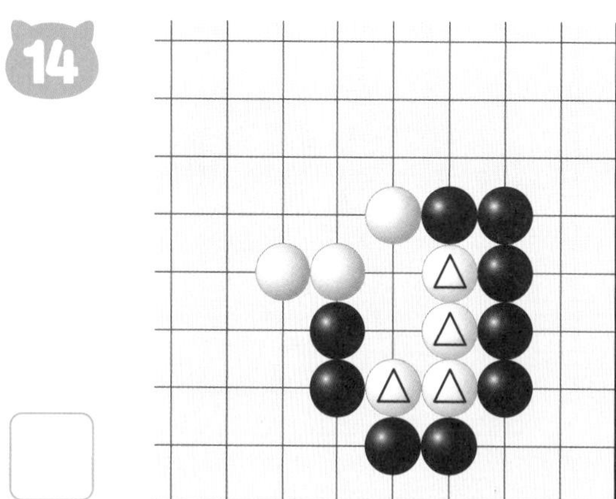

15

16

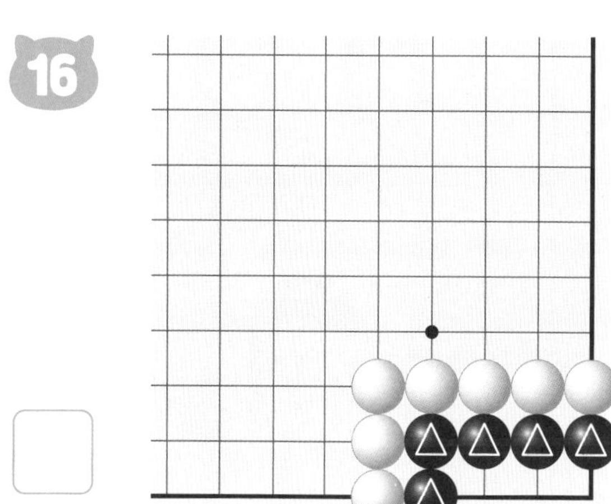

17

18

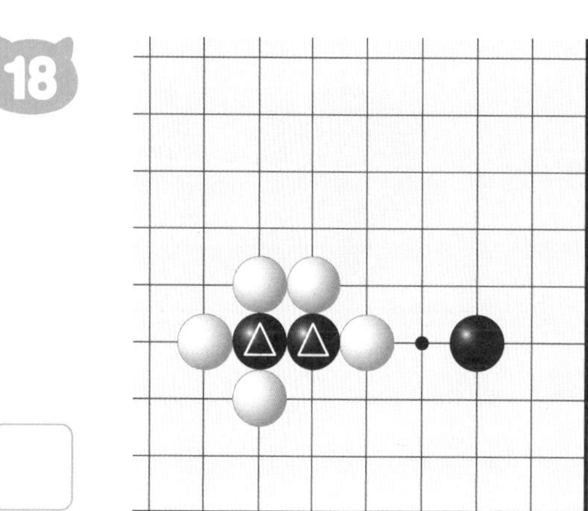

마음이 쑥쑥

다음 만화를 보고, 질문에 답해 봅시다.

당신의 실력은 어떠합니까?

흠. 이 동네 기원에서는 나를 대적할 만한 자는 없을 것이오. 난 구경이나 하오리다.

흑이 백 대마를 잡으러 갔다면 거의 죽은 거나 다름없었는데….

남의 집이 커 보인다고 무턱대고 침입을 한 수가 패착이오.

선생님, 이 학생과 한 수 해보시겠습니까?

허허. 이렇게 어린 친구가 제 상대가 되겠습니까?

이 학생이 나이는 어리지만 바둑 실력이 좋습니다.

엄청 고수인 줄 알았는데. 뭐 말만 9단인 자로구먼.

왜 중년 남자는 고수인 척 허풍을 떨었을까요? 겸손한 태도를 지녀야 하는 이유는 무엇일까요?

이야기로 배우는 바둑 상식

휠체어 대국, 조치훈 9단 이야기

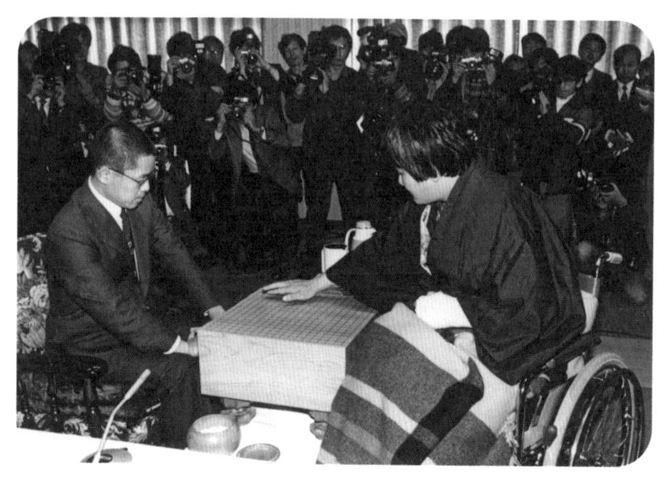

여러분, 조치훈 9단에 대해 알고 있나요? 조치훈 9단은 어린 시절부터 '바둑 신동'으로 불릴 만큼 재주가 뛰어났습니다. 여섯 살에 일본으로 바둑 유학을 떠나 열한 살의 나이에 프로 기사가 되었고, 그 후로 일본 바둑계를 휩쓸며 최고의 자리에 올랐습니다.

그런데 조치훈 9단이 많은 사람들에게 존경받는 까닭은 그의 실력이 강해서만은 아니었습니다. 바로 그 누구보다 바둑에 대한 열정이 뜨거운 기사였기 때문입니다.

어느 겨울 날, 조치훈 9단이 밤늦게까지 바둑 공부를 하다가 배가 고파 우동 가게로 향하던 길에 큰 교통사고를 당했습니다. 병원에서 눈을 뜬 조치훈 9단에게 "목숨을 건진 것만도 무척 다행입니다. 앞으로 6개월 동안 절대 무리하시면 안 됩니다."라고 의사가 단단히 일렀습니다.

하지만 조치훈 9단은 몸을 다친 것보다 더 큰 걱정이 있었습니다. 열흘 후에 열리게 될 고바야시 9단과의 '기성전' 대국 때문이었습니다. 주위 사람들이 모두 기권하라고 했지만 조치훈 9단은 고개를 흔들었습니다.

"기권을 하느니 차라리 바둑판 앞에서 쓰러져 죽겠습니다. 제 머리와 두 눈과 오른팔은 멀쩡합니다. 바둑을 두는 데 이것이면 충분합니다."

열흘 후, 조치훈 9단은 휠체어를 타고 대국장에 모습을 드러냈습니다. 환자복을 입고 왼팔과 다리에 깁스를 한 채로 말입니다. "목숨을 걸고 둔다!"라는 조지훈 9단의 모습에 사람들은 깊은 감동을 받았고, 조치훈 9단을 더욱 존경하게 되었답니다.

바둑 격언 Ⅱ

이 단원을 배우면!

- '호구자리 급소'를 이해하고, 호구자리를 차지하거나 방해할 수 있어요.
- 포석에서 2선을 기지 말아야 하는 이유를 알 수 있어요.
- '빵따냄'의 개념을 이해하고, 초반에 상대에게 빵따냄을 허용하지 않을 수 있어요.
- '두 점 머리는 두들겨라.'라는 격언대로 상대방의 두 점 머리를 두들길 수 있어요.

인성 페어 대국을 두며 서로의 생각을 이해할 수 있어요.

오늘 배울 내용을 생각해 보며, 그림을 살펴봅시다.

만화로 배우는 바둑

내 집이 자꾸 생기네! 히히.
2 4 6 8
1 3 5 7

헉! 한돌아! 왜 자꾸 2선을 미는 거야?
밀 때마다 집이 계속 생기잖아.

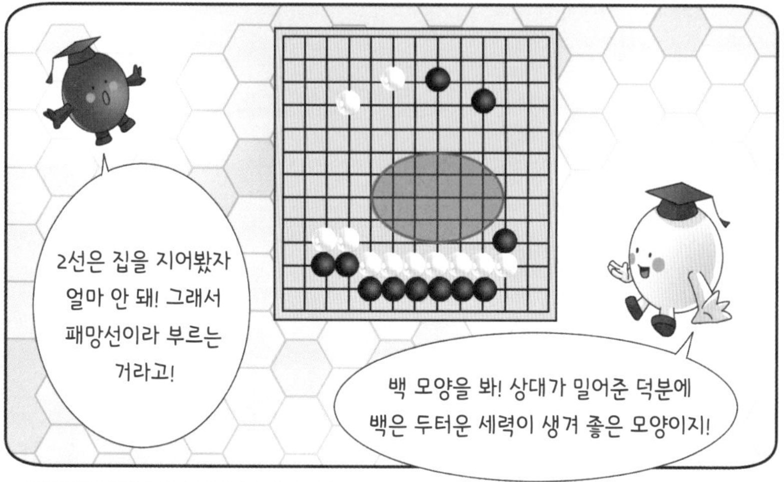
2선은 집을 지어봤자 얼마 안 돼! 그래서 패망선이라 부르는 거라고!
백 모양을 봐! 상대가 밀어준 덕분에 백은 두터운 세력이 생겨 좋은 모양이지!

한돌이 집은 마치 납작 만두 같이 납작한데? 크크!
찌릿

나는 당장은 집이 없지만 세력으로 더 큰 집을 지을 수 있어!
달그락

현빈이 말이 맞아. 포석에서는 2선을 기는 것은 좋지 않아.
다시 보니 백 모양이 더 웅장하고 좋아 보이네.

'2선을 기지 마라.'라는 격언을 알면 요령이 생기지.
지난번 배운 격언도 잘 써먹고 있었는데.

와~앙~
어서 격언을 더 알려줘!
아, 알았어. 알았다고!

호구자리 급소

'격언만 알아도 1급'이라는 말이 있어요. 바둑 격언에는 바둑의 모든 원리가 담겨 있다는 뜻입니다. 이번 시간에는 실전에서 쓸 수 있는 기본 격언을 배워 봅시다.

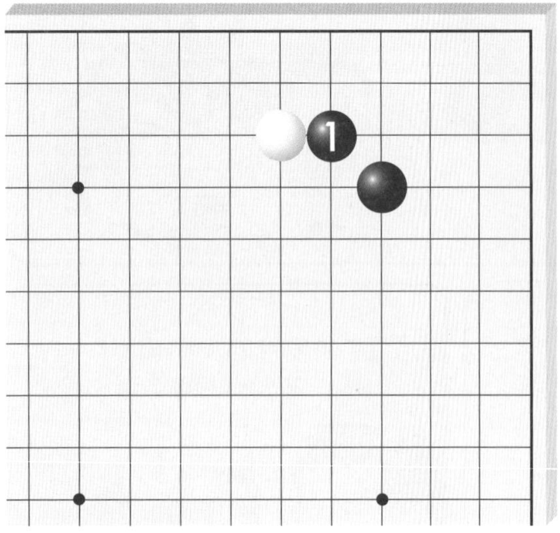

화점에서 백이 날일자로 걸쳤을 때 흑이 ❶의 입구자로 붙여온 장면이에요. 백은 어떻게 응수하는 것이 좋을까요?

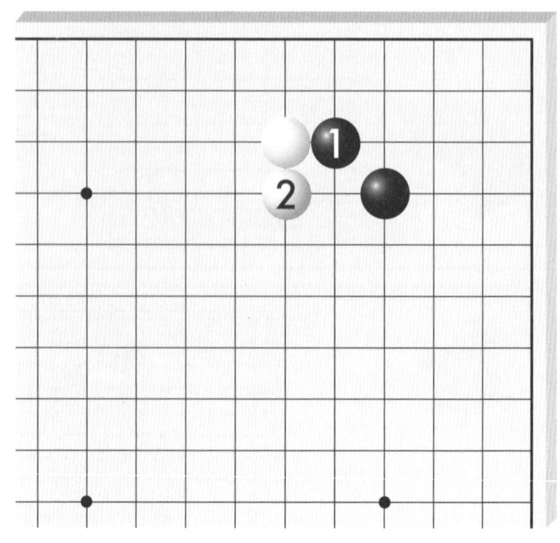

백은 반드시 ②의 자리로 올라서 두어야 해요.

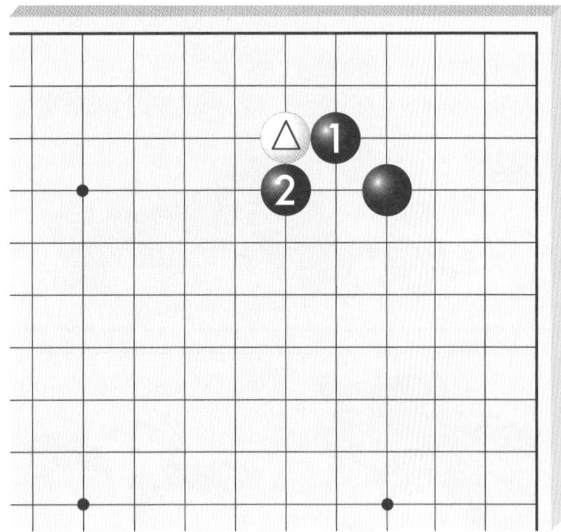

만약 그 곳을 두지 않아 흑에게 ❷의 호구자리를 당하면 백 Ⓐ 한 점이 너무 약해지기 때문이에요. 그래서 내가 호구자리를 차지하는 것도 좋지만, 상대가 호구자리를 두지 못하도록 방해하는 것도 중요하답니다.

호구(호랑이 입) 모양은 좋은 모양이라고 배웠죠? 호구는 연결이 끊어질 위험성이 없어서 튼튼하기 때문이에요. 그래서 바둑 격언에 '호구자리 급소'라는 말이 생겼어요.

2선을 기지 마라 / 빵따냄은 30집

2선을 기지 마라

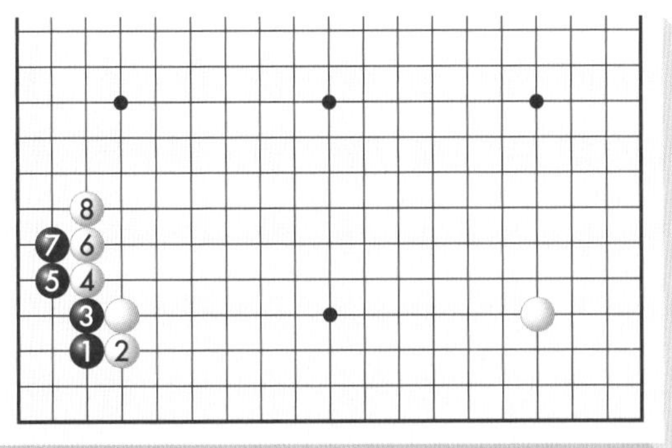

흑 ❶로 귀의 3·三 침입을 한 장면입니다. 백이 ②로 막고 흑이 ❸으로 밀었을 때 백이 ④로 젖혀온다면, 흑 ❺·❼로 두 번만 밀어놓은 다음 손을 돌리는 것이 좋습니다.

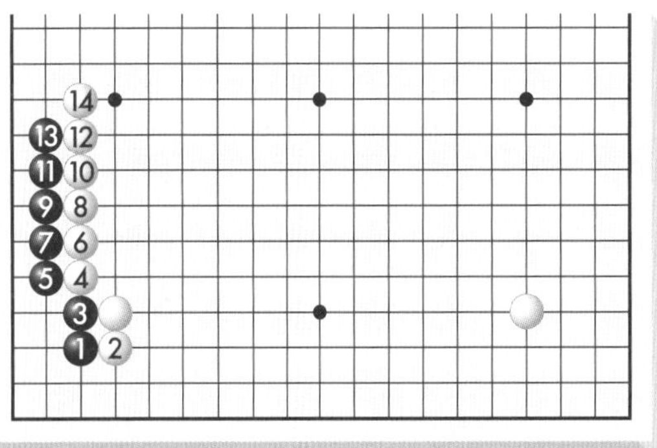

흑 ❾·⓫·⓭으로 계속해서 2선을 기어가면 어떻게 될까요? 한 번 밀어갈 때마다 한 집씩밖에 늘지 않습니다. 반면 백의 세력은 매우 막강해집니다. 그래서 초반에 2선을 밀지 않는 것이 좋답니다.

빵따냄은 30집

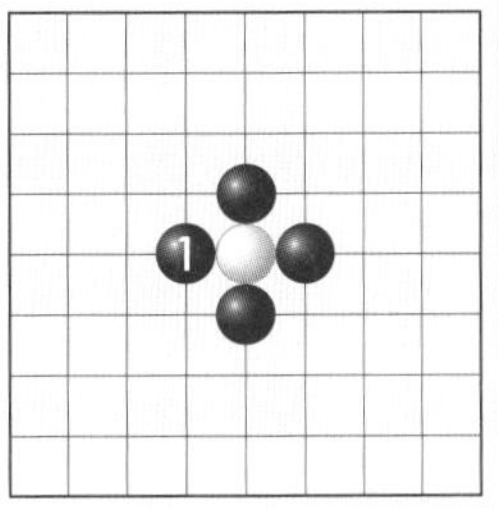

돌 네 개로 돌 하나를 둘러싸서 따내는 일을 **빵따냄**이라고 합니다. 흑이 ❶로 두어 백돌 한 점을 따내면 몇 집을 얻게 될까요?

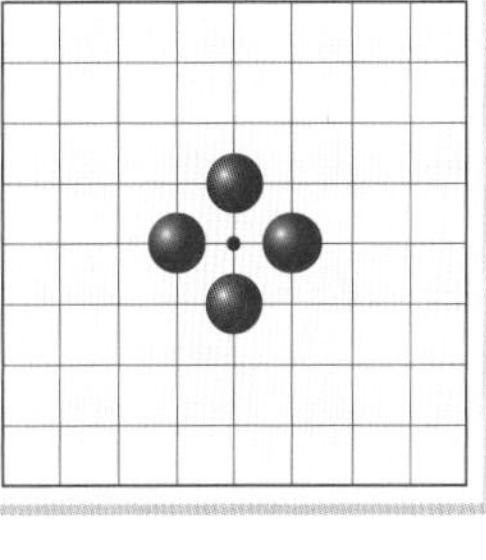

흑 집 한 집이 생겼고,백 한 점을 잡았으니 두 집이 생겼다고 할 수 있습니다. 그런데 왜 '빵따냄은 30집'이라고 하는 걸까요?

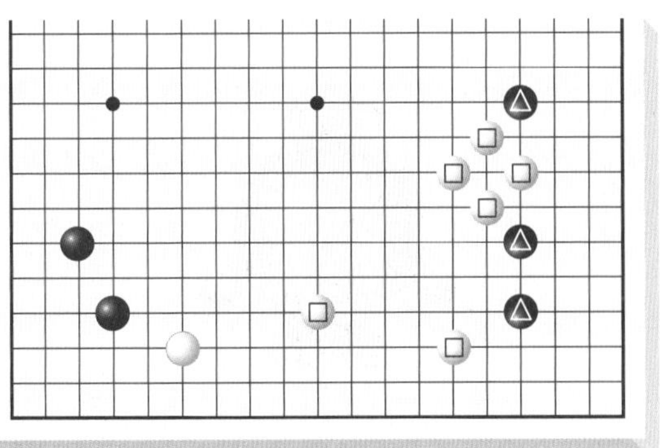

빵따냄은 초반일수록,
그리고 넓은 공간일수록
그 위력이 강해져요.

백이 우변 쪽에서 빵따냄을 한 형태입니다. 그러자 주변의 흑 ▲은 약해지고 백 ◻들은 강해졌습니다. 빵따냄의 형태가 워낙 튼튼하고 두터운 모양이기 때문입니다. 그래서 빵따냄은 2집이 아니라 그보다 훨씬 큰 가치가 있다는 뜻으로 **빵따냄은 30집**이라는 말이 생겼습니다.

두점머리는 두들겨라

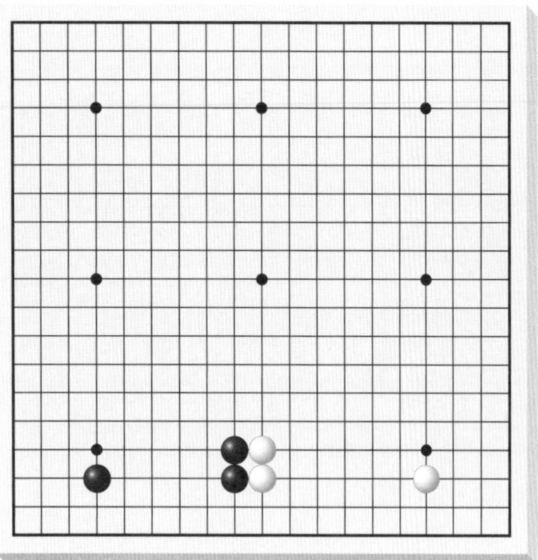

흑백 두 점씩이 힘겨루기를 하는 모습입니다. 흑이 백돌을 제압하려면 어디에 두는 것이 좋을까요?

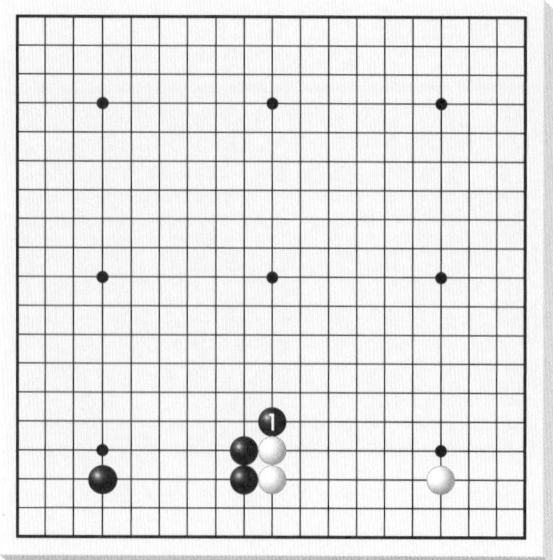

흑 ❶로 백 두 점의 머리를 젖히는 것이 기백 넘치는 한 수입니다. 이렇게 두어가는 것을 '두점머리를 두들긴다.'라고 합니다.

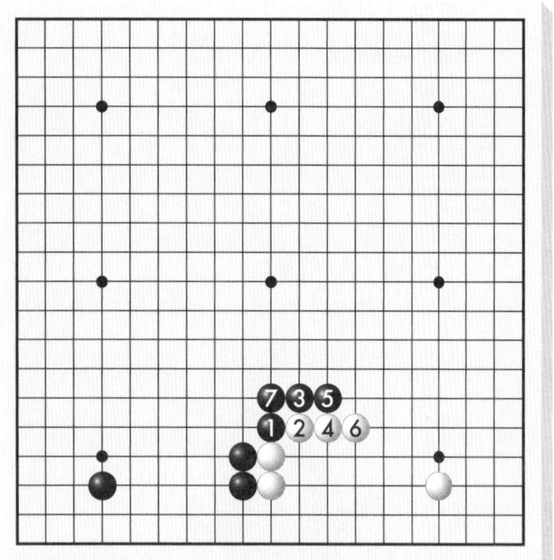

만약 백이 ②로 젖혀온다면 흑 ❸으로 한 번 더 젖혀서 강하게 두어가는 것이 좋습니다. 이후 흑 ❼까지 흑 모양은 활짝 피어난 반면 백 모양은 위축됩니다.

두점머리는 결코 놓쳐서도, 맞아서도 안 될 급소의 자리예요.

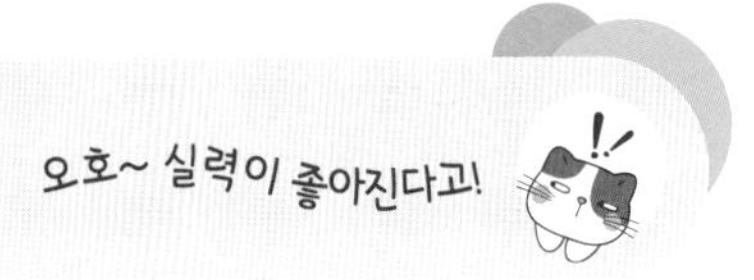

흑이 △로 두어 온 장면입니다. 백으로 호구되는 급소 자리를 찾아 두어 봅시다.

1

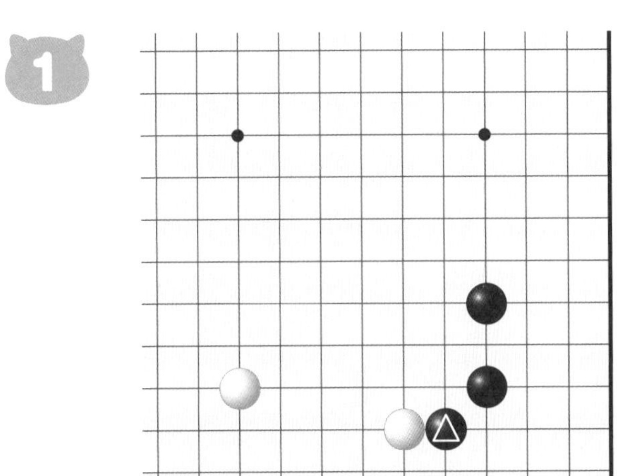

2

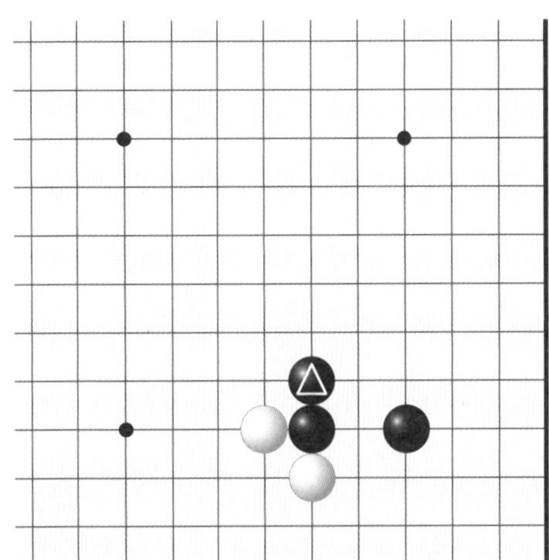

3

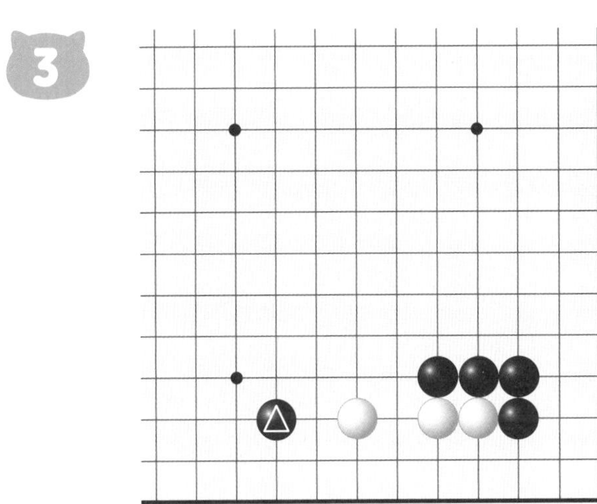

4

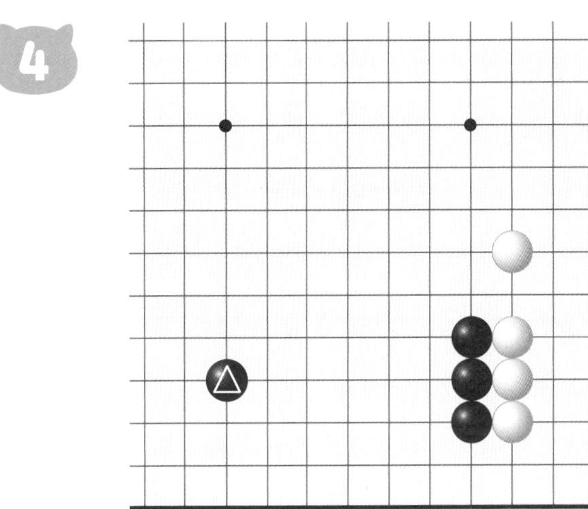

5

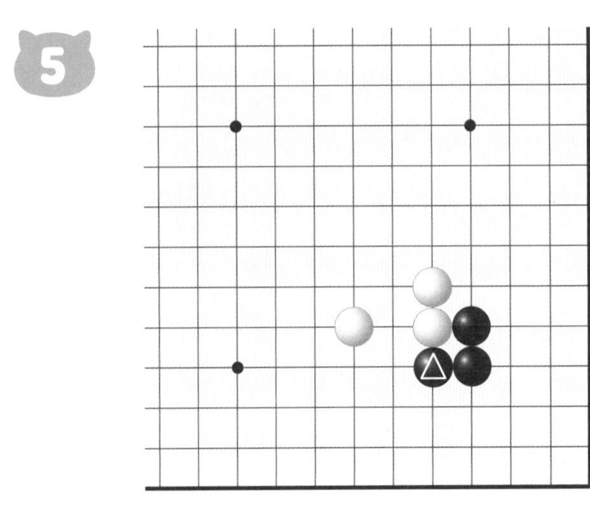

6

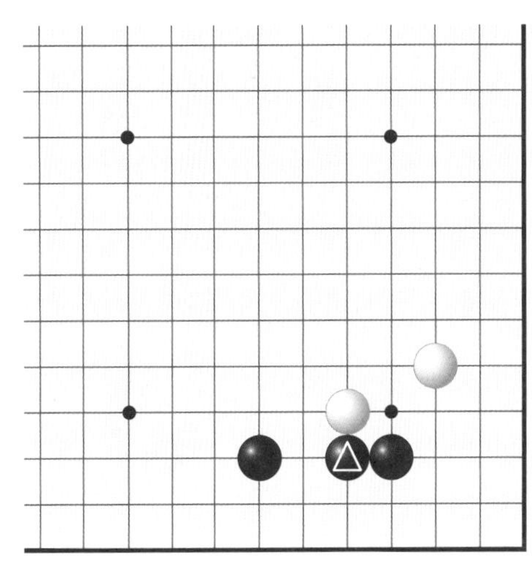

실력이 탄탄

초반 포석입니다. 다음 형태에서 흑으로 알맞은 수에 ☑표를 해 봅시다.

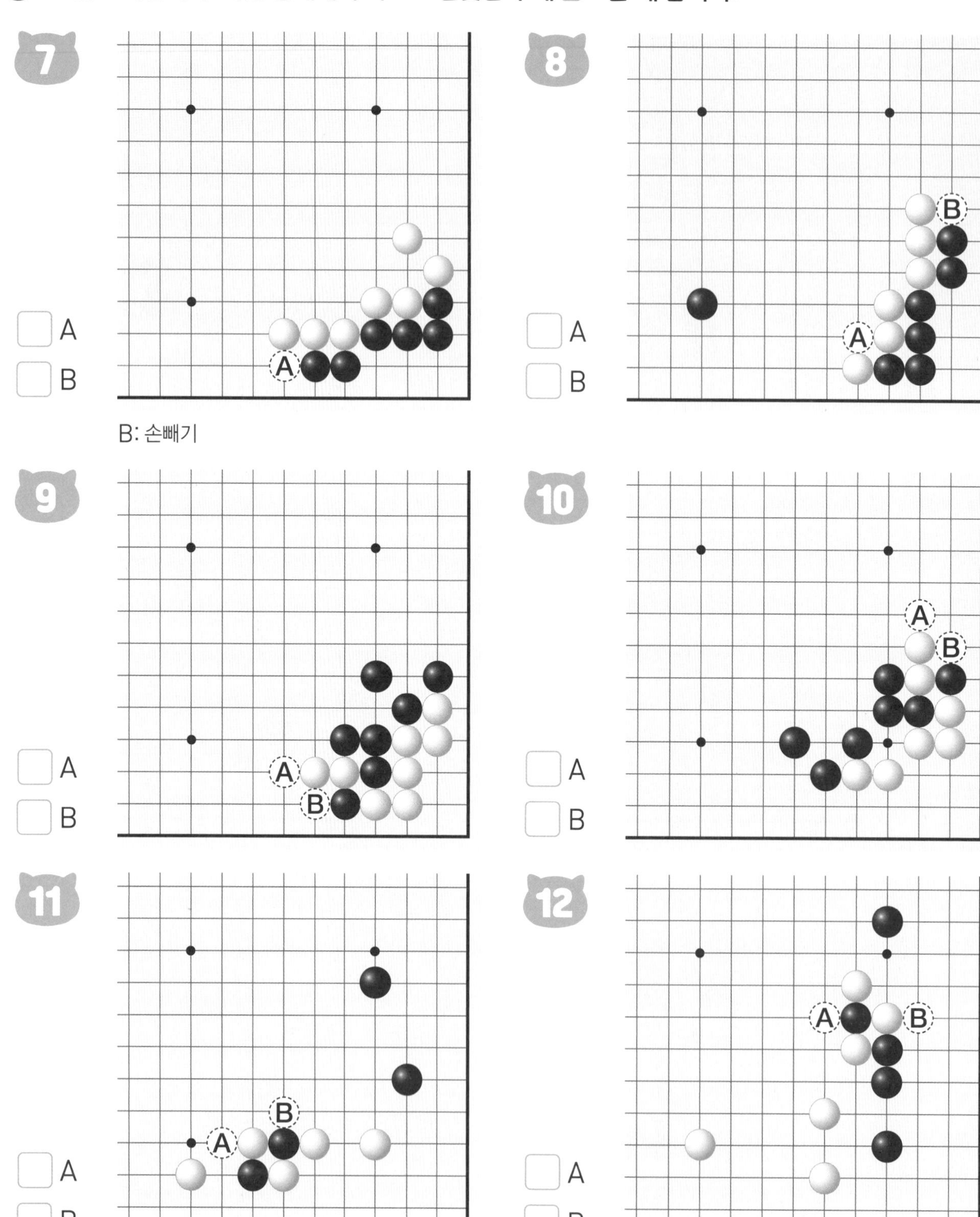

흑이 둘 차례입니다. 백돌의 두점머리를 두들겨 봅시다.

13

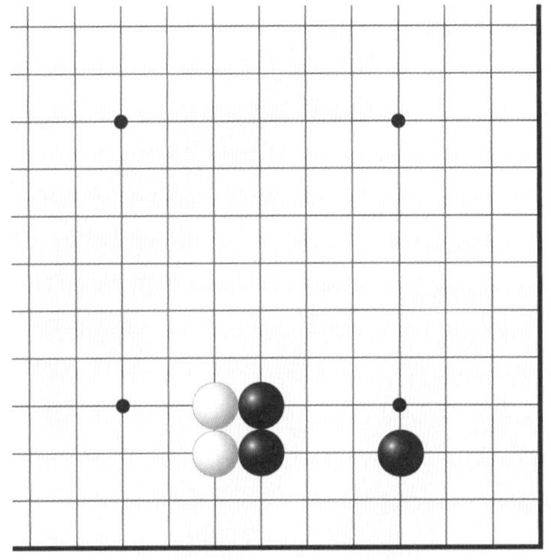

14

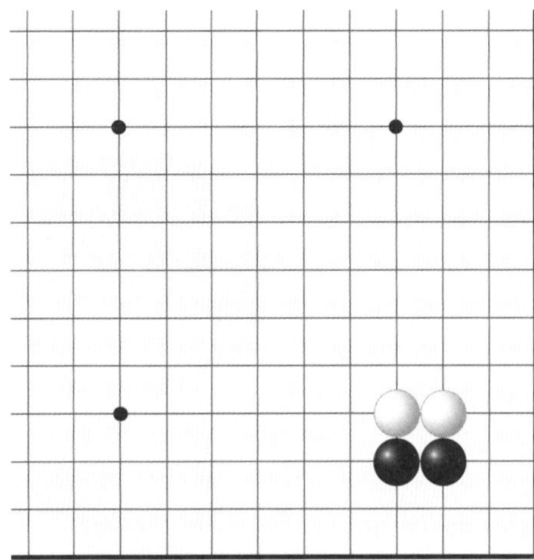

15

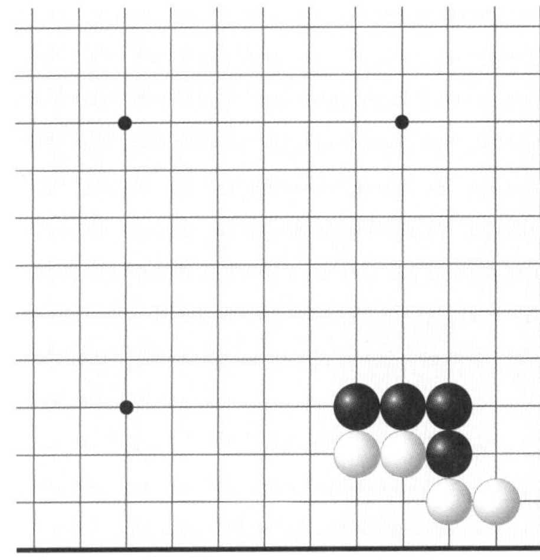

16

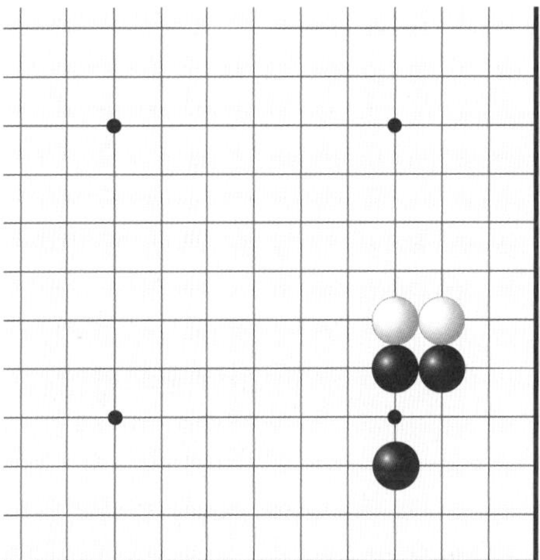

17

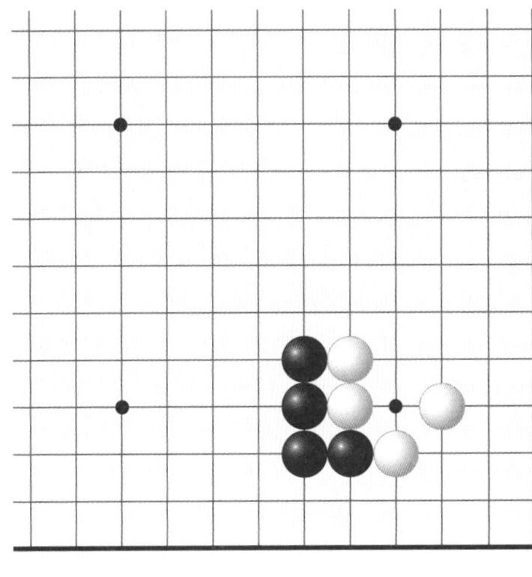

18

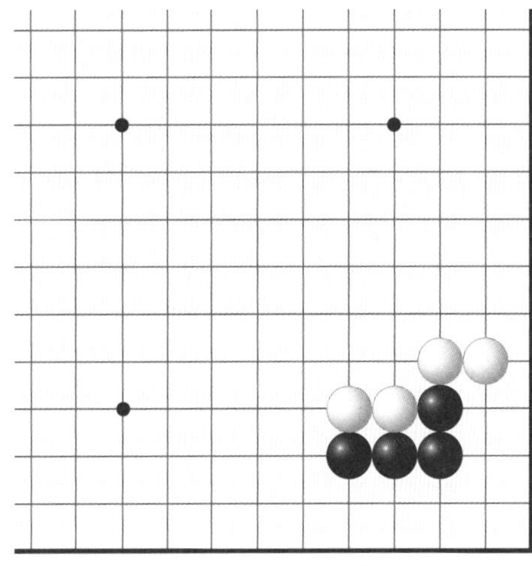

마음이 쑥쑥

두 명씩 짝을 이루어 페어 바둑을 두어보며 서로의 생각을 공감하는 훈련을 해 봅시다.

* **페어 바둑** 두 사람이 한 팀이 되어 한 수씩 번갈아가며 두는 경기. 아시안 게임 정식 종목일 만큼 많이 두어지는 대국 방식임.

- 대국을 마친 후, 서로 생각이 달라서 힘들었던 부분을 이야기해 봅시다.

- 같은 팀끼리 어깨 동무를 하고 사진을 찍어봅시다.

- 같은 편 친구에게 함께 바둑을 둔 소감이 담긴 짧은 편지를 써 봅시다.

_____________에게

_____학년 _____반 ___________가

이야기로 배우는 바둑 상식

어린이와 어른 모두에게 바둑이 좋은 이유

바둑은 무수히 많은 장점을 갖고 있습니다. 그중에서도 세대를 뛰어넘어 남녀노소 누구나 함께 어울릴 수 있다는 점은 바둑의 큰 장점입니다. 바둑판 앞에서는 나이, 성별, 국적, 신분도 상관없이 그저 바둑을 같이 두는 동반자로 서로가 마주 앉습니다.

바둑은 세대별로도 유익합니다. 아이들은 집중력과 사고력, 문제 해결 능력 등을 기를 수 있고, 규칙을 지키는 법, 패배를 인정하는 법, 상대를 존중하는 법을 배우며 올바른 인성을 기를 수 있습니다.

성인 및 노년층에게는 몸과 마음의 훈련, 우울증 치료, 치매 예방에도 좋다는 연구 결과가 있으며, 평생의 취미로서 건전한 여가 활동을 즐길 수 있습니다. 실제로 현재 최고령 프로기사인 최창원 6단(2024년 기준 85세)의 뇌를 연구해 본 결과, 40대의 뇌와 같이 건강하다고 합니다. 이 연구를 주도한 서울대학교병원의 권준수 교수는 "바둑을 두면 뇌에서 정보 교환이 원활해지기 때문에 건강한 뇌를 얻을 수 있으며 치매를 예방할 수 있다."라고 말하였습니다. 한국신경심리연구소 윤영화 소장도 "바둑을 두면 뇌의 자극을 통해 뇌의 *시냅스 연결이 더욱 활발해진다."면서 바둑이 뇌의 노화 방지에 도움이 된다는 논문을 발표하기도 했답니다.

바둑은 이렇듯 두뇌 발달과 정신 건강에 도움이 될 뿐만 아니라 상상력과 창의력을 길러줍니다. 그리고 바둑에 몰입하는 동안에는 잡념을 떨쳐내고 마음의 휴식을 얻을 수도 있습니다. 바둑을 통해 좋은 친구를 얻을 수 있다는 '*득호우'도 바둑의 큰 장점 중 하나입니다. 이처럼 다양한 장점이 있는 바둑, 한 번 배워두면 평생 즐길 수 있습니다.

* **시냅스(synapse)** 신경 세포의 신경 돌기 끝이 다른 신경 세포와 만나는 부위.
* **득호우(得好友)** '위기오득'의 하나로, 바둑을 두면 좋은 친구를 얻을 수 있다는 뜻.

5 두 집 만들기

이 단원을 배우면!

- 각각 떨어져 있는 두 개의 집을 만들어 살 수 있어요.
- 옥집이 되기 전에 진짜 집으로 만들 수 있어요.

인성 노력의 중요성을 배울 수 있어요.

오늘 배울 내용을 생각해 보며, 그림을 살펴봅시다.

하하. 나도 집이 생겼다!

아직 안심하긴 일러!
떨어진 두 집이 있어야 살 수 있거든!

앗! 저곳에 두면 내 집이 옥집이 되잖아.

조마조마

현빈아. 근데 너 이름처럼 배우 현빈과 닮았어.

안 되겠다.

그, 그래?

으하하하! 얘가 어딜 봐서 현빈이랑 닮았냐?

휴, 살았다!

헉! 그 수가 있었네!

현빈이가 다 잡은 돌을 놓쳤구나.

뭐야. 현빈이 너 나리의 작전에 당한 거야?

하하

미안해, 현빈아. 내 돌은 살리고 봐야지.

그래도 배우 현빈과 닮았다고 했으니 좋아!

헤헤~

하하하

독립된 두 집 만들어 살기

상대에게 완전히 포위된 돌이라도 떨어진 두 집 이상을 갖추면 살 수 있다고 배웠습니다. 이번 시간에는 다양한 형태를 통해 두 집 만드는 연습을 해 봅시다.

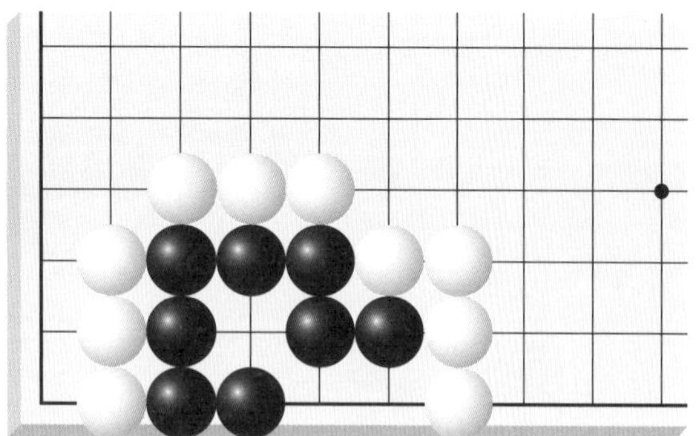

흑돌이 백에게 포위당한 형태입니다. 흑이 두 집을 만들려면 어디에 두어야 할까요?

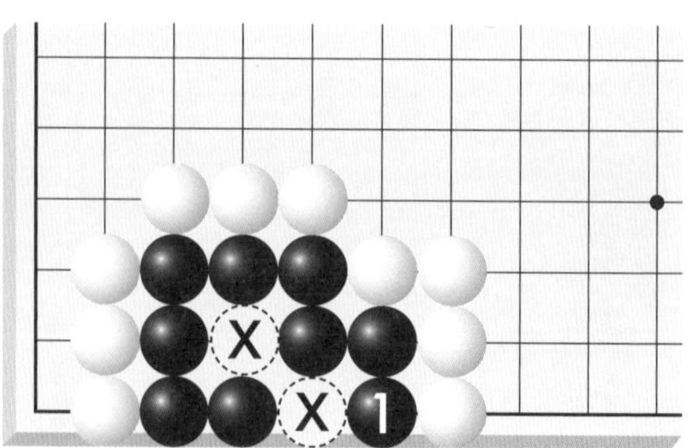

흑 ❶의 자리에 두면 ⓧ에 독립된 두 집이 생겨 살게 됩니다.

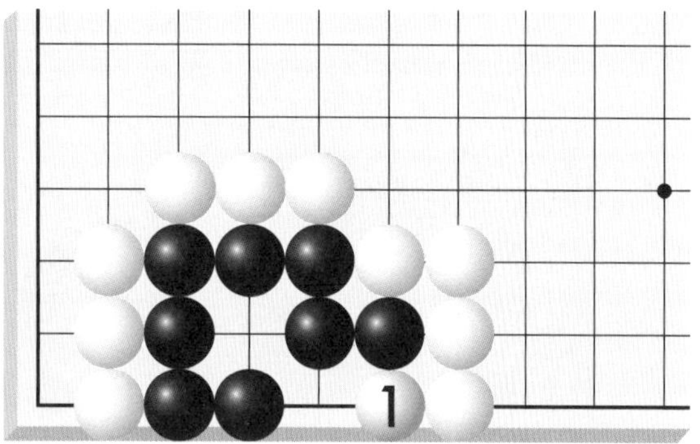

만약 흑이 두지 않으면 백이 ①로 두어 흑돌은 한 집밖에 나지 않습니다. 그럼 흑돌 전체는 죽게 됩니다.

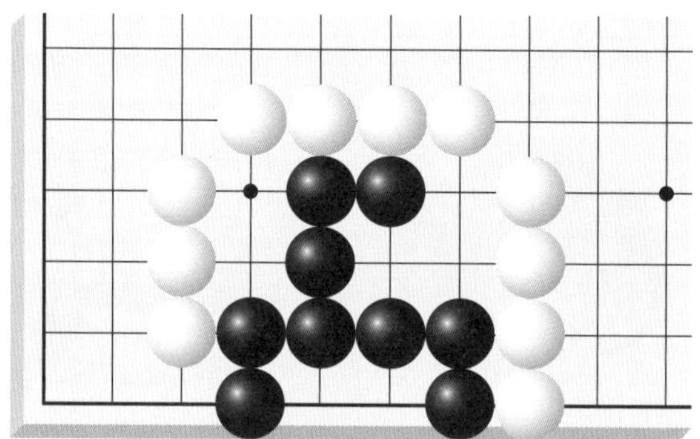

흑돌이 백에게 포위당했습니다. 아래에 두 집을 갖고 있지만, 사활에서 붙어 있는 두 집은 한 집과 같습니다. 한 집을 더 만들어야 살 수 있습니다.

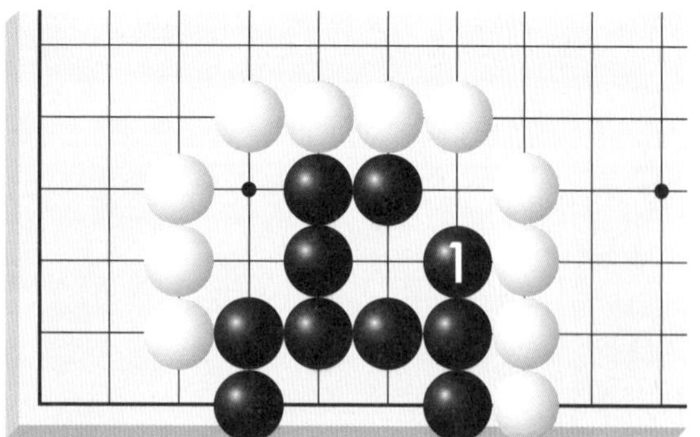

흑 ❶로 두면 한 집이 생겨 독립된 두 공간의 집이 만들어집니다. 그럼 흑 대마는 살게 됩니다.

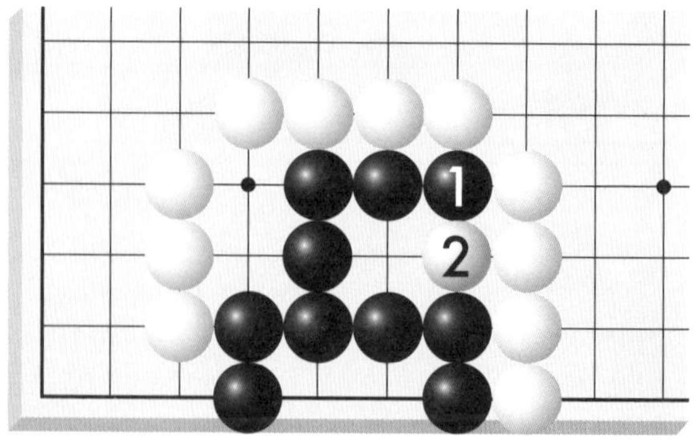

흑이 집이 날 수 있는 공간을 정확히 모르고 ❶로 두면, 백 ②로 두어 흑돌 전체가 잡힙니다.

참집 만들어 살기

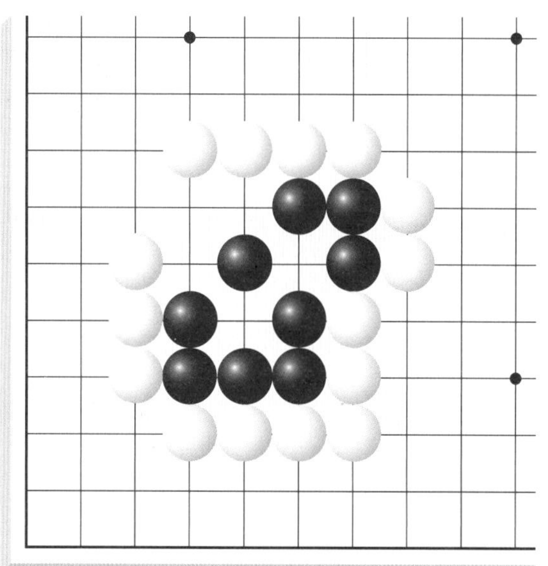

흑이 백에게 포위당했습니다. 흑이 독립된 두 군데의 집을 갖고 있는 것처럼 보이지만, 아직 살지 못한 돌입니다.

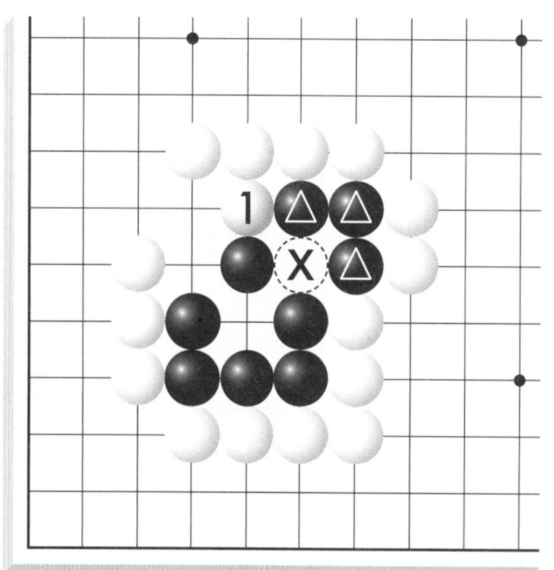

백이 ①로 두면 흑 ▲ 세 점이 단수에 몰려 ⓧ의 집이 사라집니다. ⓧ는 집처럼 생겼지만 단수를 당해 사라지게 되는 집(옥집)입니다. 흑이 살려면 ⓧ의 자리를 '참집(진짜 집)'으로 만들어야 합니다.

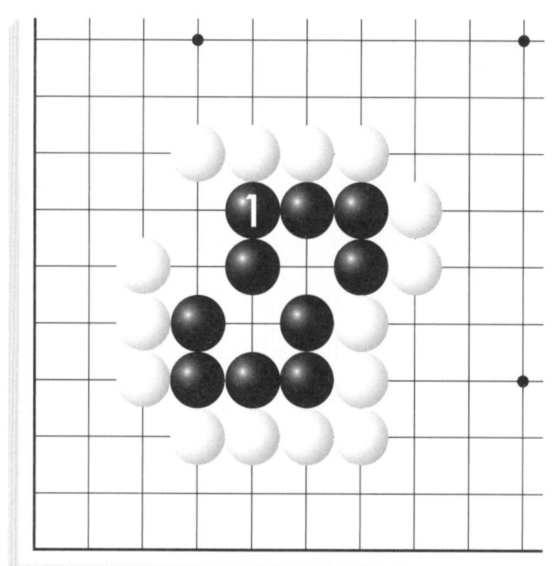

흑 ❶로 두어 옥집이 되지 않도록 해야 합니다. 그러면 흑집은 단수를 당하지 않아 완벽한 참집이 됩니다.

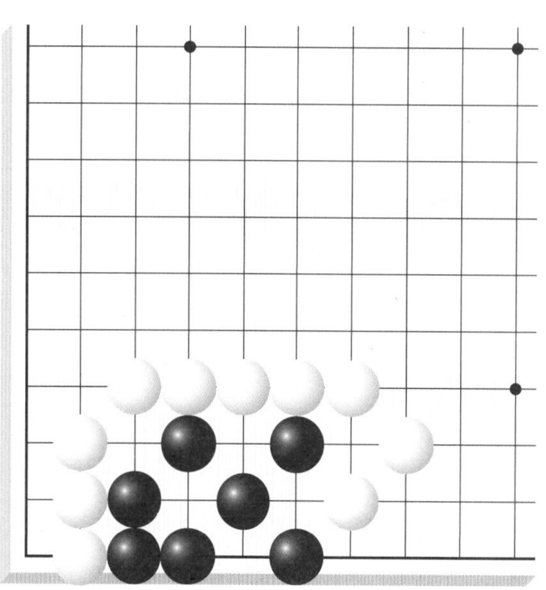

흑이 살아있을까요? 만약 아직 살아있지 못하다면 흑은 어디에 두어야 할까요?

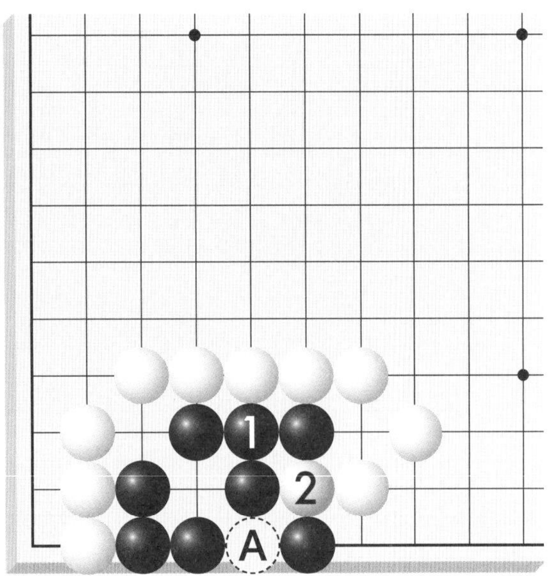

흑 ❶로 위쪽을 두면 백 ②로 두어 Ⓐ가 옥집이 됩니다. 그러면 흑은 참집이 한 개밖에 없으므로 죽게 됩니다.

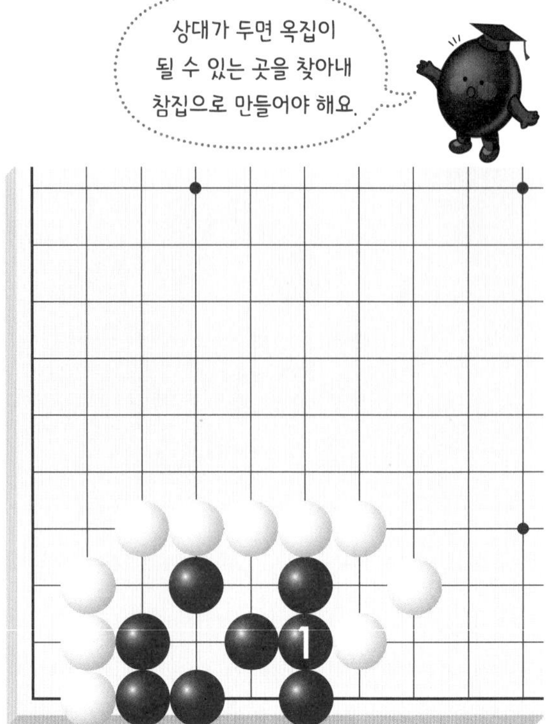

흑 ❶로 두어 참집을 만들어야 합니다. 그러면 흑은 독립된 두 집을 내고 살 수 있습니다.

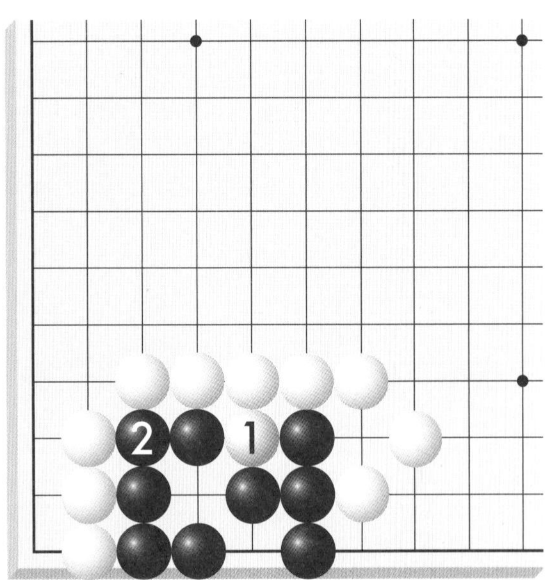

백이 ①로 두면 흑 ❷로 두어 참집을 만듭니다.

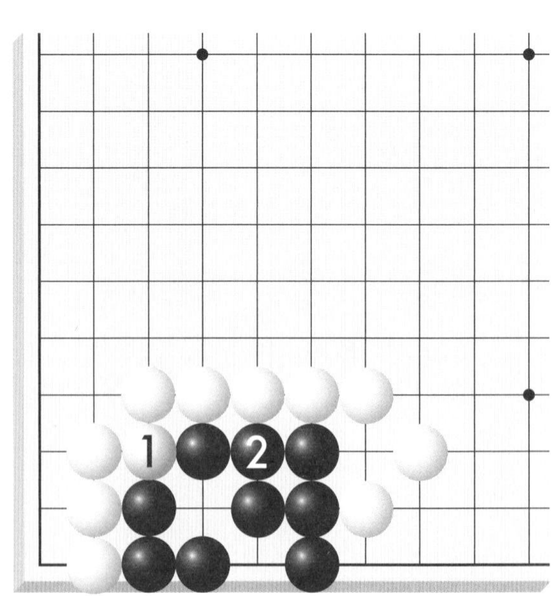

백이 ①로 반대쪽을 두어오면 흑은 ❷로 두어 참집을 만듭니다.

오호~ 실력이 좋아진다고!

흑이 둘 차례입니다. 독립된 두 집을 만들어 살려봅시다.

1

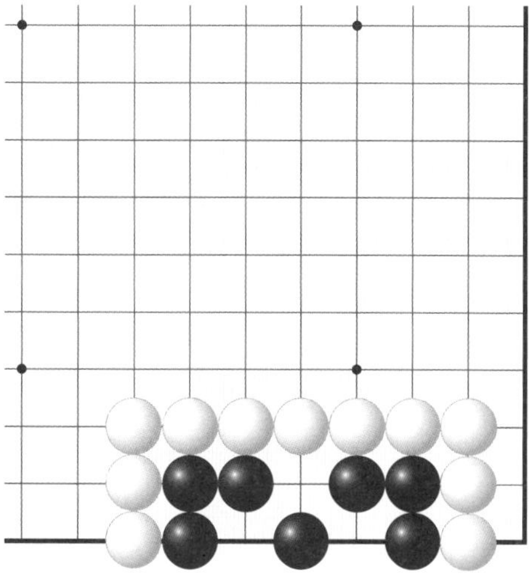

2

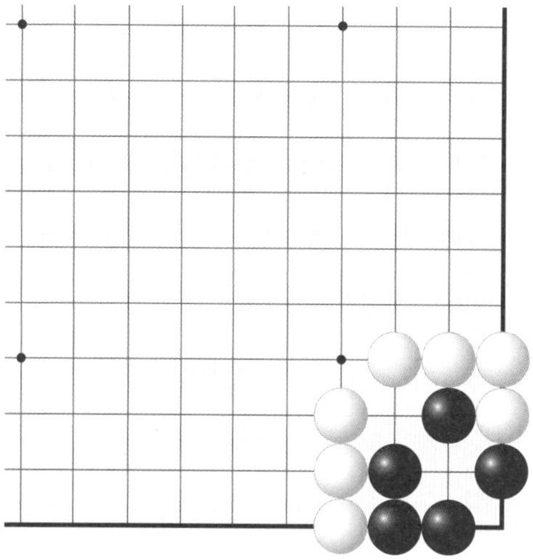

3

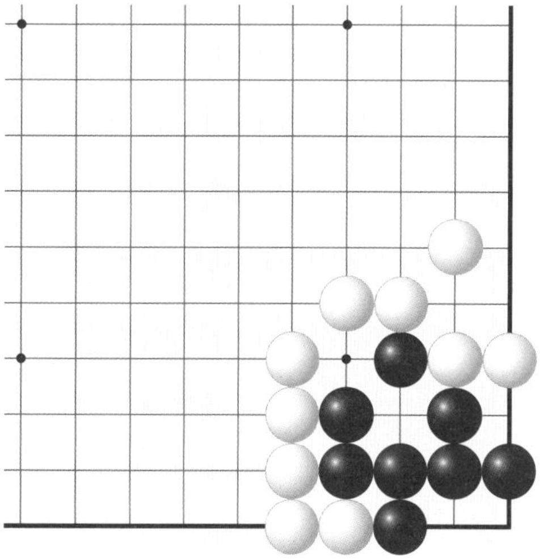

4

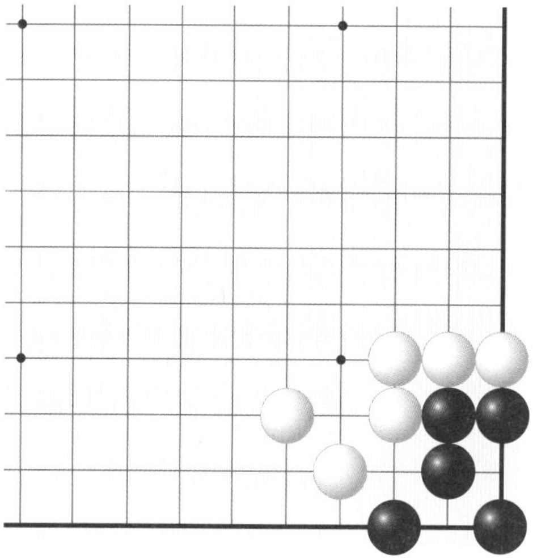

5

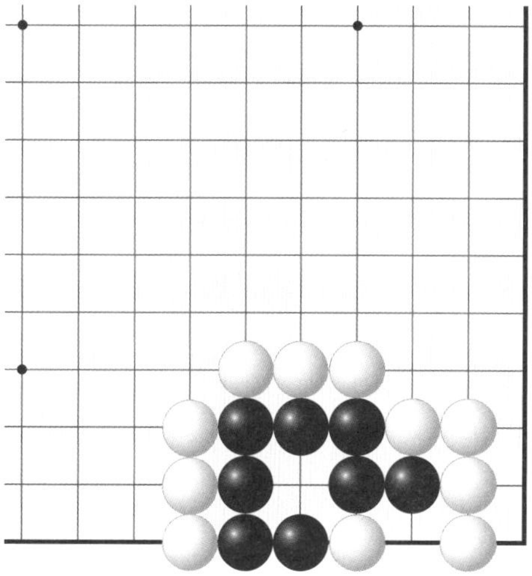

6

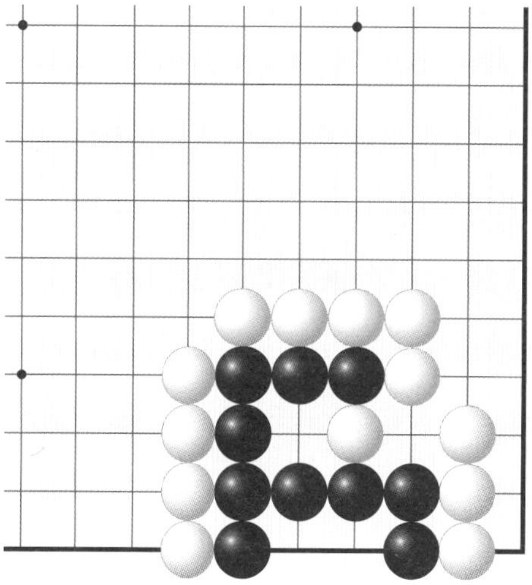

실력이 탄탄

백이 둘 차례입니다. 독립된 두 집을 만들어 살려봅시다.

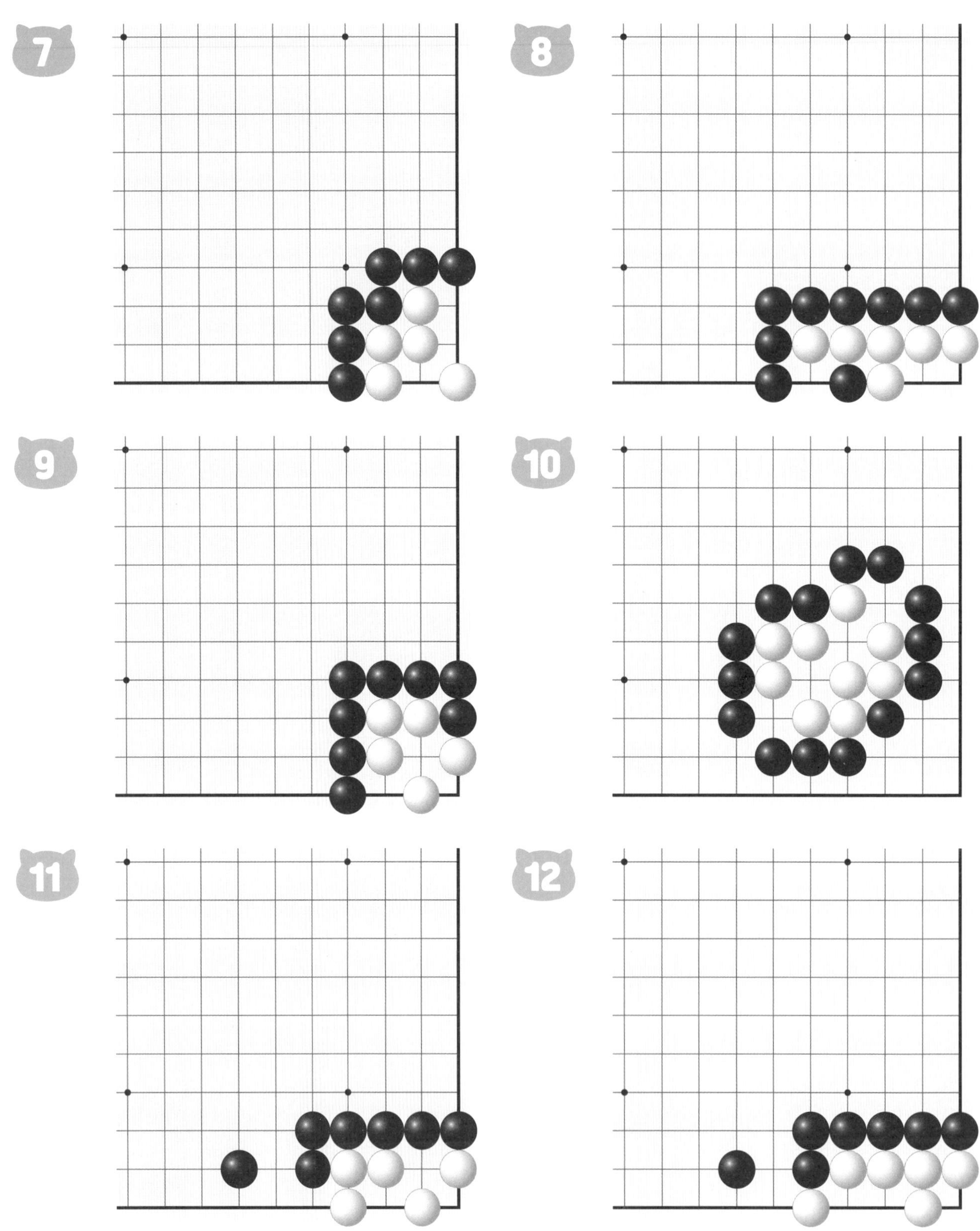

흑이 둘 차례입니다. 독립된 두 집을 만들어 살려봅시다.

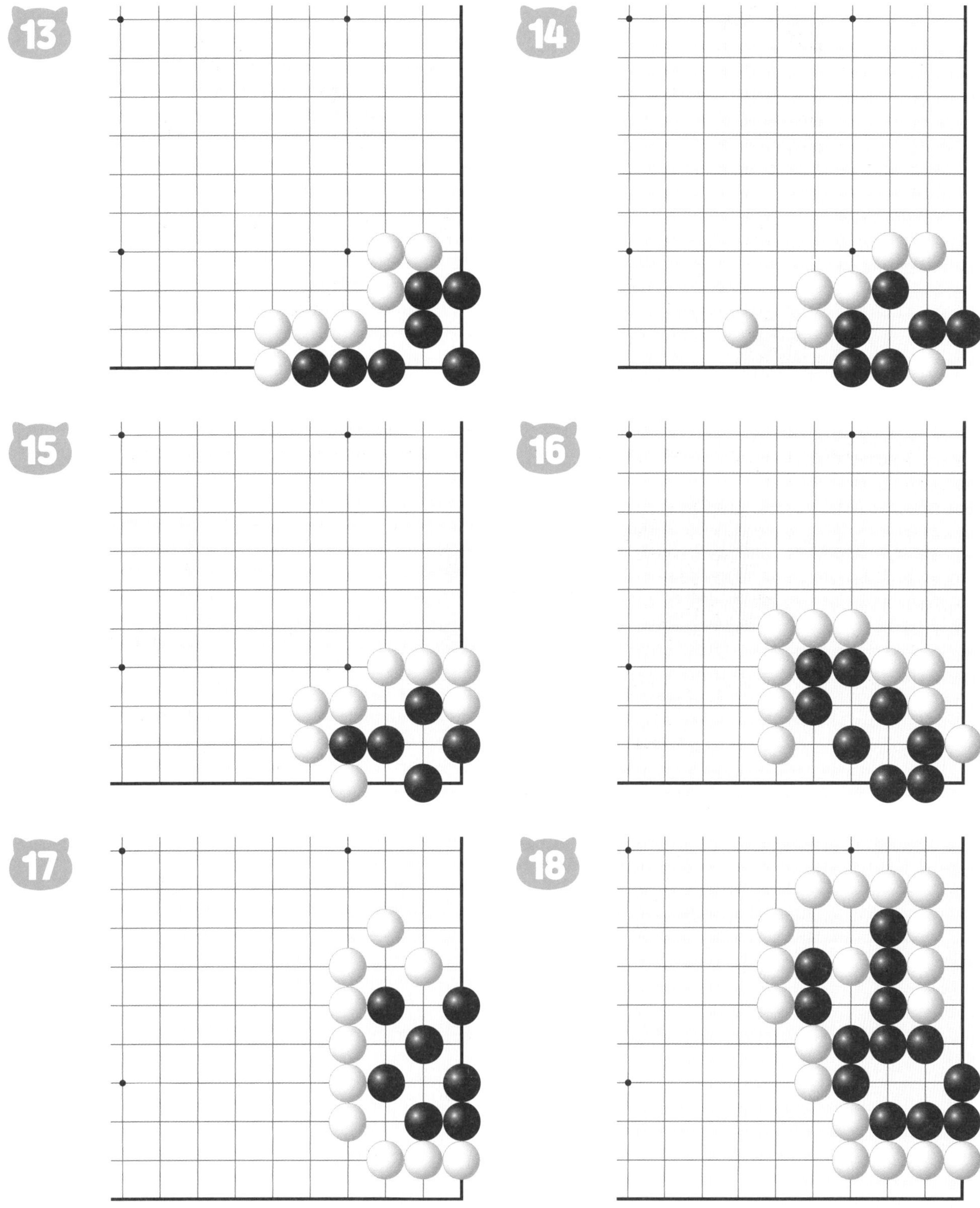

마음이 쑥쑥

다음 만화를 보고, 노력의 중요성에 대해 생각해 봅시다.

바둑 두는 것이 제일 즐거워. 프로 기사가 될 거야.

어머니, 바둑 학원에 보내주세요.

그렇게 바둑이 배우고 싶으니? 그래. 가 보자.

머리가 좋거나 계산을 잘하는 등 뛰어난 친구들이 참 많아. 나의 재능은 무엇일까?

기탁아, 무슨 고민이 있니?

저는 바둑이 좋아서 프로 기사가 되려고 했는데 자신이 없어져요. 특별한 재능이 없나봐요.

너는 바둑을 좋아하고 즐기는 마음이 있잖아. 즐길 줄 아는 것이야말로 최고의 재능이란다.

네! 열심히 공부할게요.

애써 노력하기 보다 즐겼을 때 잘한 경험이 있다면 써 봅시다.

이야기로 배우는 바둑 상식

복기는 바둑의 꽃

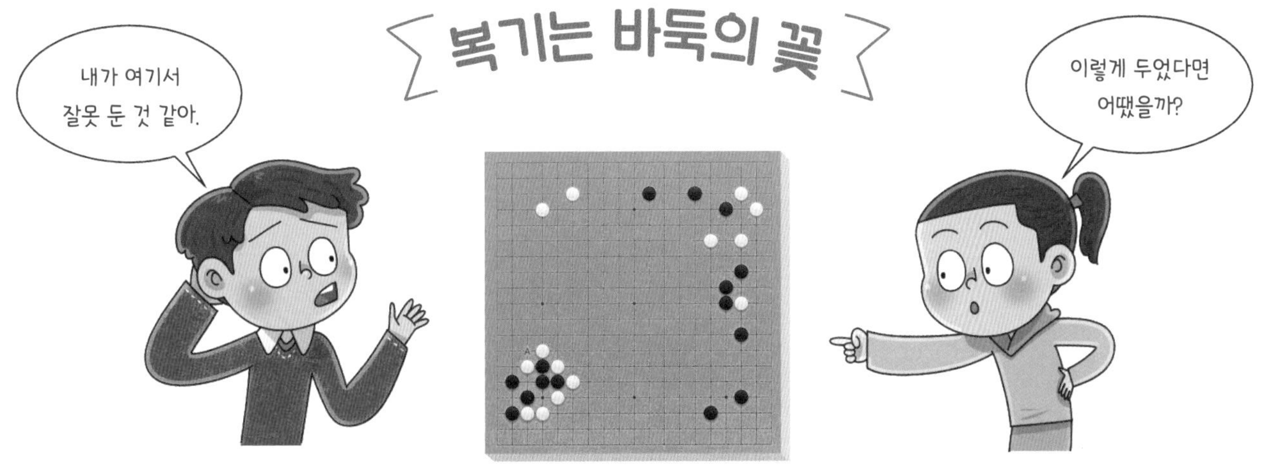

바둑에서 가장 아름다운 장면은 무엇일까요? 바로 대국 후의 모습, 복기(復棋)를 나눌 때라고 할 수 있습니다. 복기란 '바둑이 끝난 후에 두 대국자가 처음부터 자신이 둔 수를 놓아 보며 서로 의견을 나누는 일'을 말합니다.

바둑에서는 특별히 복기를 통해 자신이 둔 수를 되돌아보는 훈련을 합니다. 나를 이긴 사람과 마주 앉아 왜 그가 이기고 내가 졌는지를 이야기하는 것은 오직 바둑에만 존재하는 멋진 소통 장면입니다. 다른 스포츠, 게임 어디를 둘러봐도 이런 문화를 찾을 수 없습니다. 스포츠 경기에서 종종 비디오를 통해 상대팀 전술 분석에 나서는 경우가 있긴 하지만, 어디까지나 자신의 팀끼리 하는 것이므로 경우가 다릅니다.

프로들은 이겼을 때보다 졌을 때 훨씬 더 열정적인 복기 시간을 갖습니다. 자신이 어디에서 패배했는지 대국 내용의 궁금한 점들을 알고 싶기 때문입니다. 사실 바둑을 지면 자리를 박차고 일어나고 싶은 심정이 들기도 하는데, 그럴수록 복기를 통해 수를 연구하며 다음 판을 대비해야 합니다.

복기는 곧 '*성찰'입니다. 대국이 끝난 후, 서로 복기를 나누는 과정에서 성찰의 힘을 기를 수 있습니다. 나 자신을 스스로 돌아보며 잘못을 인정하고 반성하는 것은 훌륭한 인격을 갖추기 위해 꼭 필요한 덕목입니다. 사람은 성찰의 과정을 거치지 않으면 결코 발전할 수 없으니까요. 복기 없는 바둑은 진정한 바둑이 아니듯이, 성찰 없는 삶은 진정한 삶이 아니랍니다.

* **성찰(省察)** 자기의 마음을 반성하고 살핌.

6 두 집 없애기

이 단원을 배우면!

- 급소에 치중해서 돌을 잡는 법을 알 수 있어요.
- 상대의 집을 옥집으로 만들어 잡을 수 있어요.
- 먹여치기를 활용하여 돌을 잡을 수 있어요.

인성 연결과 소통의 중요성을 배울 수 있어요.

 오늘 배울 내용을 생각해 보며, 그림을 살펴봅시다.

만화로 배우는 바둑

으하하! 두 집 내고 살았지!
야호~!
아니야, 아직 기회가 있어!
내가 한돌이한테 당하다니.
으...

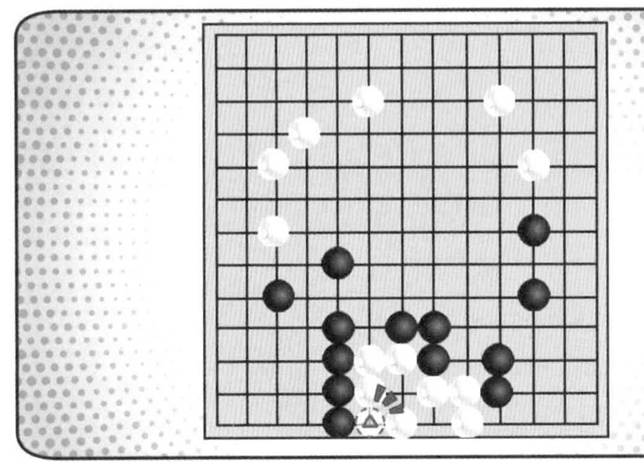

앗! 그러고 보니, 윽!
너 갑자기 얼굴빛이 왜 그래?
아, 아무것도 아니야!

아! 알았다!
탁

이러면 옥집이 되니 내가 잡았지?

옥집돼서 다 죽었네.
흑
흑

우아! 나리가 옥집 만들기도 해냈네!
짝!
으, 또 당하다니! 분하다!
크헉

치중하여 잡기

두 집이 못나도록 방해하여 상대방 돌을 잡는 방법을 배웁니다. 바둑에서 사활은 가장 중요하기 때문에 다양한 문제를 풀어보며 수읽기 실력을 쌓아봅시다.

置 中
둘 치 가운데 중

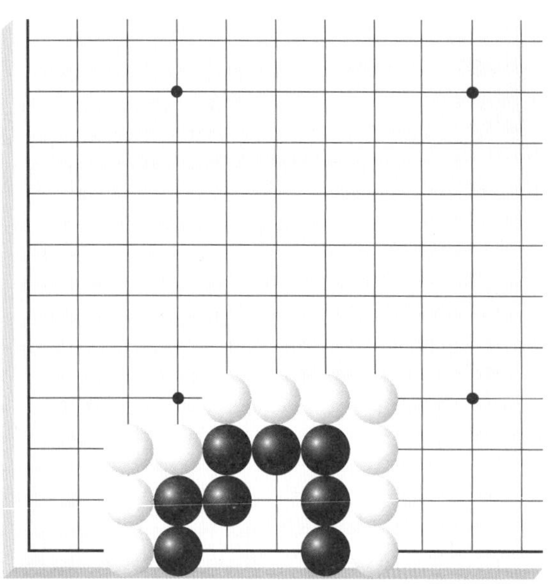

흑이 세 집을 갖고 있습니다. 이 형태의 사활은 어떻게 될까요?

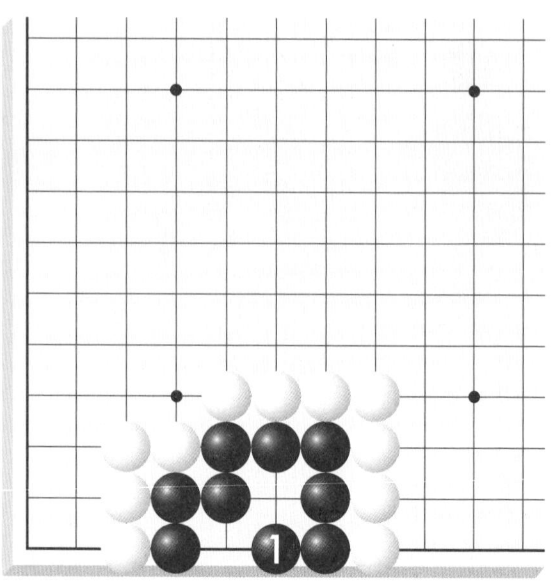

흑이 살기 위해서는 ❶로 두어 떨어진 두 집을 만들어야 합니다. 그러면 흑은 완생이 됩니다.

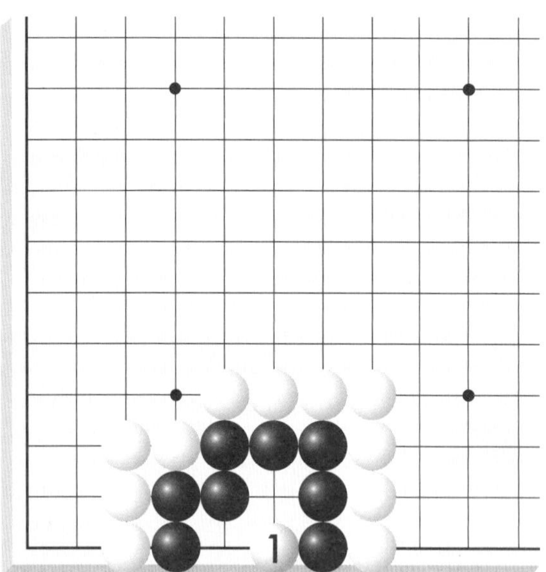

백이 먼저 ①로 두면 흑은 독립된 두 집이 나지 못하므로 잡힙니다. 이렇게 백 ①과 같이 상대방 집의 가운데 급소로 들어가는 것을 **치중**이라고 합니다.

가운데로 들어가 상대방 돌의 집 모양을 없애는 '치중'은 상대방 돌을 잡으려고 할 때 가장 기본적인 수법이에요.

옥집 만들어 잡기

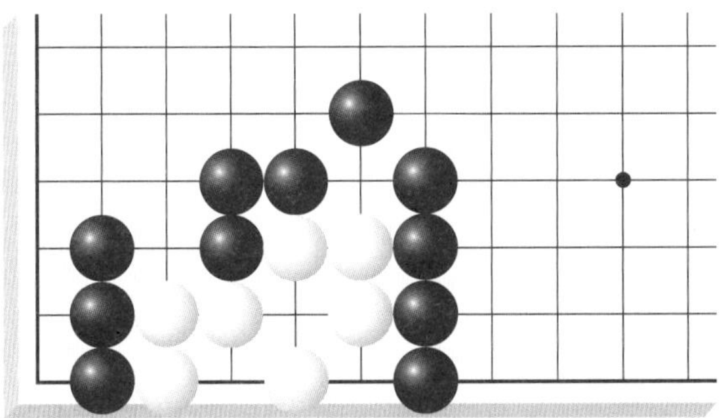

이 백돌은 떨어진 두 집을 갖고 있는 것처럼 보입니다. 그런데 과연 완벽하게 살아있을까요?

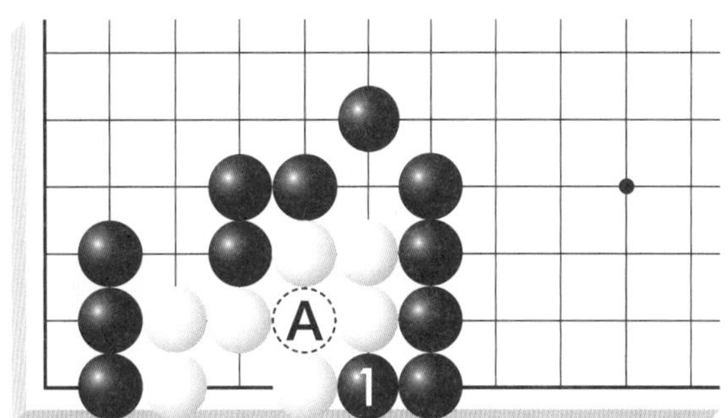

흑 ❶로 두면 Ⓐ의 곳이 옥집이 됩니다. 옥집은 아무리 많아도 집이 아니므로 살 수 없습니다. 이처럼 상대 돌을 잡을 때는 상대의 집을 옥집으로 만드는 것이 좋습니다.

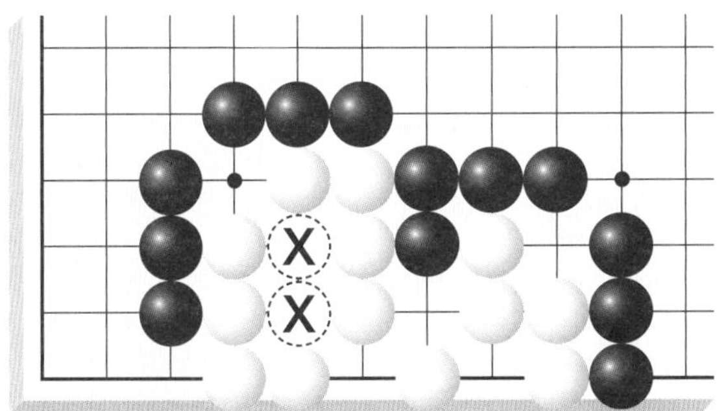

조금 어려운 모양이지만 옥집으로 만드는 원리를 알면 백돌을 모두 잡을 수 있습니다. 백은 ⓧ의 곳에 집을 가지고 있습니다. 하지만 떨어진 두 집이 아니므로 사활에서는 한 집입니다. 그렇다면 백은 다른 한 집을 만들어야 살 수 있습니다. 흑이 먼저 둔다면 백의 집 모양을 옥집으로 만들 수 있습니다.

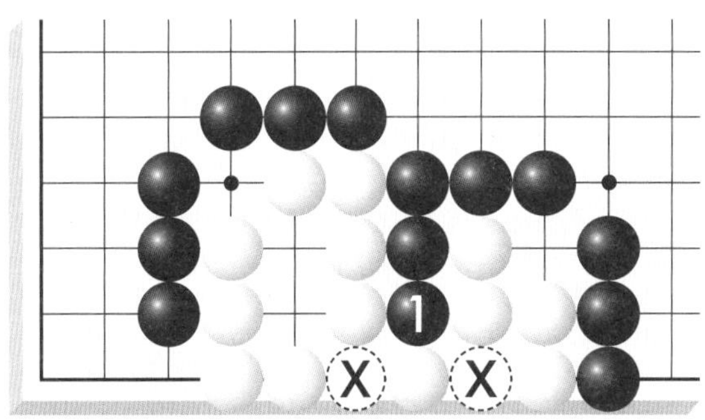

흑 ❶에 두면 ⓧ의 두 곳 모두 옥집이 되어 백돌이 모두 잡힙니다. ⓧ의 곳들이 옥집인 이유는 단수를 당해 결국 집 모양이 사라지기 때문입니다.

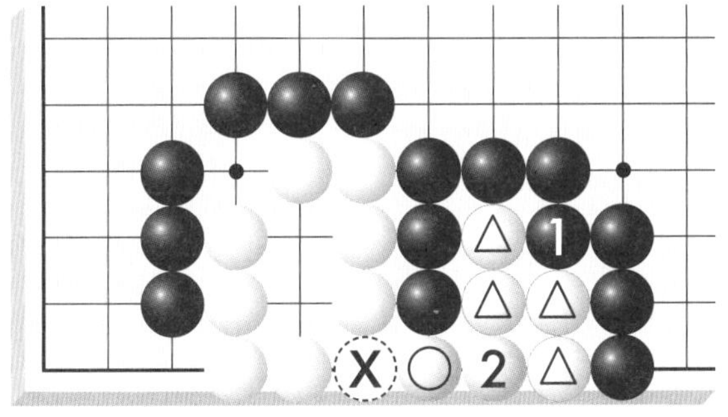

흑 ❶로 두면 백 △ 네 점이 단수가 되고, 백이 ②로 잇는다면 백 ◎까지 단수가 되어, 결국에는 ⓧ의 자리도 이어야 합니다.

먹여치기 이용하여 잡기

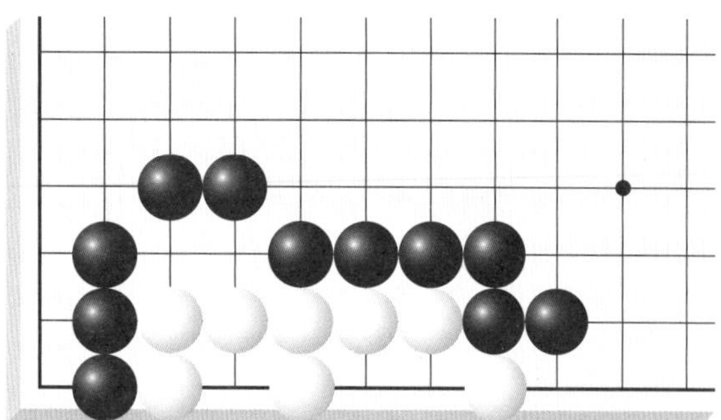

백이 흑에게 포위되었습니다. 백은 왼쪽에 한 집이 있고, 오른쪽은 불완전합니다. 흑이 백을 잡으려면 어떻게 두어야 할까요?

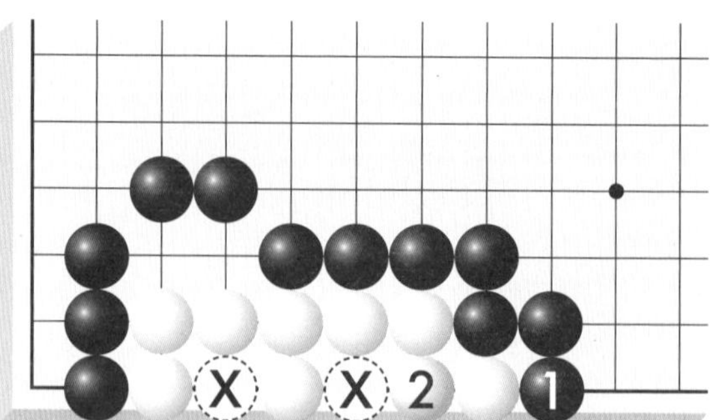

흑 ❶로 단수치는 것은 백이 ②로 이어서 ⓧ 두 곳의 독립된 두 집을 내고 살게 됩니다. ⓧ의 곳들은 단수를 당하지 않는 완벽한 참집이기 때문입니다.

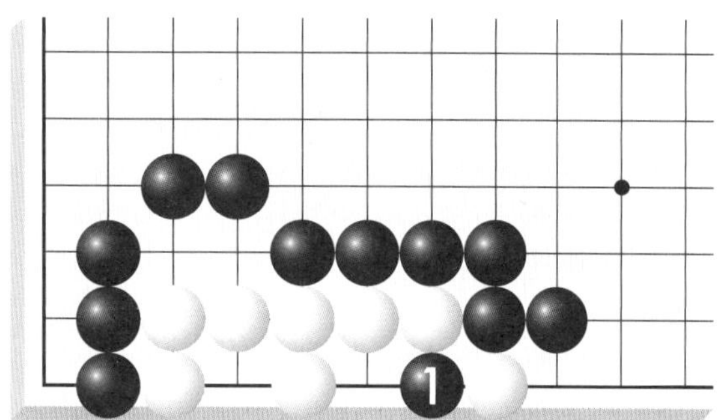

흑 ❶로 먹여치는 것이 좋은 방법입니다. 먹여치기는 상대방의 호구 속에 들어가 먹잇감이 되어 주는 기술입니다.

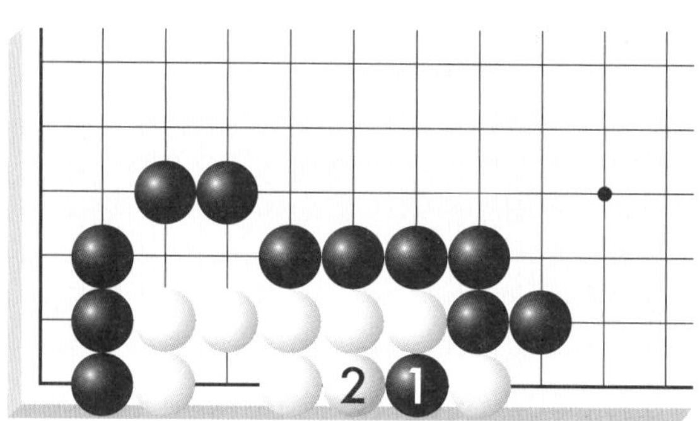

백은 ②로 두어 흑 한 점을 따낼 수 있습니다. 하지만 따내고 나면 옥집이 되고 맙니다.

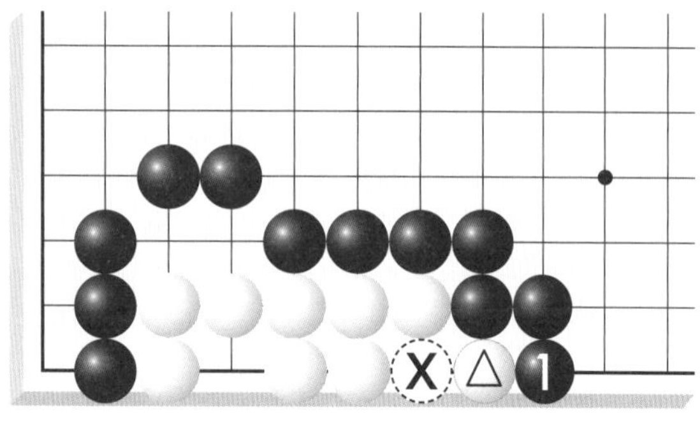

흑 ❶로 두면 백 ◬가 단수를 당해 결국 ⓧ의 자리를 이어야 하므로 옥집이 됩니다. 이처럼 흑은 먹여치기를 하여 한 점을 내어 주고, 백돌 전체를 잡을 수 있습니다.

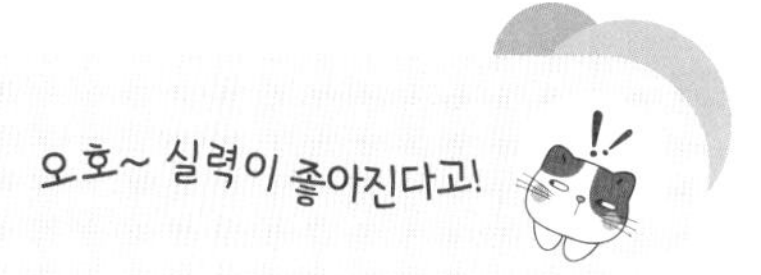

백이 둘 차례입니다. 급소로 치중하여 흑돌을 잡아봅시다.

1

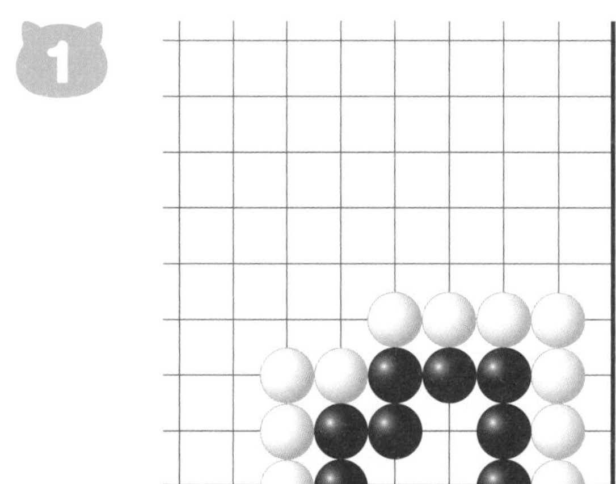

2

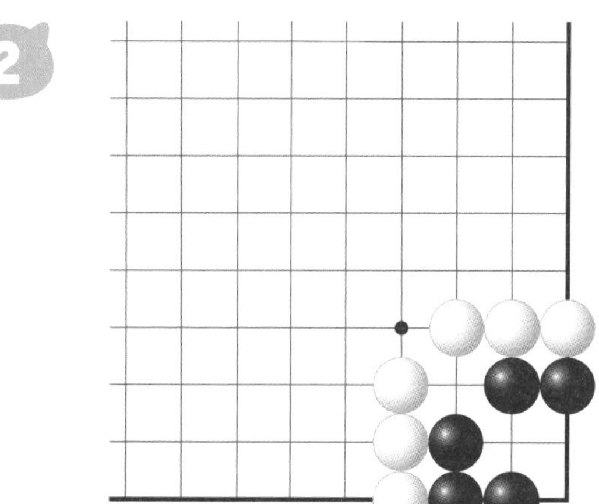

3

4

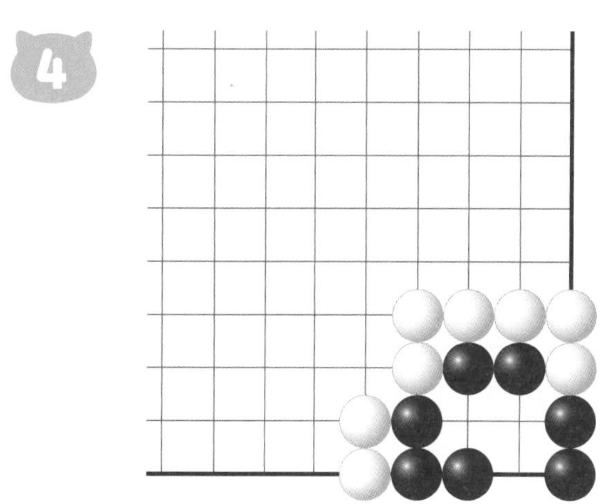

5

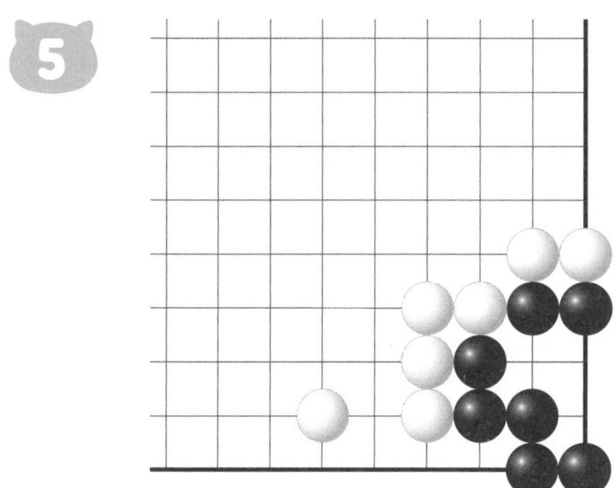

6

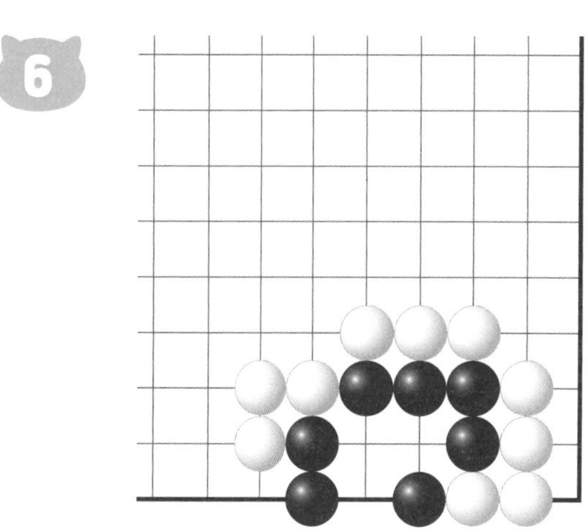

실력이 탄탄

흑이 둘 차례입니다. 백집을 옥집으로 만들어 잡아봅시다.

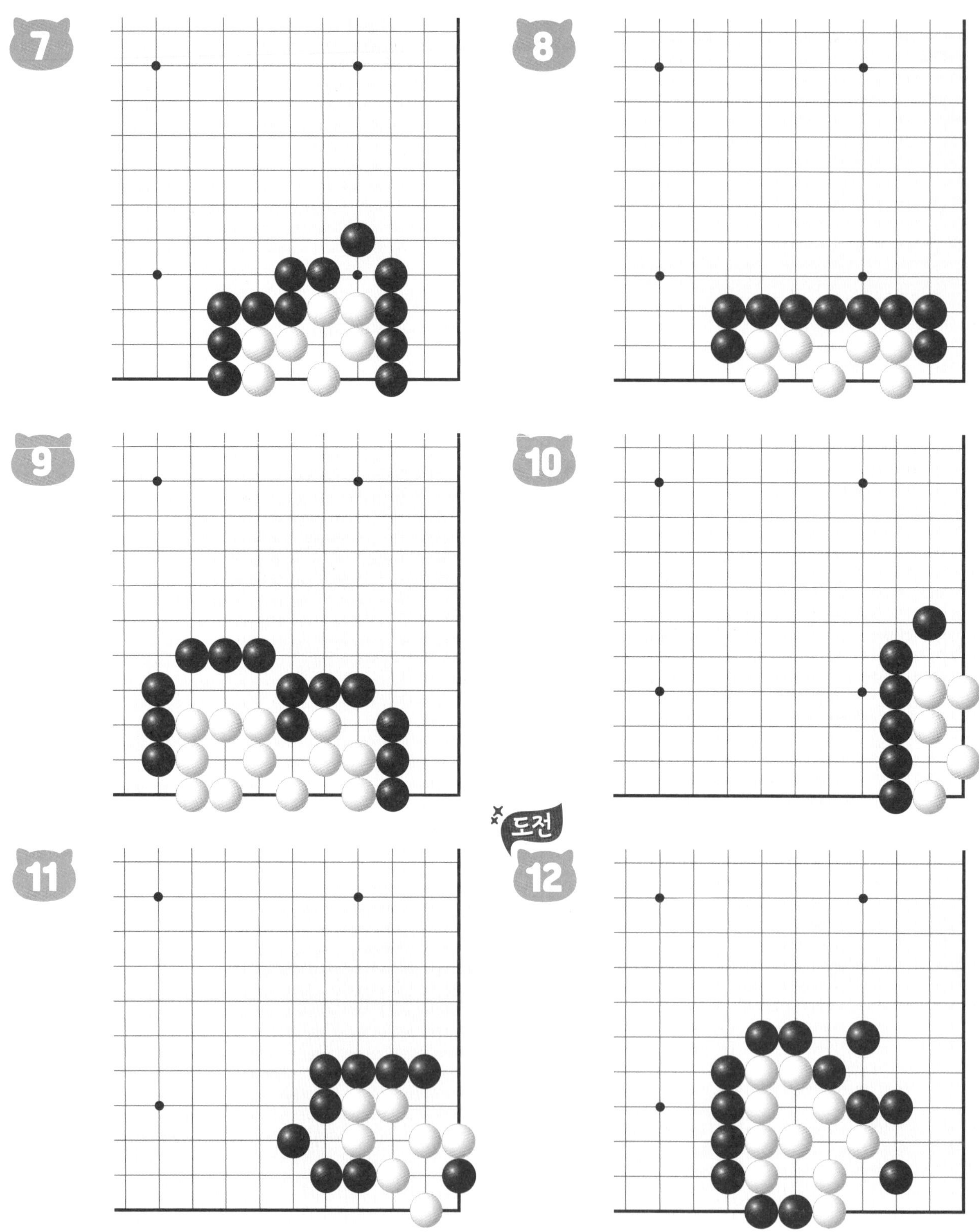

흑이 둘 차례입니다. 먹여치기를 하여 백돌을 잡아봅시다.

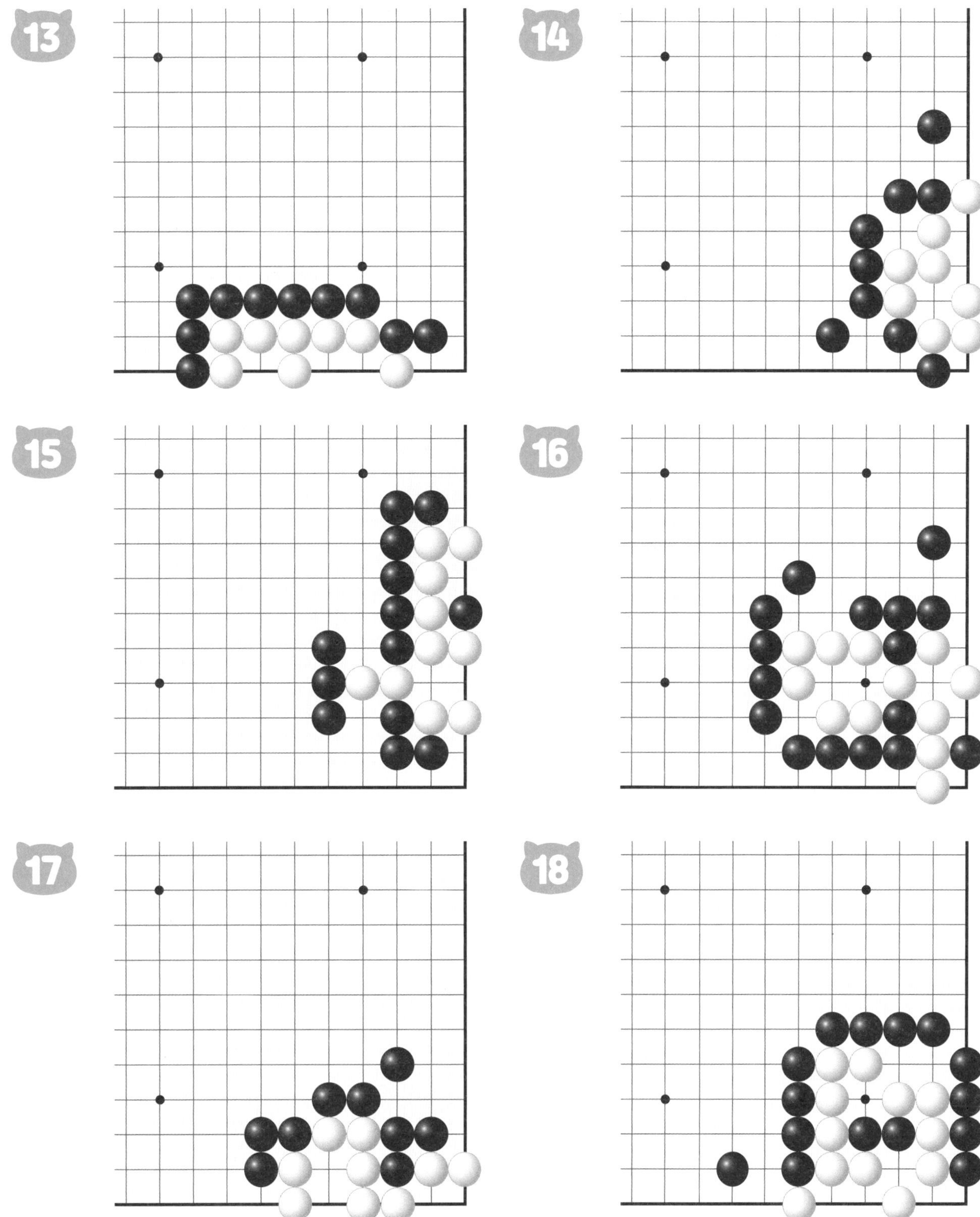

마음이 쑥쑥

다음 만화를 보고, 어떤 내용인지 이야기해 봅시다.

서로 소통하기 위해서는 마음과 마음이 연결되어야 합니다. 바둑에서 연결과 소통이 왜 중요한지 써 봅시다.

이야기로 배우는 바둑 상식

우리나라 고유의 순장 바둑

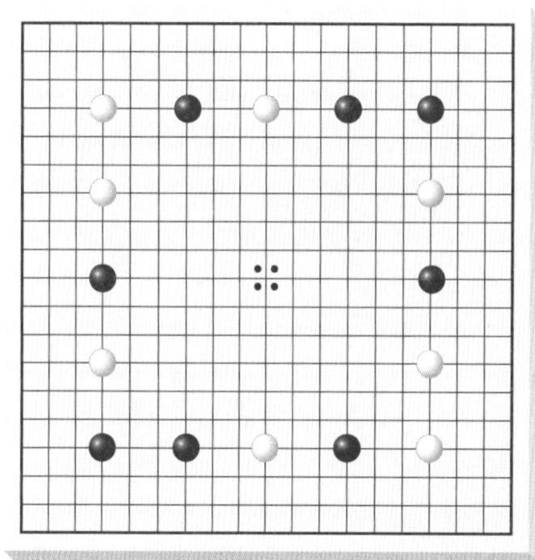

▲ 순장 바둑 배치도

여러분 '순장 바둑'이라고 들어봤나요? 순장 바둑이란 조선 시대까지 두어지던 우리나라 고유의 바둑을 말합니다. 꽃무늬로 되어 있던 16개의 화점에 흑돌과 백돌 각각 8점씩을 배치하고, 흑이 천원 자리에 첫 수를 놓은 다음 백이 자유롭게 두기 시작하는 바둑입니다.

순장 바둑은 천 년 넘게 전해져 온 우리 고유의 바둑이지만, 이제는 두는 사람이 거의 없어서 사라질 위기입니다. 사람들이 왜 두지 않냐고요? 현대 바둑에서는 포석의 비중이 상당히 높은 데 비해, 순장 바둑은 포석이 완전히 이루어진 상태에서 시작하므로 요즘의 시각으로 보면 둘 재미가 나지 않기 때문입니다.

그래도 삼국 시대 이래로 우리의 조상들이 천 년 이상 즐겼던 고유의 민족 놀이라는 점에서 그 나름의 의미가 큽니다. 순장 바둑은 포석 없이 두는 대신 처음부터 바로 싸움이 시작됩니다. 한국 바둑의 특징인 강인한 전투력과 끈질긴 생명력, 실전적인 승부 감각, 그리고 탁월한 임기응변은 아마도 순장바둑을 통해서 비롯된 것이 아닐까요?

순장 바둑은 계가법도 다르답니다. 계가할 때 경계선에서 단수가 안 되는 곳의 돌은 모두 들어낸 다음에 집 수를 세는 것이 특징입니다. 이 역시 현대 바둑의 계가법과는 다르기 때문에 사람들이 두기 어려워하는 면도 있습니다.

하지만 순장 바둑은 배우기 쉽다는 장점도 있습니다. 바둑을 갓 배운 초보자들은 포석을 짜나가는 것이 힘든 일인데, 순장 바둑은 완벽하게 포석이 이루어진 상태에서 시작하므로 초보자라도 초반에 허물어질 일이 없기 때문입니다. 그리고 바로 싸움이 붙기 때문에 돌을 살리는 법과 연결하는 법도 빨리 익힐 수 있답니다.

여러분도 기회가 된다면 순장 바둑을 한번 두어보세요. 우리 조상들의 숨결을 느낄 수 있는 색다른 경험이 될 거예요!

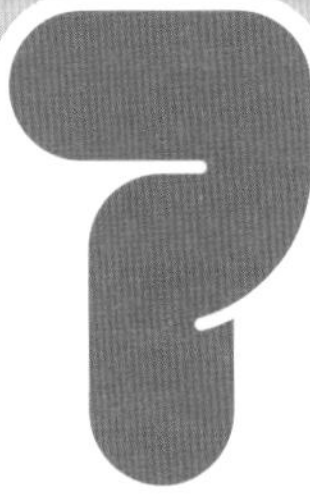

7 여러 가지 궁도

이 단원을 배우면!

- 3궁의 급소를 알 수 있어요.
- 4궁에서 살아있는 형태와 살아있지 않은 형태를 알 수 있어요.
- 5궁의 급소를 알 수 있어요.

인성 진정한 보물을 찾을 수 있어요.

 **오늘 배울 내용을 생각해 보며, 그림을 살펴봅시다.**

바둑에도 퍼즐과 같이 여러 가지 형태의 궁도가 있구나.

만화로 배우는 바둑

흠. 어렵네.
모자 4궁

한돌아. 지금 잘 두면 살릴 수 있어!
그래? 기필코 살리고 말 테다!
오옷

만약에 백이 가운데로 치중해 온다면, 떨어진 두 집이 안 나니 잡히겠지?
1

그렇다면 여기다!
탁!

오! 수읽기가 많이 늘었는데?
나도 인정해!
으하하! 이제야 나의 기재를 알아보는군!

무슨 소리! 아까 4궁에서 살렸어!
한돌아. 이미 잡힌 모양 이야.

흠. 이번에도 반드시 살리겠어!
바보 4궁

그때는 모자 4궁이었지만, 지금은 바보 4궁이라 못 살려.
하 하 하
뭐? 바보 4궁? 으, 바보 됐네!

3궁 / 4궁

궁도란 돌이 에워싸고 있는 공간의 집의 수, 또는 그 모양새를 뜻합니다. 사활과 관련된 형태에서 사용되는 용어이며, 3궁에서 6궁까지를 이릅니다.

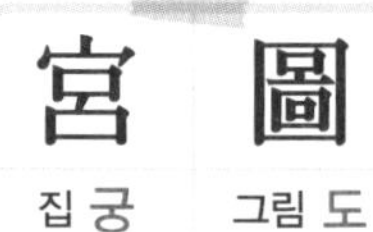

3궁

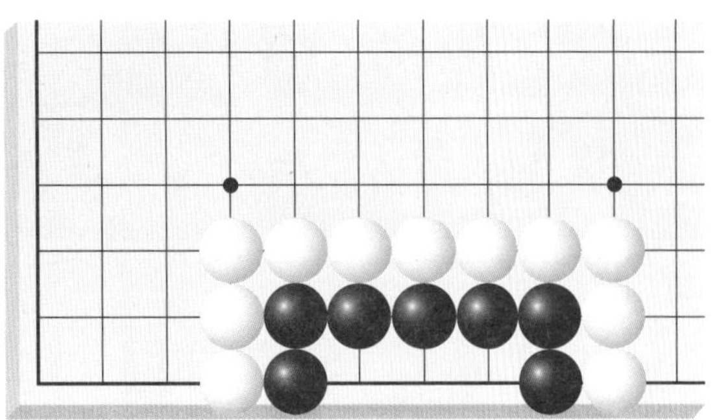

3궁은 궁도가 세 개인 형태를 뜻합니다. 3궁의 급소는 어디일까요?

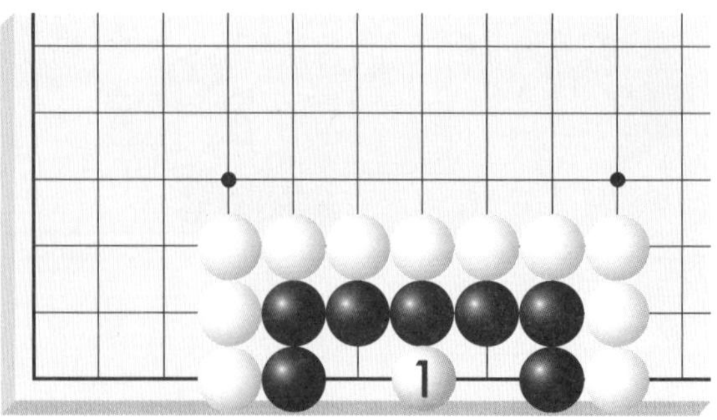

백 ①로 *치중하면 흑돌 전체가 잡힙니다. 반대로 흑이 ❶에 두면 독립된 두 집을 내고 살게 됩니다. 3궁은 가운데 자리가 서로 급소랍니다.

* **치중** 상대방 집의 가운데로 들어가 상대방 돌의 집 모양을 없애는 것.

4궁

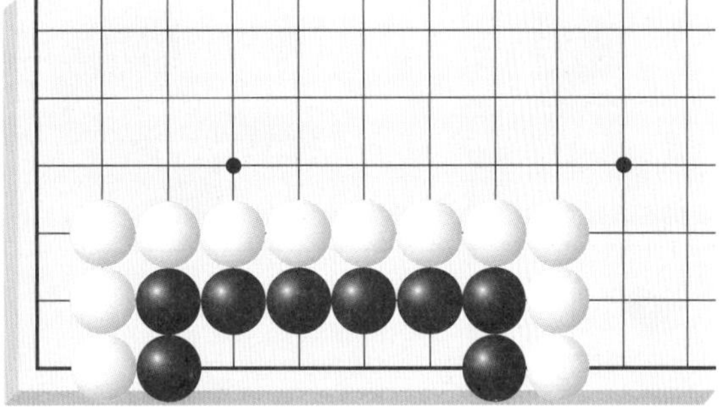

4궁은 궁도가 4개인 모양입니다. 직 4궁, 곡 4궁, 모자 4궁, 바보 4궁 등이 있습니다. 그림은 **직 4궁**입니다. 4개의 집이 직선으로 늘어선 모양입니다. 직 4궁의 사활은 어떻게 될까요?

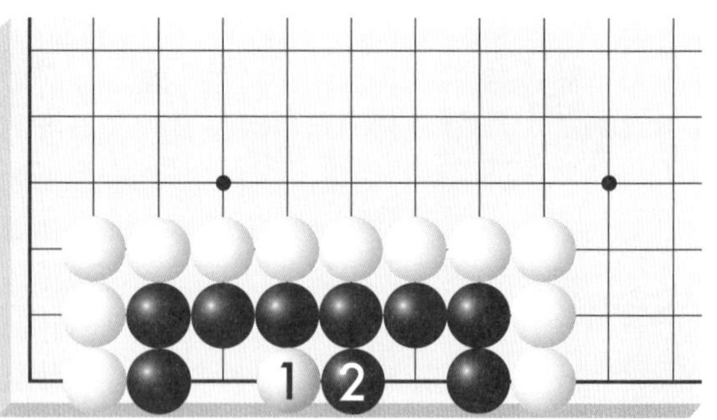

백이 ①로 잡으러 가도 흑이 ❷로 두면 떨어진 두 공간이 생겨 살게 됩니다. 이렇듯 직 4궁은 이미 완생을 한 형태입니다.

3궁 / 4궁

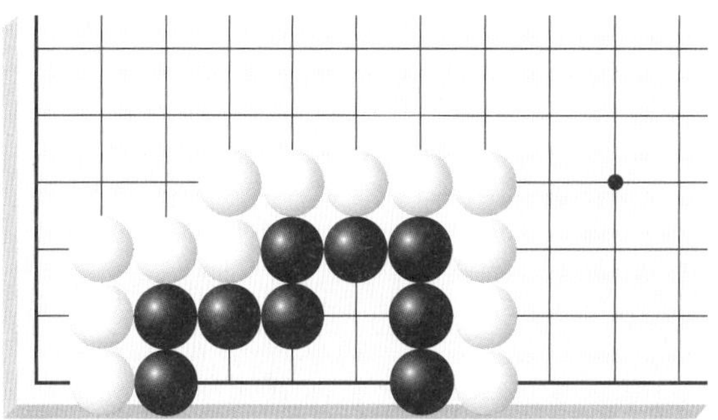

흑이 4궁의 형태가 구부러진 모양인 곡 4궁을 한 형태입니다. 곡 4궁의 사활은 어떻게 될까요?

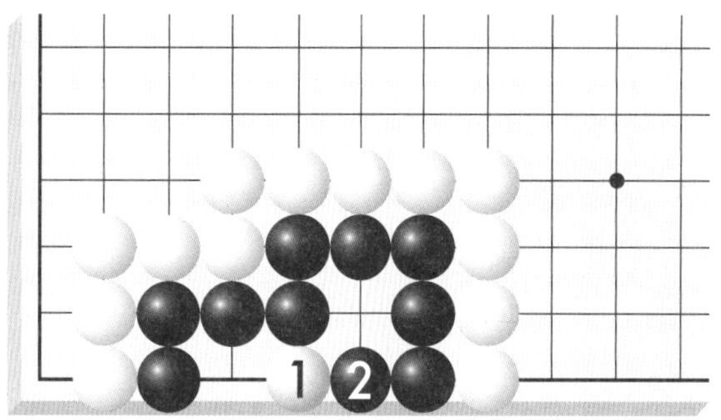

백이 ①로 잡으러 가도 흑 ❷로 한 집을 내면 독립된 두 공간이 생깁니다. 곡 4궁도 완전히 살아있는 형태입니다.

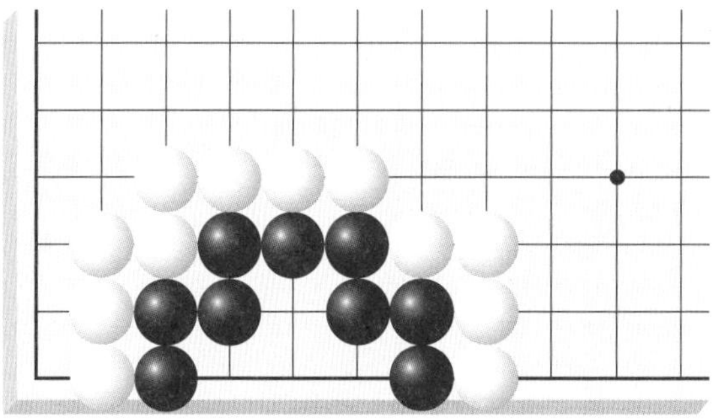

이 흑돌도 4궁을 가지고 있습니다. 모자처럼 생겨서 **모자 4궁** 혹은 **삿갓 4궁**이라고 부릅니다. 모자 4궁의 사활은 어떻게 될까요?

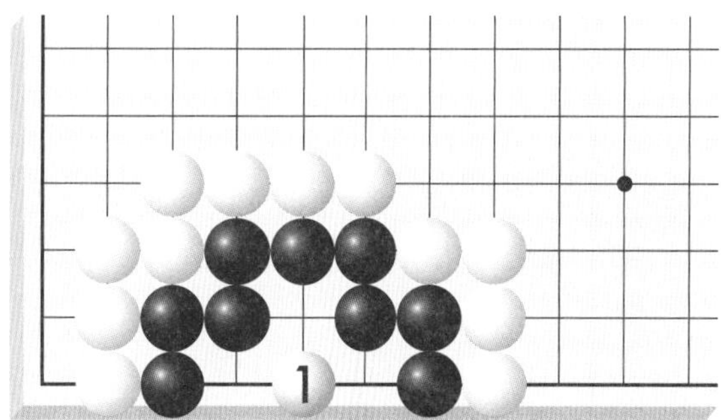

백이 ①로 치중하면 흑돌은 떨어진 두 집을 만들 수 없어서 죽습니다. 반대로 흑이 ❶의 자리를 두면 떨어진 세 집을 내고 삽니다, 모자 4궁은 먼저 두는 쪽이 잡거나 살게 됩니다.

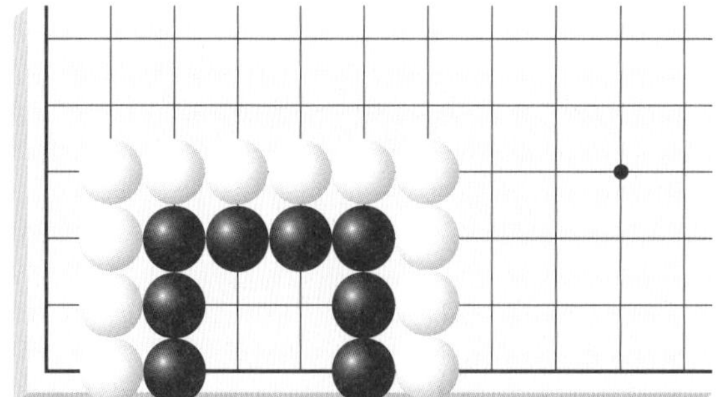

이렇게 생긴 흑돌의 형태를 **바보 4궁**이라고 합니다. 바보 4궁의 사활은 어떻게 될까요?

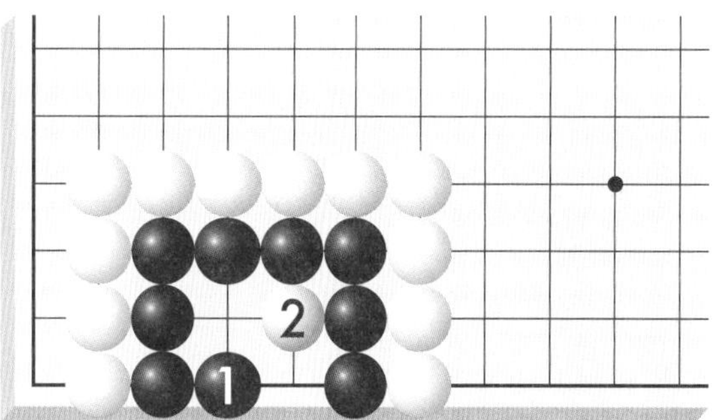

바보 4궁은 흑이 먼저 두어도 살 수 없습니다. 흑 ❶로 두면 백 ②로 두어 독립된 두 집이 날 수 없고, 흑이 백 ②의 자리를 두면 백이 흑 ❶의 자리를 두어 떨어진 두 집이 나지 않습니다. 그래서 바보 4궁이라고 합니다. 바보 4궁은 이미 죽어 있는 궁도입니다.

5궁

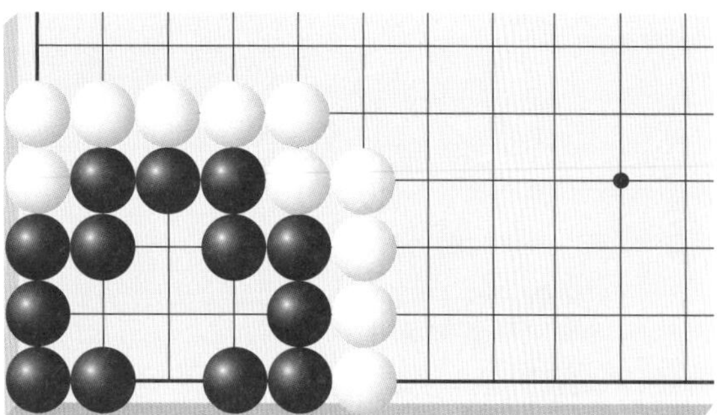

5궁은 궁도가 5개인 모양입니다. 흑돌은 5개의 집 모양(5궁)을 갖고 있습니다. 별 모양과 같아서 **별 5궁**이라고 합니다. 별 5궁의 사활은 어떻게 될까요?

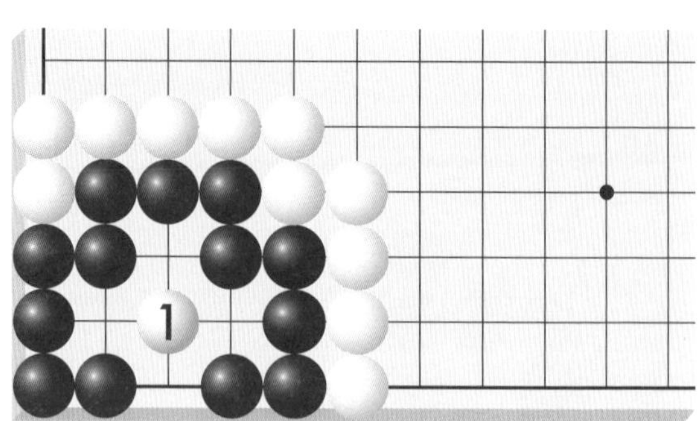

백이 ①로 치중하면 흑은 떨어진 두 집을 만들 수 없어 죽습니다. 반대로 흑이 ❶에 두면 살 수 있습니다. 별 5궁은 먼저 두는 쪽이 잡거나 살릴 수 있습니다.

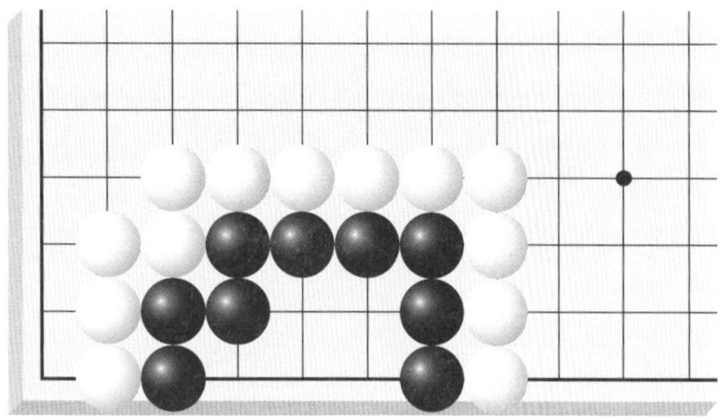

이와 같은 흑돌의 형태를 **자동차 5궁**이라고 합니다. 5개의 궁도 모양이 자동차처럼 생겼기 때문입니다. 자동차 5궁의 사활은 어떻게 될까요?

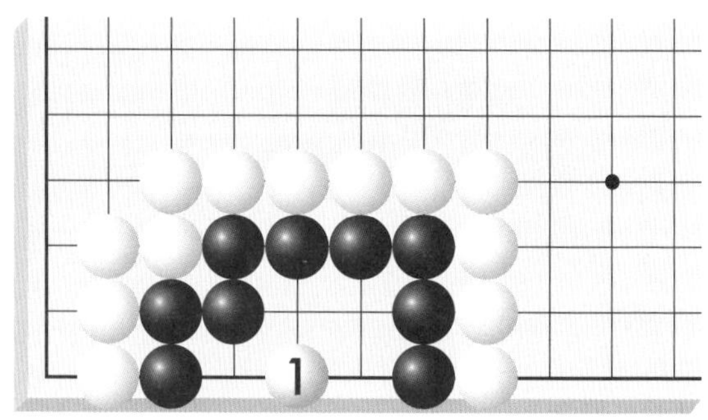

자동차 5궁은 조금 어렵지만, 백 ①의 급소로 치중하면 잡힙니다.

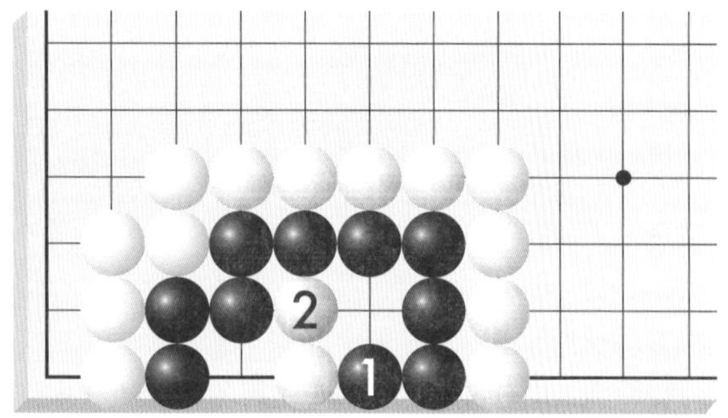

흑 ❶로 살리려 해도 백 ②로 두면 흑이 두 눈을 만들 수 없습니다. 물론 흑이 먼저 두면 살 수 있습니다.

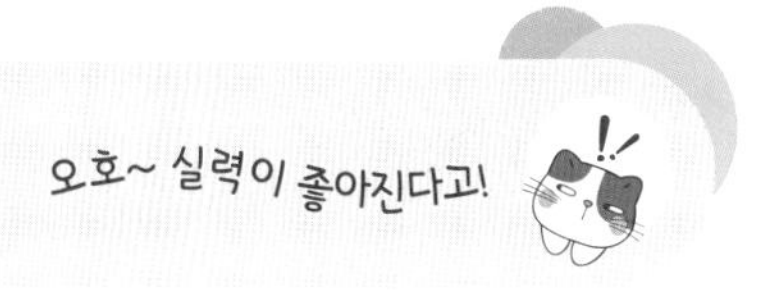

흑이 둘 차례입니다. 3궁의 급소를 두어 백돌을 잡아봅시다.

1

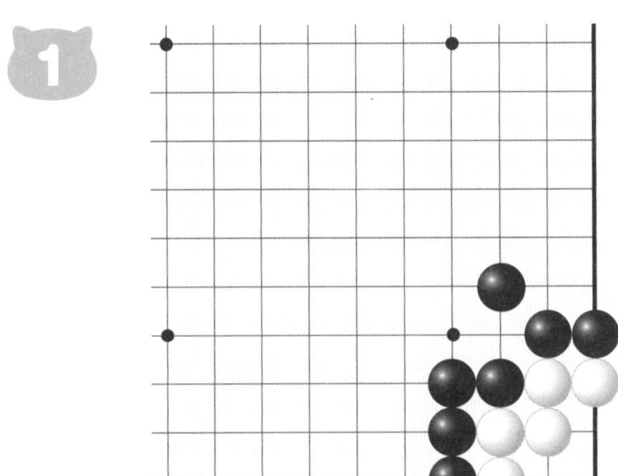

2

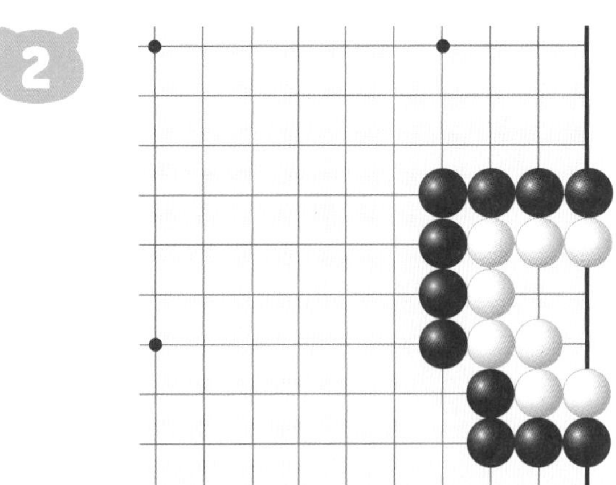

3

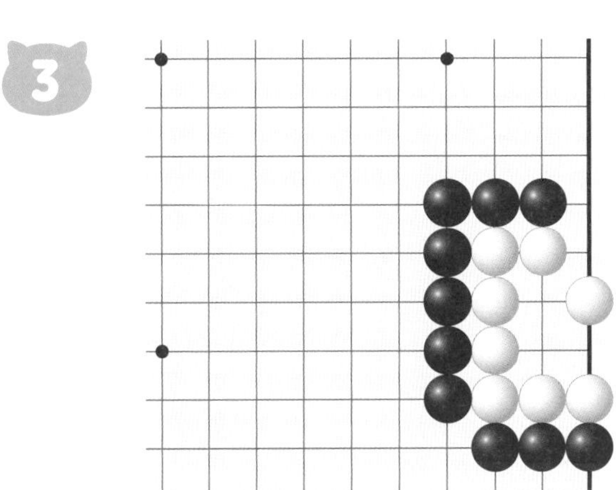

4

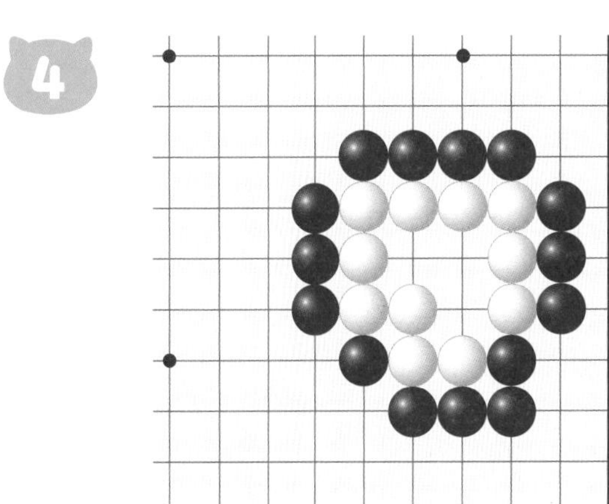

5

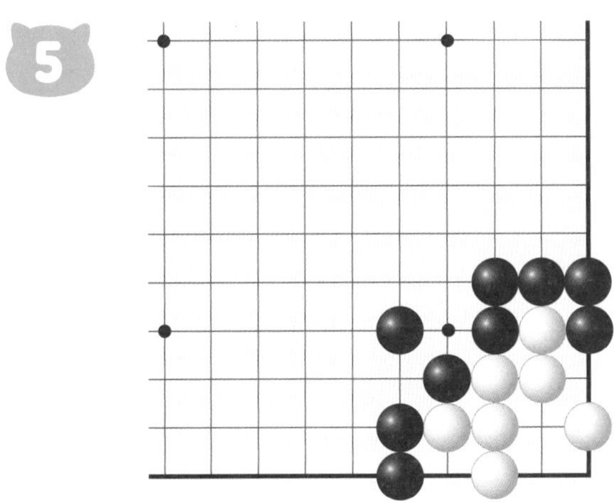

6

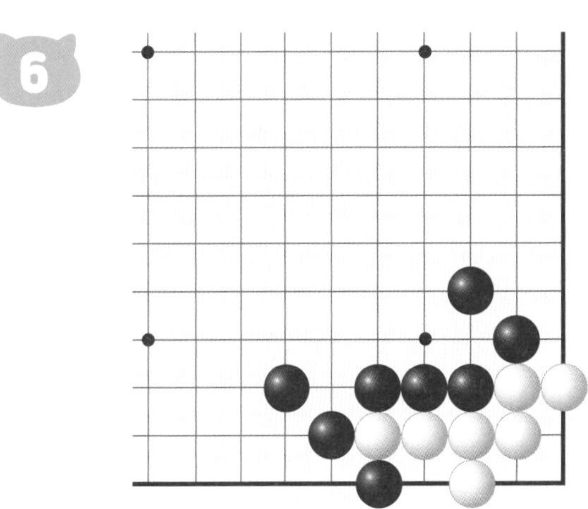

실력이 탄탄

4궁의 형태입니다. 살아있는 모양이면 O표, 아직 살아있지 않은 모양이면 △표, 죽어있는 모양이면 X표를 해 봅시다.

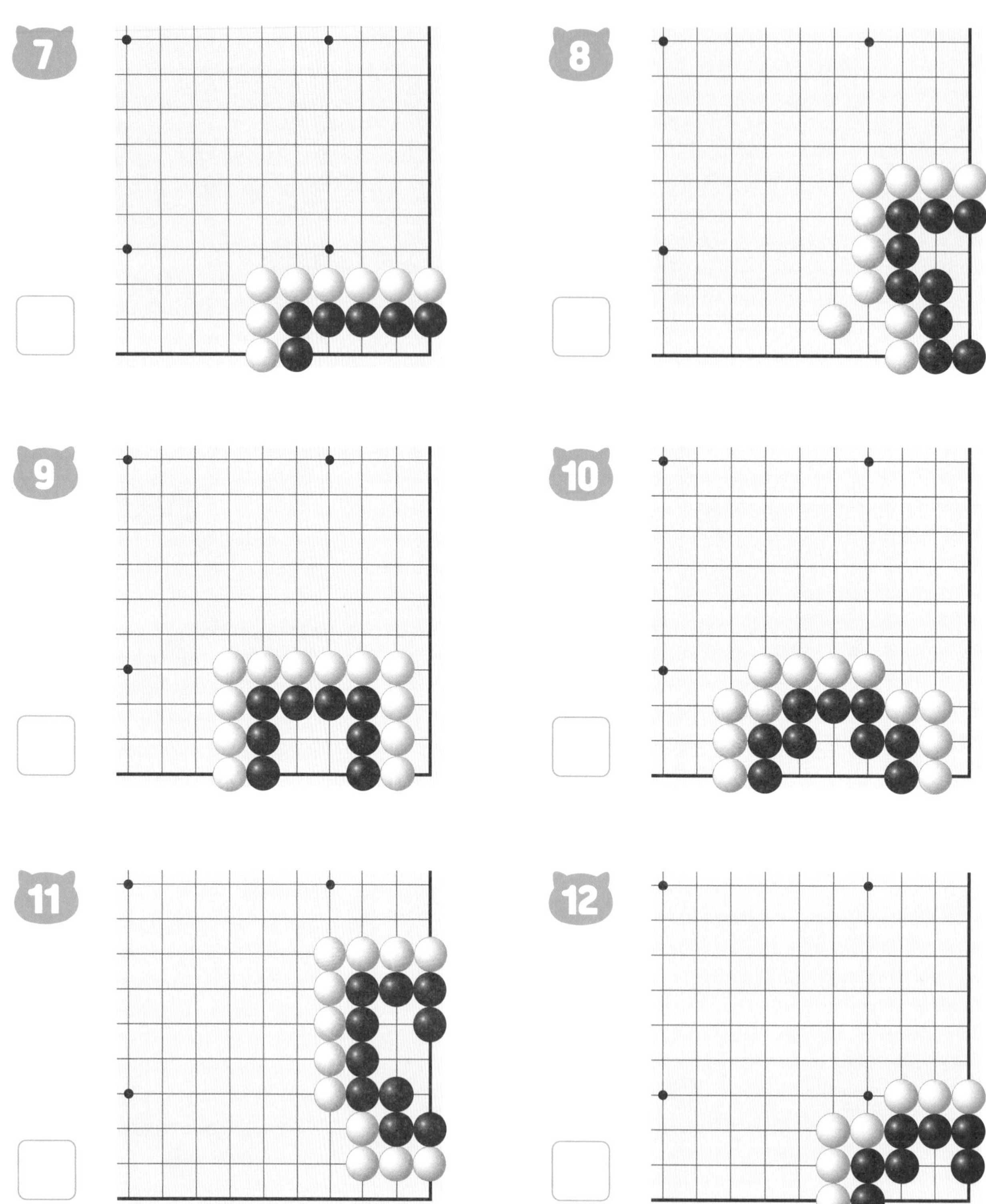

흑이 둘 차례입니다. 5궁의 급소를 두어 백돌을 잡아봅시다.

13

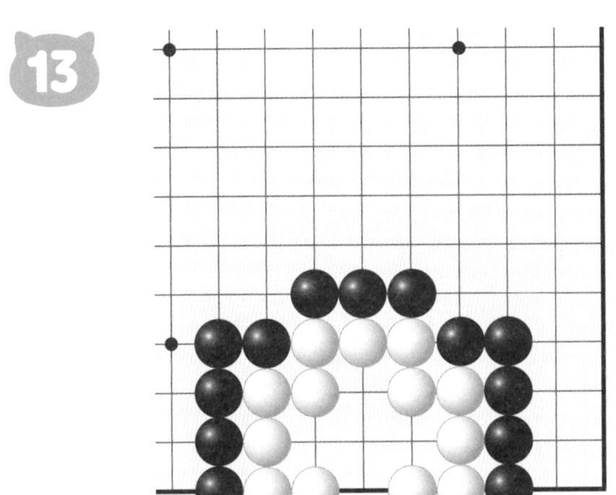

14

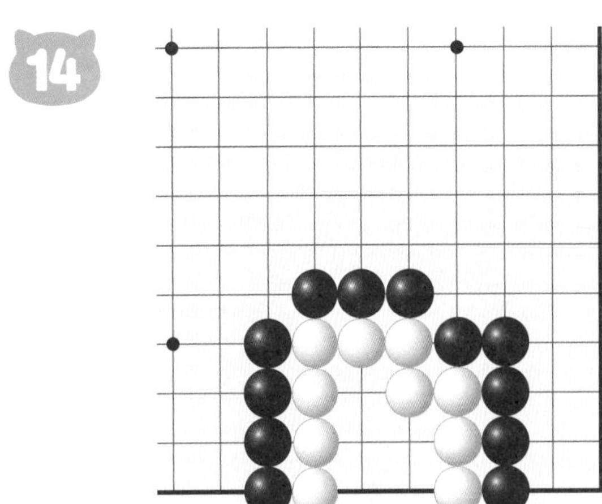

15

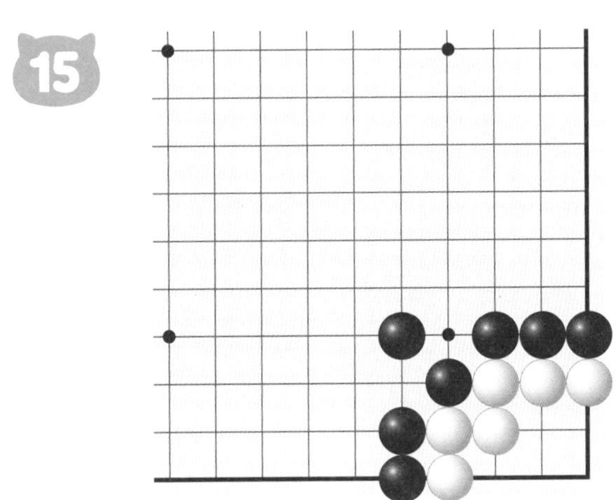

16

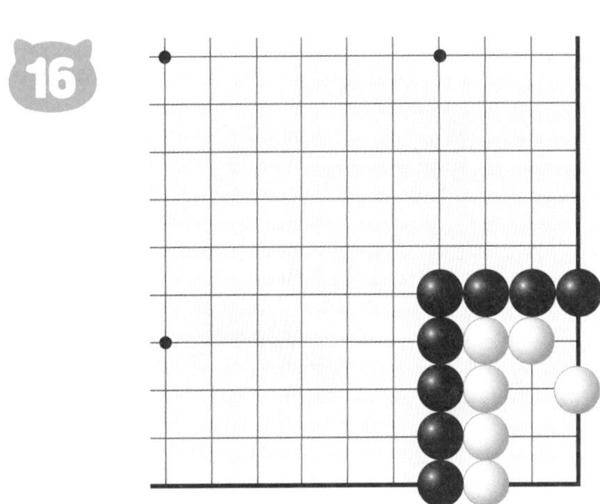

17

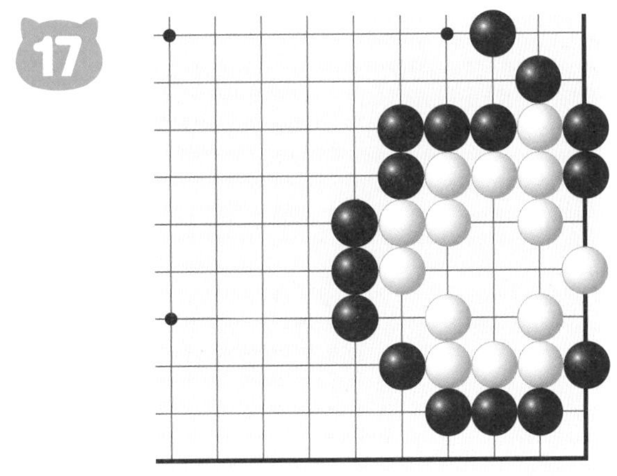

18

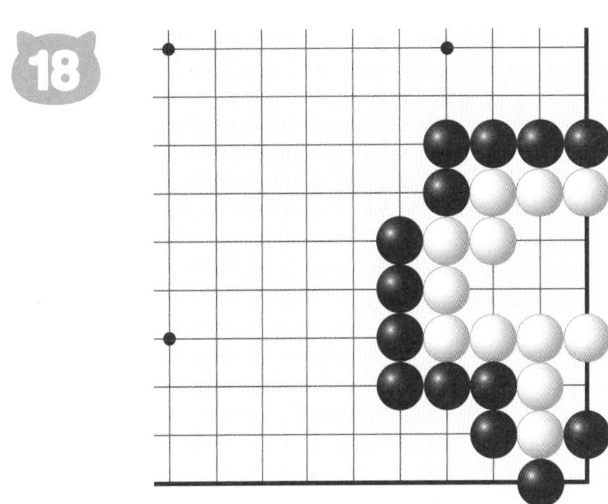

마음이 쑥쑥

다음 만화를 보고, 진정한 보물이 무엇인지 말해 봅시다.

나에게 진정한 보물이 무엇인지, 그 이유와 함께 써 봅시다.

흉내 바둑

흉내 바둑이란 흑번인 대국자가 첫 수를 '*천원'에 두고, 다음 수부터 백이 둔 자리의 대칭되는 곳에 똑같이 따라 두는 바둑을 말합니다.

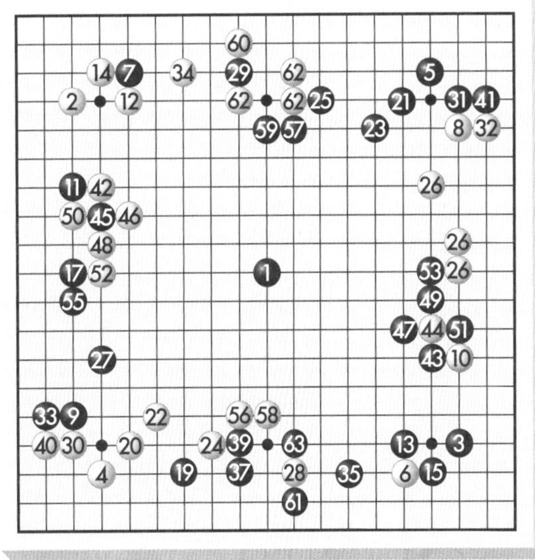

조선의 임금 선조가 명나라 장수 이여송을 상대로 흉내 바둑을 두었다는 이야기가 전해집니다. 우칭위안 9단도 청년 시절에 기타니 미노루와의 대국에서 흉내 바둑을 두었습니다. 바로 위의 기보가 1929년, 우칭위안이 기타니 미노루를 상대로 63수까지 두었던 흉내 바둑입니다.

또 서봉수 9단도 라이벌 조훈현 9단과의 대국에서 흉내 바둑을 펼쳤습니다. 이렇듯 프로 기사들도 흉내 바둑을 둔 사례가 있긴 하지만, 추천할 만한 대국 방식은 아닙니다. 상대가 열심히 생각하여 둔 자리를 그대로 따라 두는 것은 상대의 생각을 훔치는 것과 같기 때문입니다.

그렇다면 흉내 바둑은 어떻게 벗어나야 할까요? 처음 상대가 흉내 바둑을 두면 당황할 수 있습니다. 하지만 침착하게 판을 이끌다가 '축'을 만들어 천원 근처에서 충돌하도록 이끌면 됩니다. 그리고 흑이 천원을 차지하고 흉내 바둑을 두어올 때는, 백으로선 천원의 가치를 최소화하는 방향으로 이끄는 것이 좋습니다. 만약 백이 흉내 바둑을 둔다면, 흑은 적당한 시기에 천원에 착수하면 바로 흉내 바둑을 끝낼 수 있습니다.

재미로 흉내 바둑을 두어볼 순 있겠지만, 역시 스스로 고민한 끝에 둘 때 진정한 바둑이라고 할 수 있겠지요?

* **천원(天元)** 바둑판 한 가운데에 있는 화점. 위 바둑판 그림의 ❶의 자리.

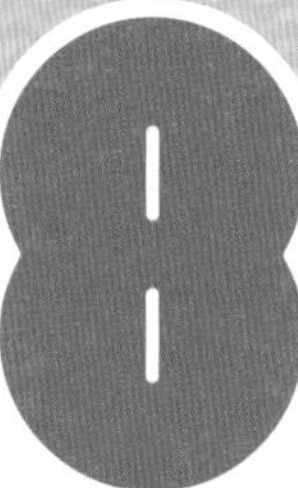

좋은 행마와 나쁜 행마

이 단원을 배우면!

- 좋은 행마와 나쁜 행마를 구별할 수 있어요.
- 주어진 상황에서 더 좋은 행마를 생각해 둘 수 있어요.

인성 바둑을 두며 정직과 공정의 덕목을 배울 수 있어요.

오늘 배울 내용을 생각해 보며, 그림을 살펴봅시다.

난 좋은 행마로 움직일 거야!

만화로 배우는 바둑

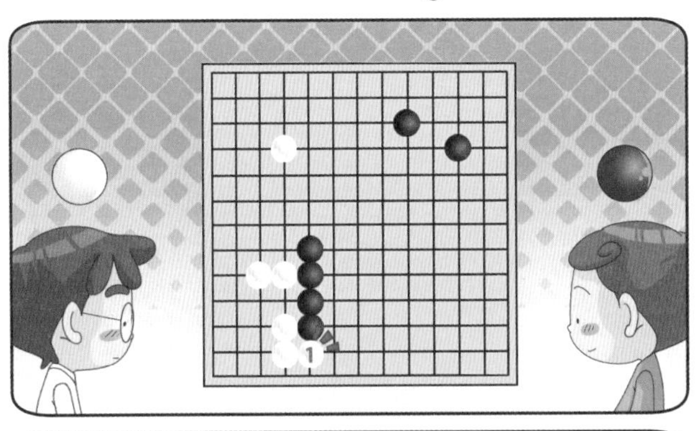
1

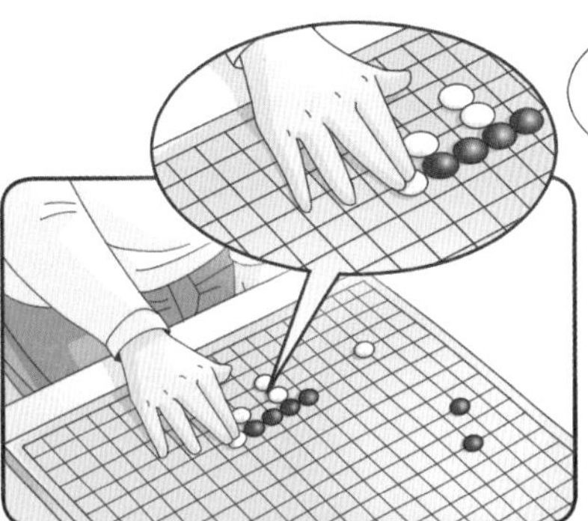

음…. 이럴 땐 어떻게 행마하는 것이 좋을까?

백이 *꼬부려왔으니 흑도 튼튼하게 꼬부려야지!
후후
* 꼬부리다 상대의 돌이 앞으로 나가는 것을 막고자 돌을 직각으로 막아놓다.

안돼! 그 수는 *빈삼각 형태라서 나쁜 행마야.
엥?
* 빈삼각 한 곳의 공배가 비어있는 삼각의 돌모양. 비능률적이고 좋지 않은 모양새의 전형적인 예.

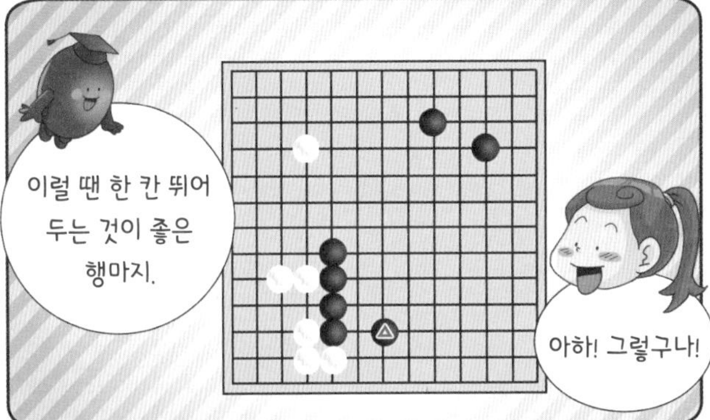
이럴 땐 한 칸 뛰어 두는 것이 좋은 행마지.
아하! 그렇구나!

이렇게 꽉 막아가는 수는?

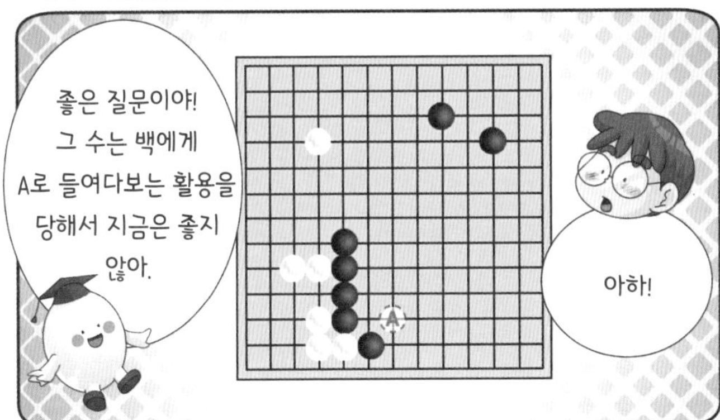
좋은 질문이야! 그 수는 백에게 A로 들여다보는 활용을 당해서 지금은 좋지 않아.
A
아하!

이제 좋은 행마와 나쁜 행마에 대해 공부해 볼까?
좋아! 어서 알려줘!

좋은 행마

좋은 행마란 돌을 효율적으로 이끌어 나가는 행마입니다. 상황에 따라 어떤 행마가 좋은 행마이고 나쁜 행마인지 공부해 봅시다.

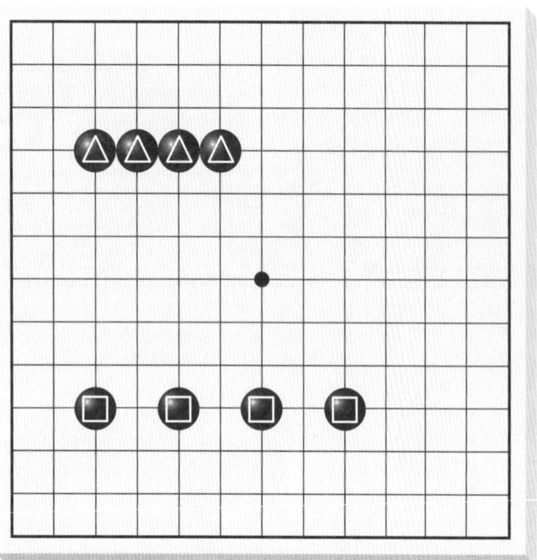

흑 ▲와 흑 ■ 중에 어떤 돌이 더 효율적인 행마일까요? 모두 흑돌 네 점이지만 ■가 ▲보다 더 효율적인 행마입니다. 한 칸 행마는 대개 좋은 행마일 때가 많습니다.

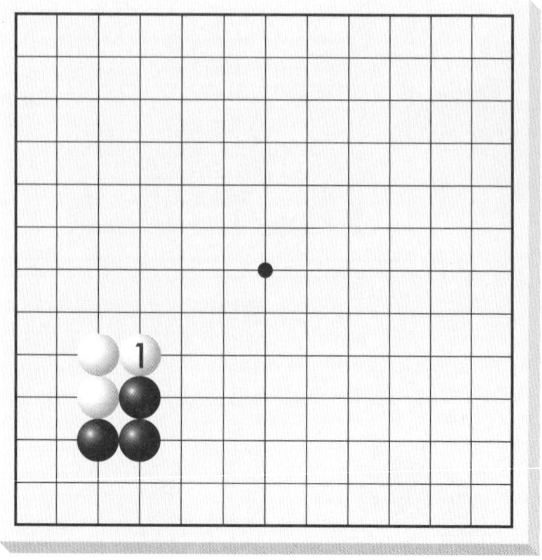

백이 ①로 꼬부려온 장면입니다. 이 형태에서 다음 흑의 좋은 행마는 어디일까요?

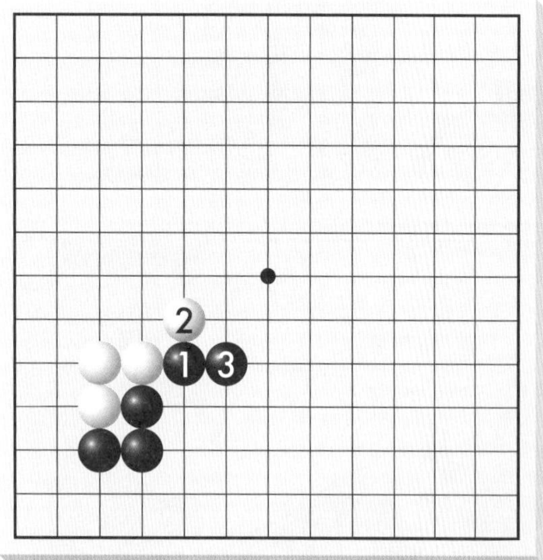

흑 ❶로 젖히고 백이 ②로 받는다면 흑 ❸으로 늘어두는 것이 좋은 행마입니다.

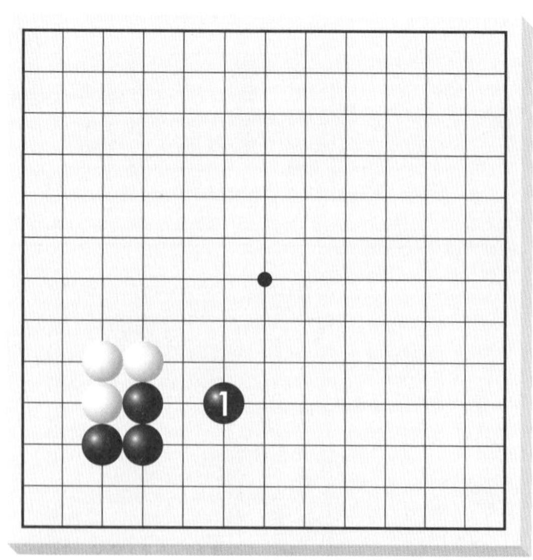

흑 ❶로 한 칸 뛰는 것도 역시 좋은 행마입니다.

나쁜 행마

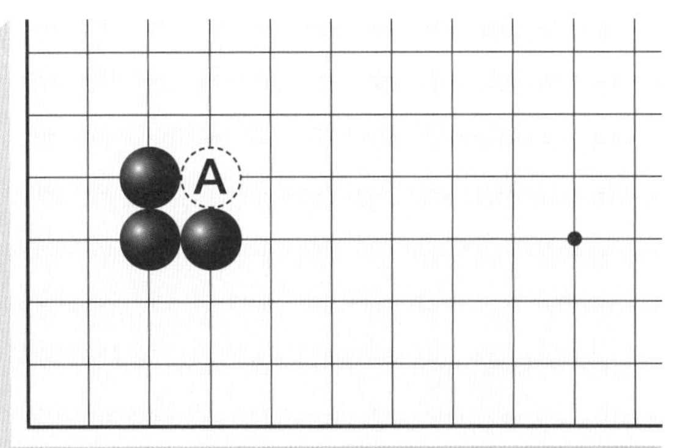

이런 형태를 **빈삼각**이라고 합니다. 삼각형 모양이고, Ⓐ의 곳이 비어 있어서 붙여진 이름입니다.

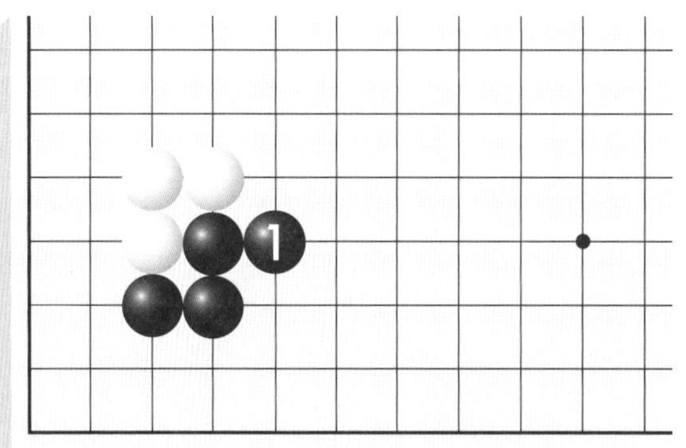

흑이 ❶로 둔다면 나쁜 행마입니다. 흑 ❶은 끊어지진 않지만, 빈삼각 형태가 되기 때문입니다. 빈삼각이 나쁜 이유는 돌들이 비효율적으로 놓여 있기 때문입니다.

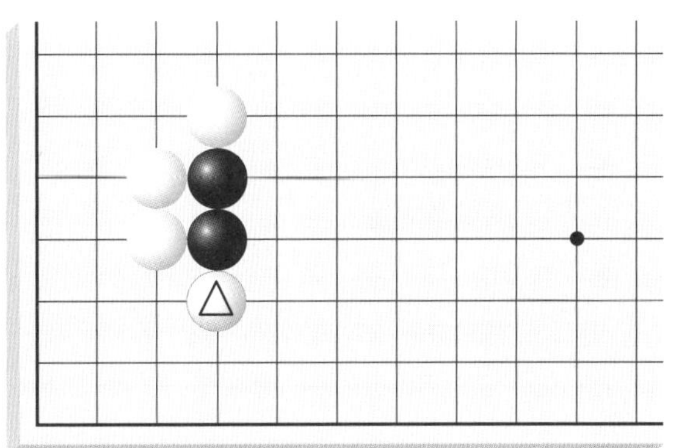

백 △로 둔 상황에서 흑은 어떻게 행마하는 것이 좋을까요?

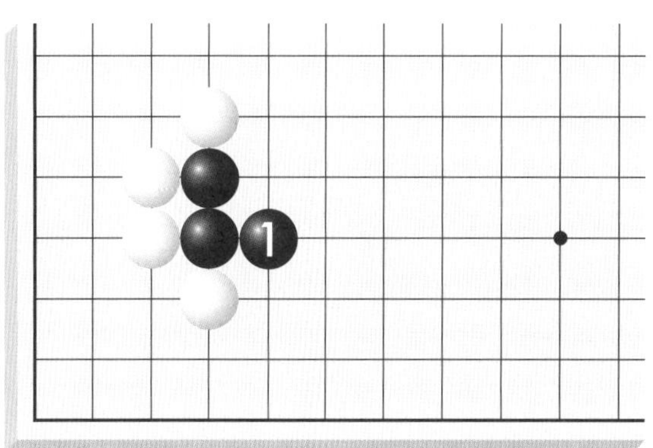

흑 ❶로 둔다면 빈삼각 형태가 되어 나쁜 행마입니다.

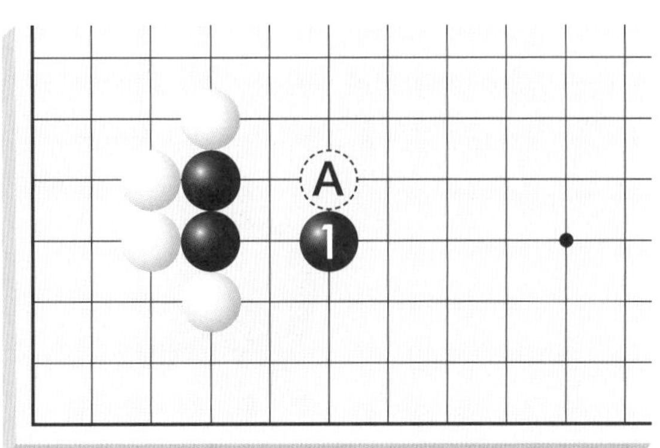

이럴 때는 흑 ❶로 한 칸을 뛰거나 Ⓐ로 두면 빈삼각을 피할 수 있습니다.

앞서 나가기

행마에서는 상대보다 앞서 나가는 것이 중요합니다. 상대보다 앞서가지 못하고 막히게 되면 돌이 고립되어 좋지 못한 결과가 됩니다.

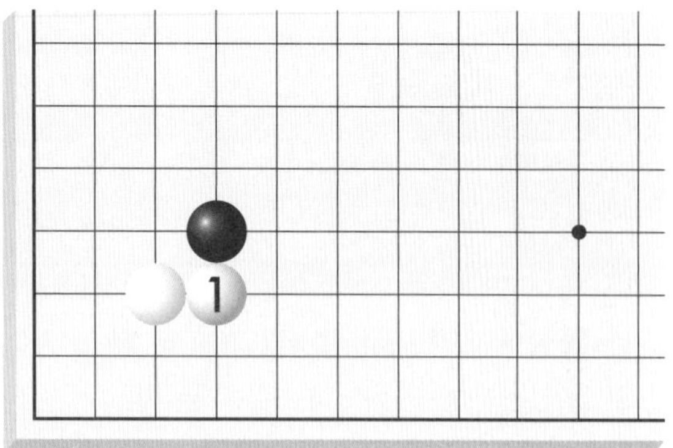

백 ①로 밀어온 장면입니다. 흑은 어떻게 행마해야 할까요?

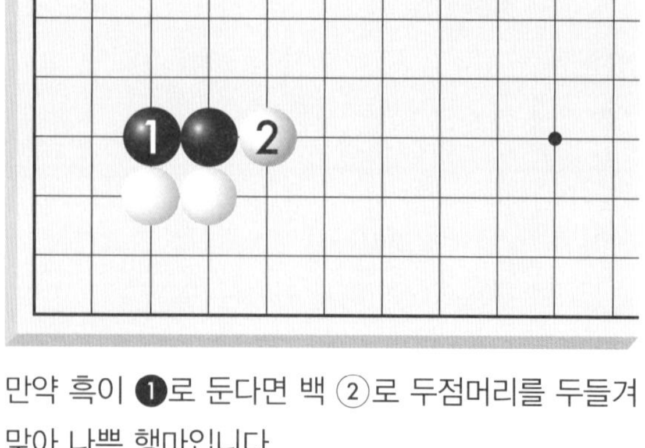

만약 흑이 ❶로 둔다면 백 ②로 두점머리를 두들겨 맞아 나쁜 행마입니다.

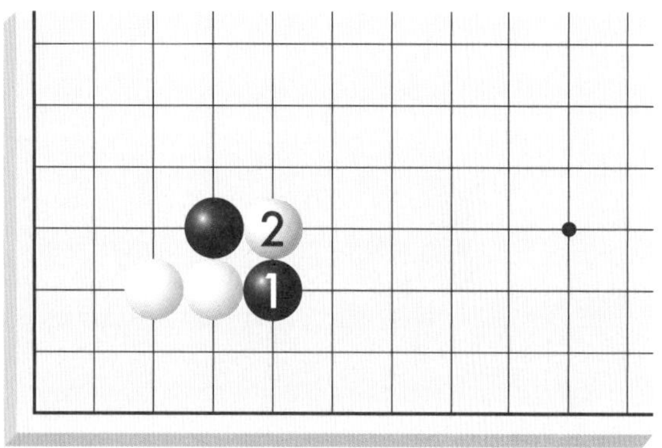

흑 ❶로 젖혀간다면 백 ②로 끊겨서 역시 흑이 무리입니다.

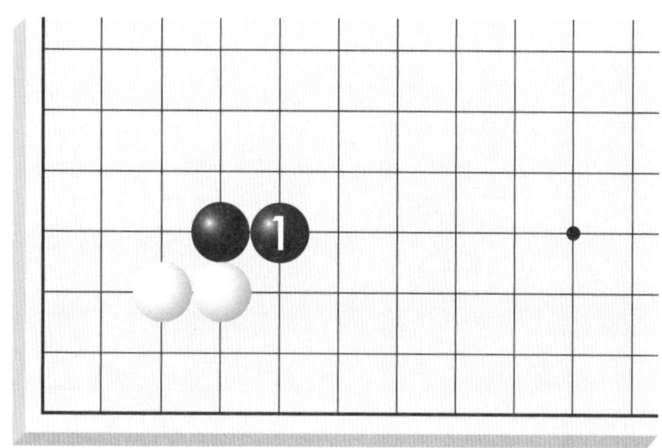

흑은 ❶로 늘어 상대방보다 먼저 머리를 내미는 것이 좋은 행마입니다.

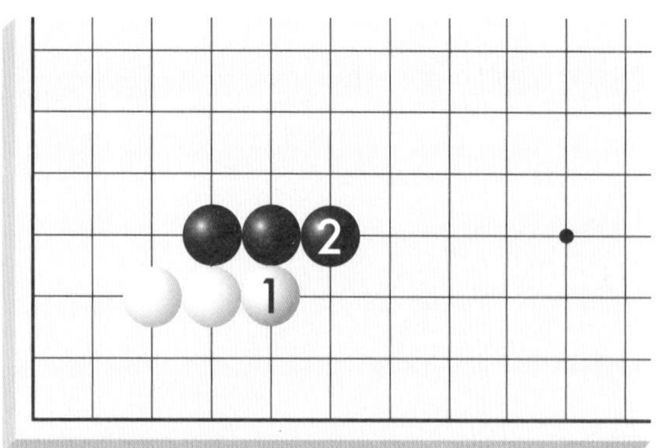

백이 ①로 밀어온다면 흑 ❷로 늘어 상대보다 앞서 나가는 것이 좋은 행마입니다.

바둑 격언에 '등 뒤를 밀지 마라.'는 말이 있어요. 상대가 나보다 앞서 나가는 것을 경계하라는 뜻이에요.

오호~ 실력이 좋아진다고!

흑이 둘 차례입니다. 좋은 행마에 ✓표를 해 봅시다.

1

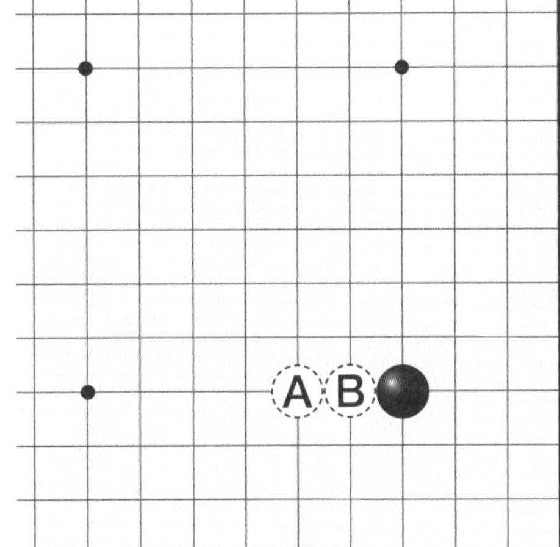

☐ A

☐ B

2

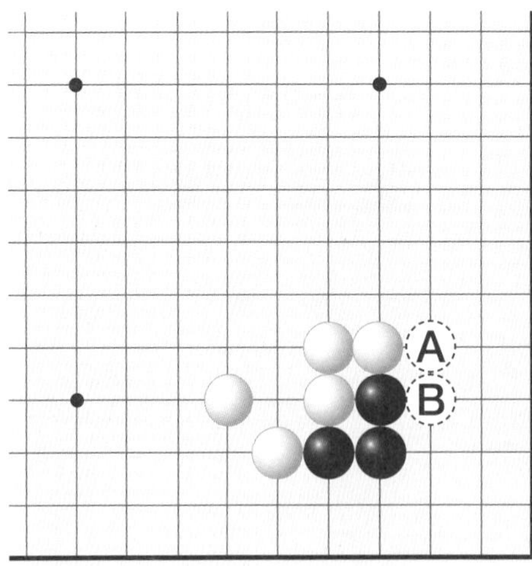

☐ A

☐ B

3

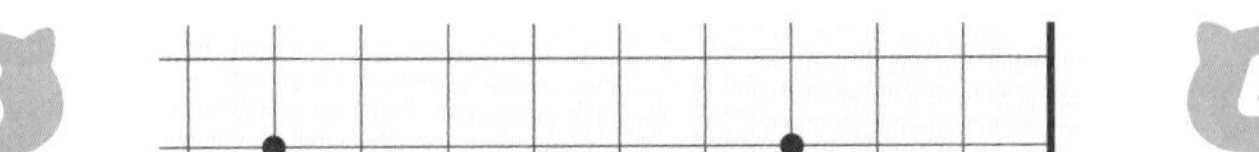

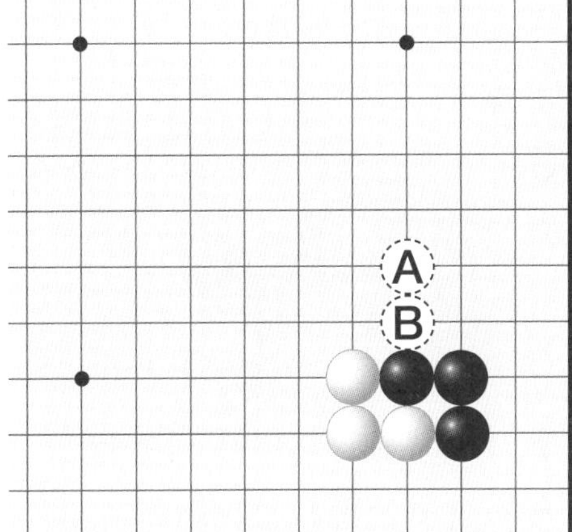

☐ A

☐ B

4

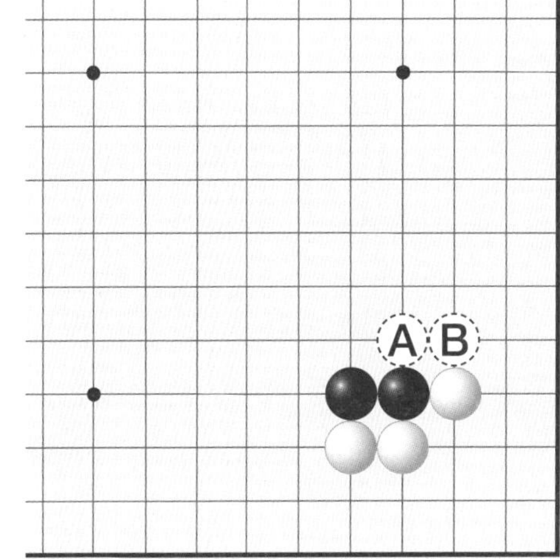

☐ A

☐ B

5

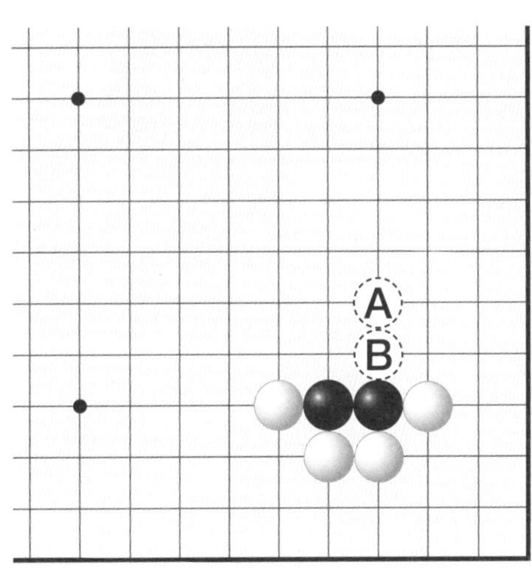

☐ A

☐ B

6

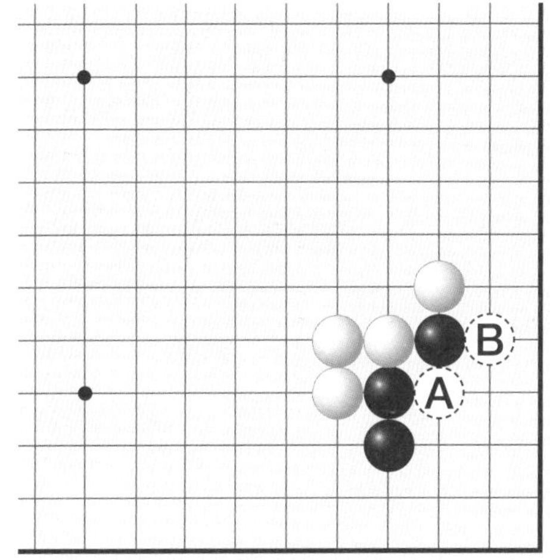

☐ A

☐ B

실력이 탄탄

백이 둘 차례입니다. 좋은 행마에 ☑표를 해 봅시다.

7

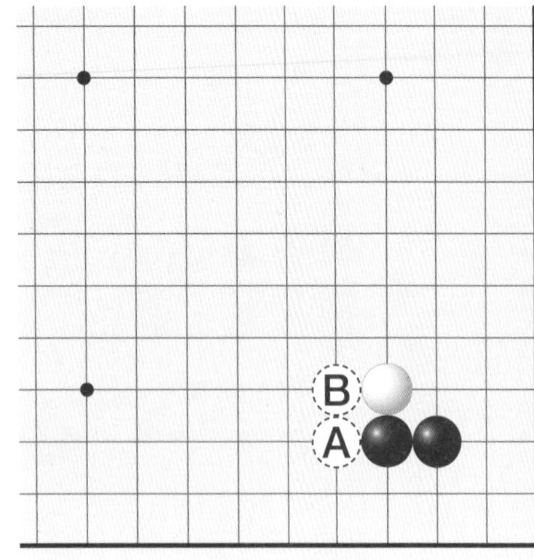

☐ A
☐ B

8

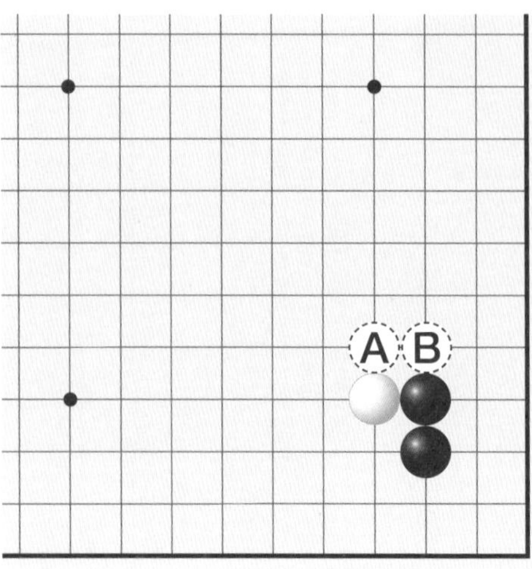

☐ A
☐ B

9

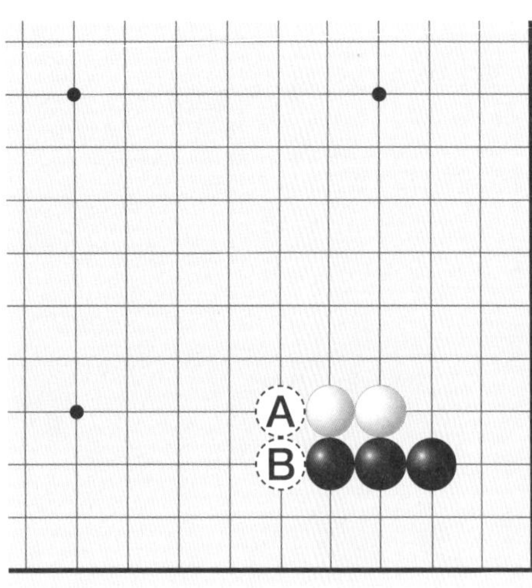

☐ A
☐ B

10

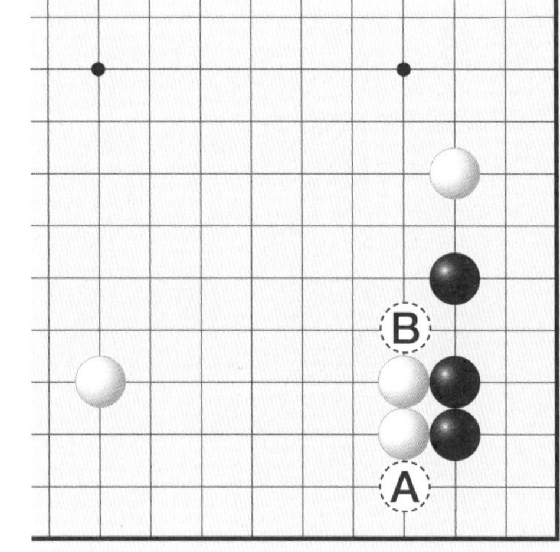

☐ A
☐ B

11

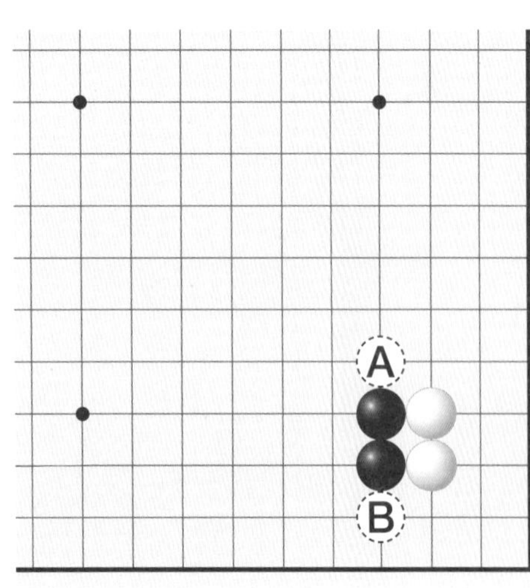

☐ A
☐ B

12

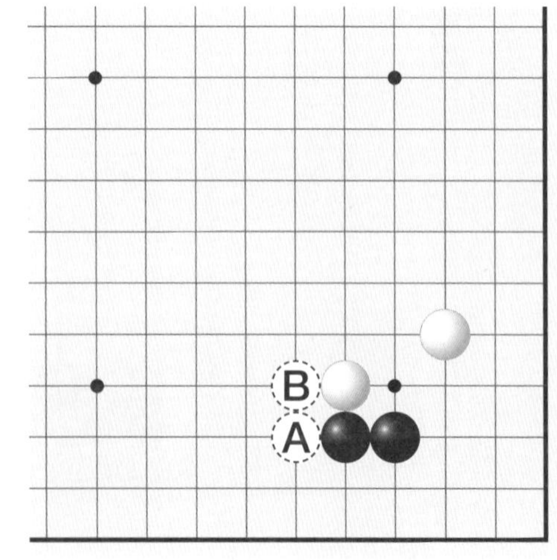

☐ A
☐ B

백이 둘 차례입니다. 좋은 행마에 ✔표를 해 봅시다.

13

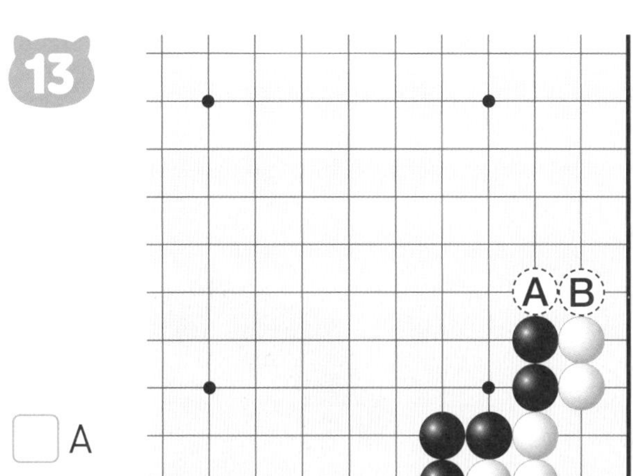

☐ A
☐ B

14

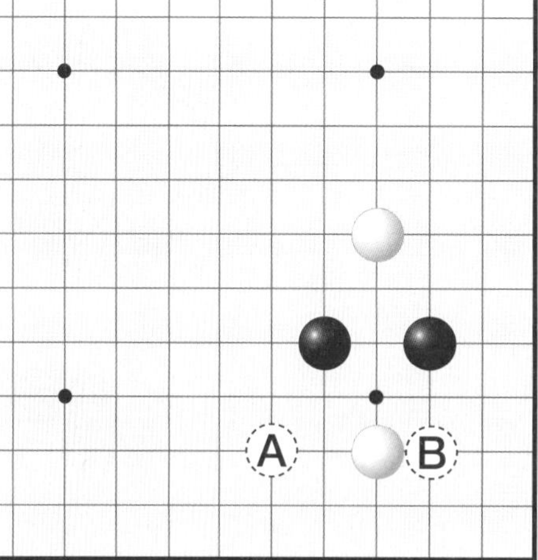

☐ A
☐ B

15

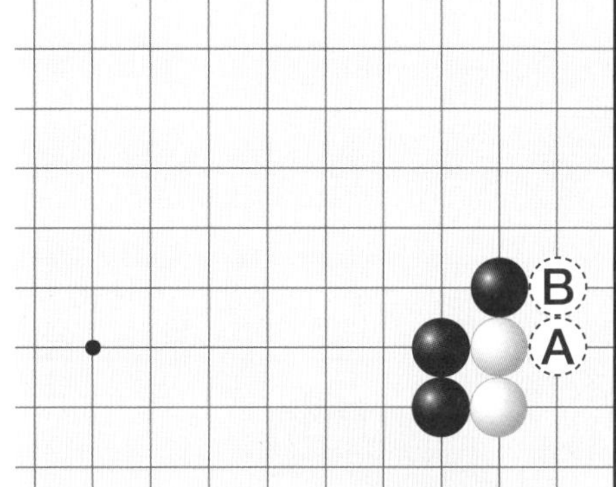

☐ A
☐ B

16

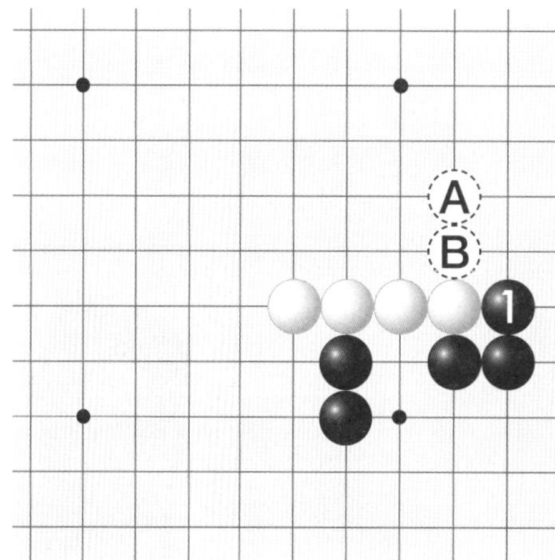

☐ A
☐ B

17

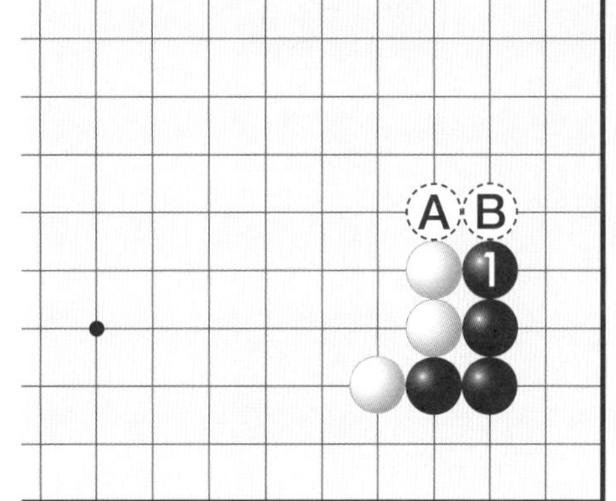

☐ A
☐ B

18

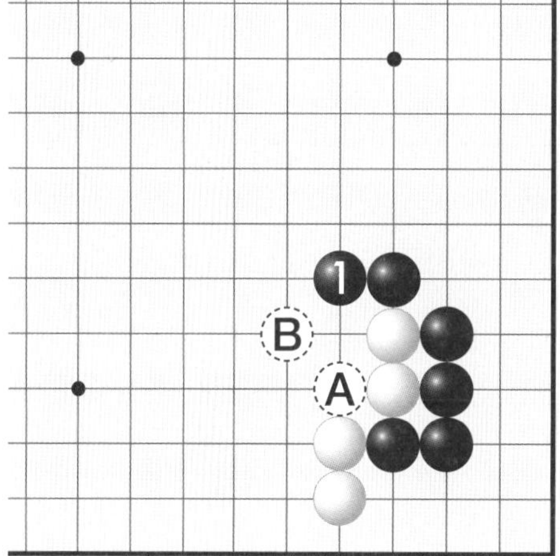

☐ A
☐ B

마음이 쑥쑥

주어진 상황 중 하나를 선택하여 역할 놀이를 하고, 빈칸에 들어갈 말을 써 봅시다.

바둑을 둘 때 올바른 태도는 무엇이라고 생각하는지 써 봅시다.

구부러진 손가락

바둑 역사상 세계적으로 가장 존경받는 인물은 누구일까요? 아마도 '영원한 기성(棋聖)'으로 불리는 우칭위안 9단이 아닐까 합니다.

중국에서 태어난 우칭위안 9단은 스스로 바둑을 공부해 소년 시절 이미 프로 기사의 실력을 갖추었다고 합니다. 정말 대단하죠?

우칭위안 9단은 열네 살 때 일본으로 건너가 당시 일본의 강자들을 모두 물리치며 당당히 1인자의 자리에 올랐습니다. 그 후로 백 살의 나이로 세상을 떠날 때까지 세계 바둑사를 통틀어 최고의 천재 기사로 많은 사람들에게 존경을 받았습니다.

그런데 우칭위안 9단의 양쪽 엄지손가락은 다른 손가락들과 반대 방향으로 구부러져 있었다고 합니다. 태어날 때부터 그랬을까요? 아닙니다. 그렇다면 왜 손가락이 휘어졌을까요? 바로 어린 시절부터 무거운 바둑책을 들고 하루 종일 공부를 했기 때문이었습니다. 왼손으로 책을 들고, 오른손으로 바둑돌을 놓다가 손이 저려오면 다른 손으로 바꿔 들어가며 밤늦게까지 공부를 했다고 합니다. 그러다 보니 양쪽 엄지손가락의 방향이 꺾여버린 것입니다. 손가락이 구부러질 만큼 바둑책을 들고 있었다니, 정말 놀랍지 않나요? 우칭위안 9단이 최고의 기사가 될 수 있었던 건 그의 재능만큼이나 엄청난 노력이 있었던 덕분이랍니다.

"천재란 99%의 땀과 1%의 영감으로 이루어진다."라는 발명가 에디슨의 말처럼 정말 중요한 것은 뛰어난 재능이 아니라 노력하는 자세가 아닐까요? 여러분도 꼭 잘 해내고 싶은 일이 있다면 열심히 노력해 보세요.

실전 끝내기

이 단원을 배우면!

- 끝내기 단계에서 '1선 젖혀 잇기'를 할 수 있어요.
- 끝내기 단계에서 '2선 젖혀 잇기'를 할 수 있어요.

인성 연결과 공감의 중요성을 배울 수 있어요.

오늘 배울 내용을 생각해 보며, 그림을 살펴봅시다.

상대방의 집 모양을 줄일 때는 젖히는 것이 좋다.

만화로 배우는 바둑

얘들아. 이제 끝내기를 해 봐!
공격!
탁!
어림없지! 막았다!
연결!
그렇다면 나도 공격이다!
얍!
윽! 안 돼!
나를 버리다니.
잡았다!
우하하! 약점을 지키지 않다니!
한돌아! 상대를 공격하기 전에 나의 약점을 먼저 돌봐야지!
그걸 위기십결에서 '공피고아(功彼顧我)' 라고 하지.
뜨ㅡ헉ㅡ
오, 똑똑한데!
하하. 그 정도야 뭐.
에~휴~

1선 젖혀 잇기

2권에서 마무리 단계인 '끝내기'에 대해 배웠습니다. 실전에서 많이 쓰이는 끝내기에 대해 알아 봅시다.

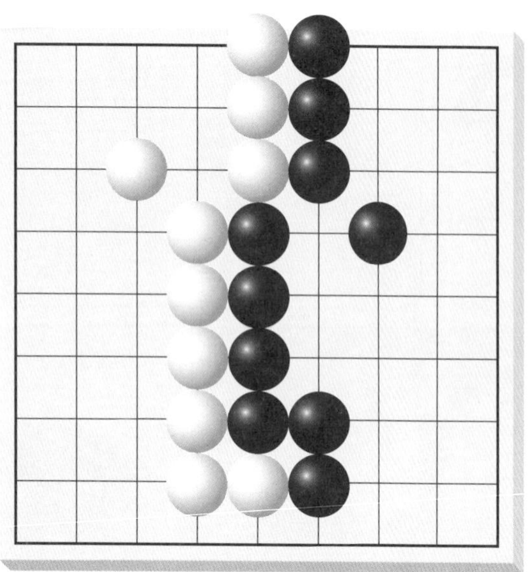

흑집과 백집의 경계선이 거의 지어졌습니다. 마지막 남은 집의 경계선을 마무리 짓기 위해서는 어디에 두어야 할까요?

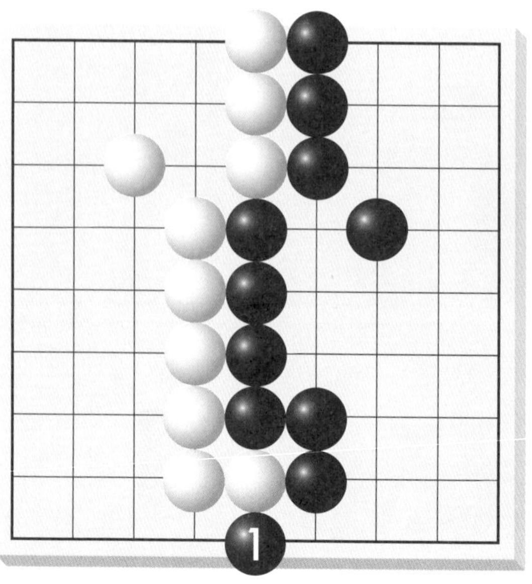

흑이 둘 차례라면 ❶로 젖혀서 백의 집을 최대한 줄여야 합니다.

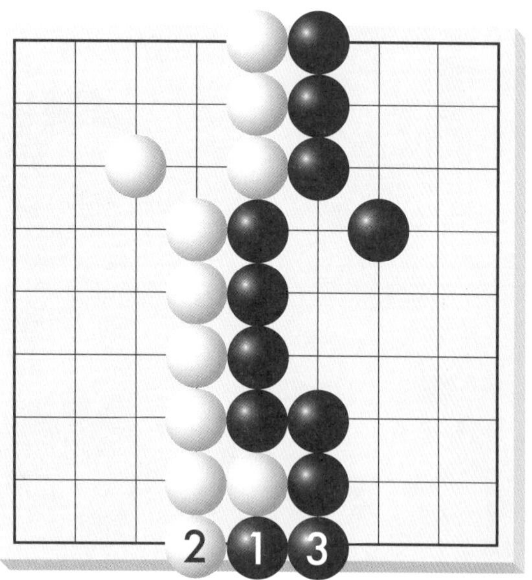

백이 ②로 막으면 흑 ❸으로 이어서 마무리됩니다. 이러면 대국이 종료된 모습입니다.

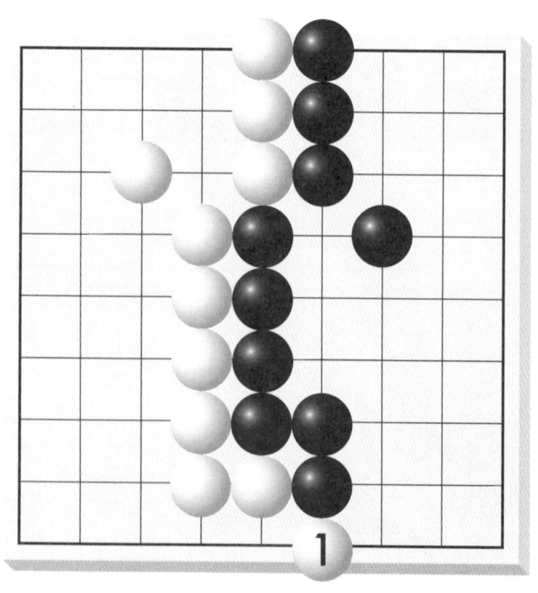

반대로 백이 둘 차례라면 백 ①로 젖혀 흑집을 최대한 줄여야 합니다.

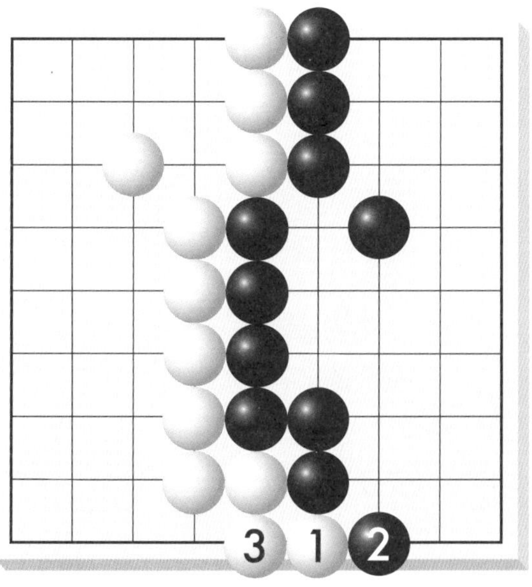

흑이 ❷로 막으면 백 ③으로 이어서 백 한 점을 살려야 합니다. 그런데 이 형태는 흑에게 약점이 남아 있습니다. 어디일까요?

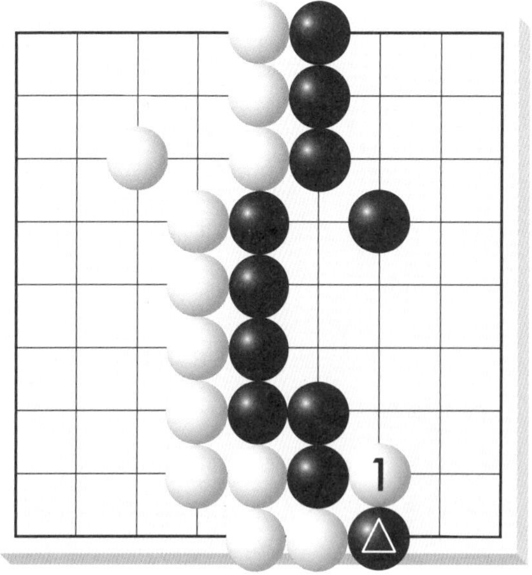

흑이 손을 뺀다면 백 ①로 끊어서 흑 ⓐ가 잡힌답니다. 1선은 사망선이니 계속 나가봤자 죽게 되겠지요?

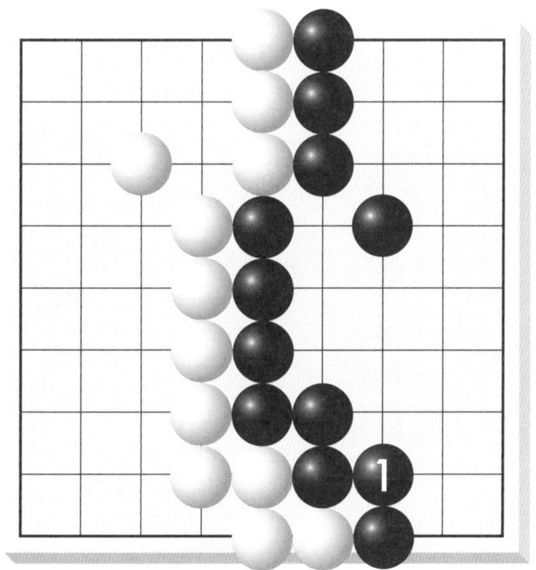

그래서 흑은 ❶로 이어 약점을 지켜 두어야 합니다. 여기까지 두면 대국이 종료됩니다.

2선 젖혀 잇기

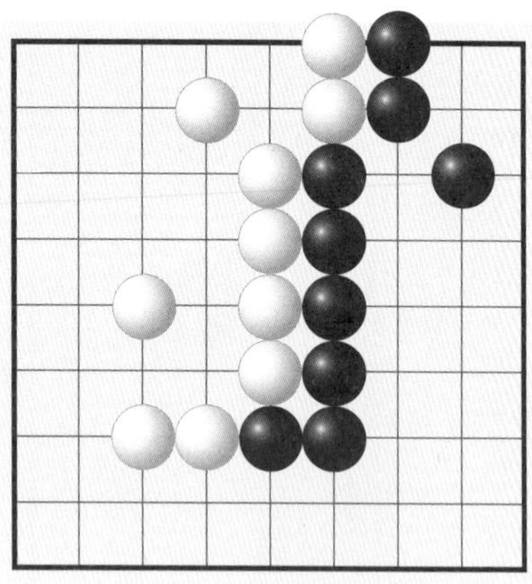

흑백 간의 집이 거의 드러났습니다. 이제 하변 쪽 끝내기만 남은 상황인데 어떻게 두어가야 할까요?

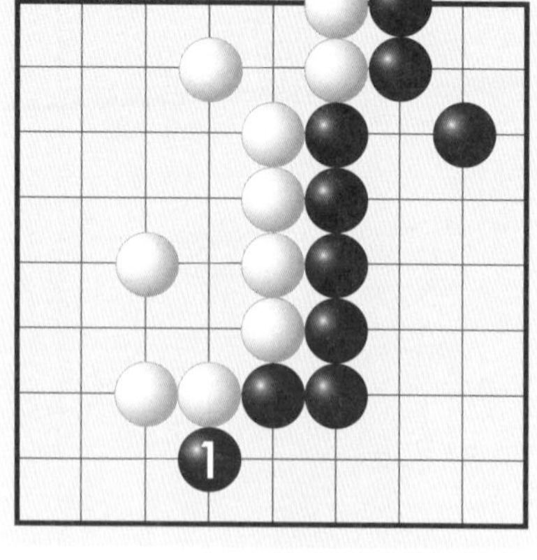

흑이 둘 차례라면 ❶로 젖혀 백집을 최대한 줄여야 합니다.

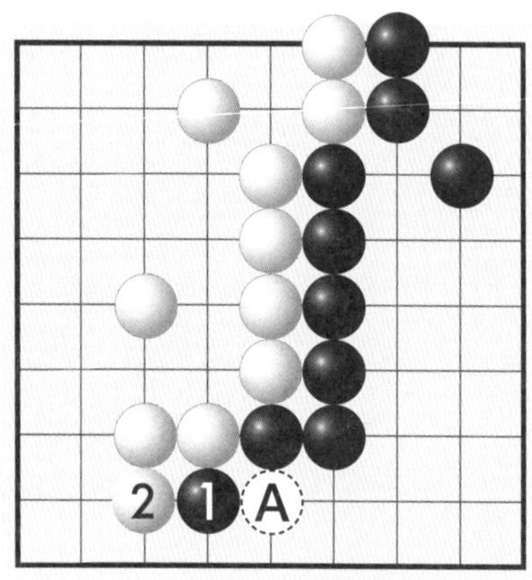

백은 ②로 두어 흑이 더 이상 들어오지 못하게 막습니다. 흑은 손을 뺄 수 있을까요?

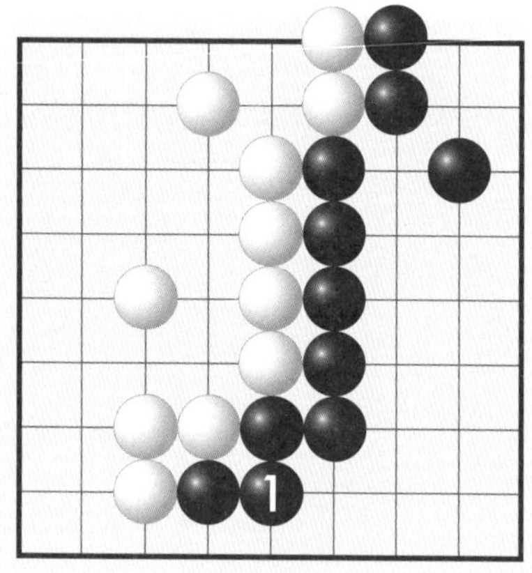

그럼 백이 Ⓐ로 끊어가서 앞 그림의 ❶ 한 점이 잡히겠지요? 따라서 흑도 ❶로 이어서 두어야 합니다.

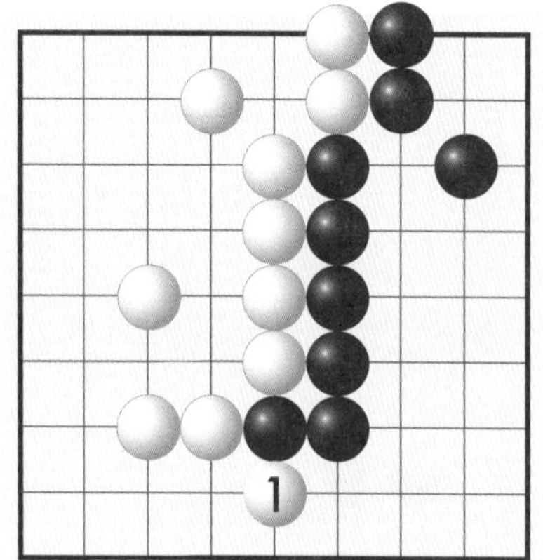

백이 둘 차례라면 ①로 젖혀서 흑집을 최대한 줄이러 갑니다.

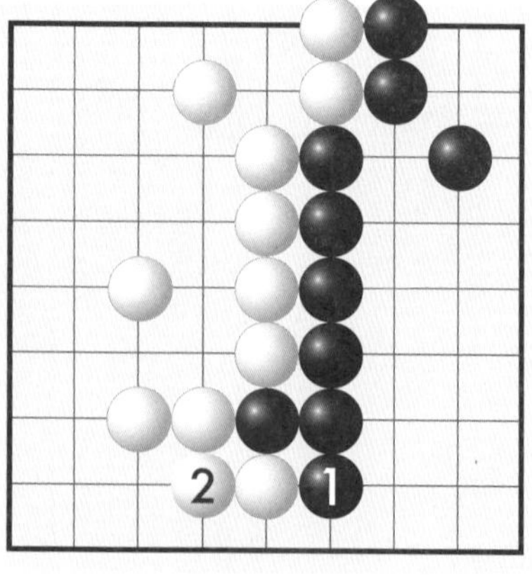

흑이 ❶로 막으면 백 ②로 이어서 약점을 지켜야 합니다.

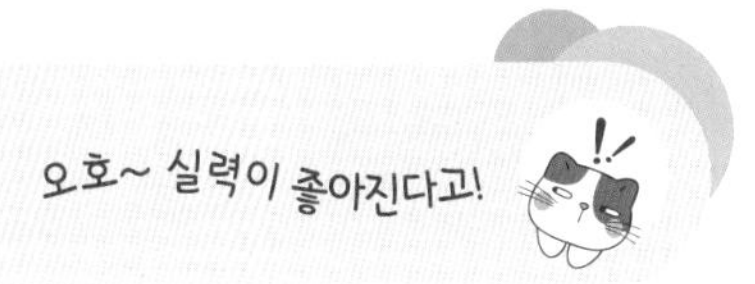

흑이 둘 차례입니다. 올바른 끝내기에 ☑표를 해 봅시다.

1

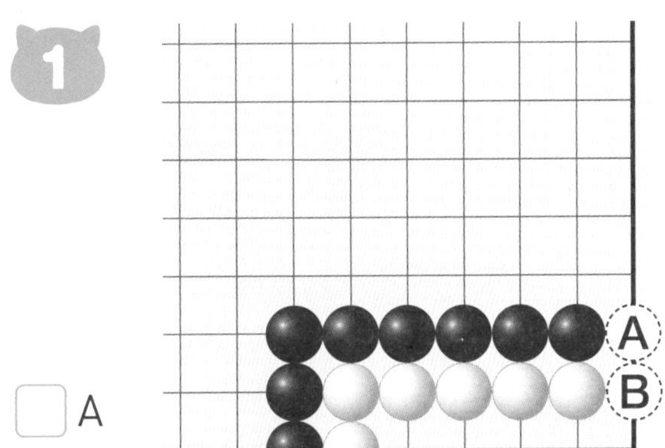

☐ A
☐ B

2

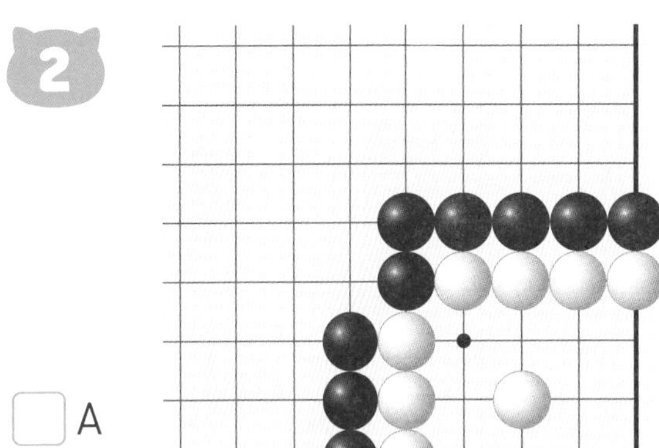

☐ A
☐ B

3

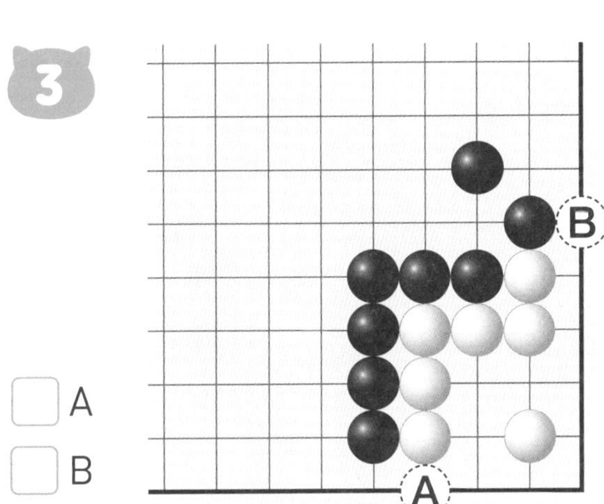

☐ A
☐ B

4

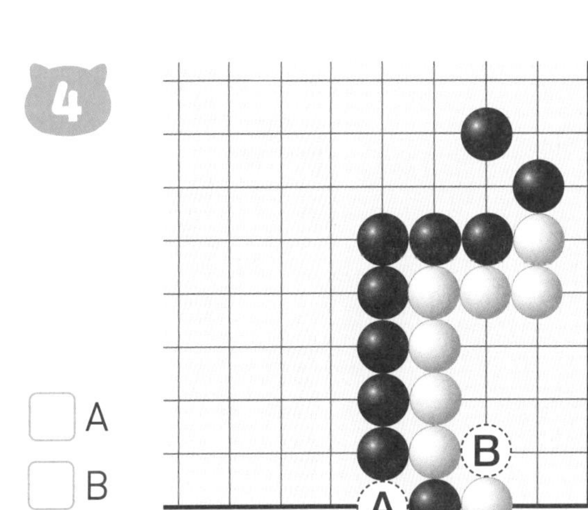

☐ A
☐ B

5

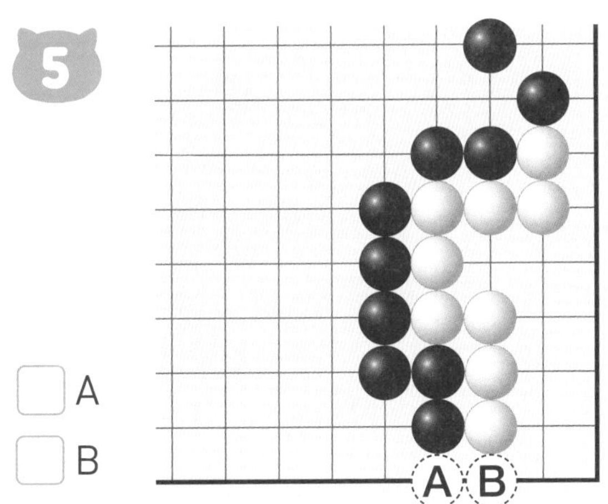

☐ A
☐ B

6

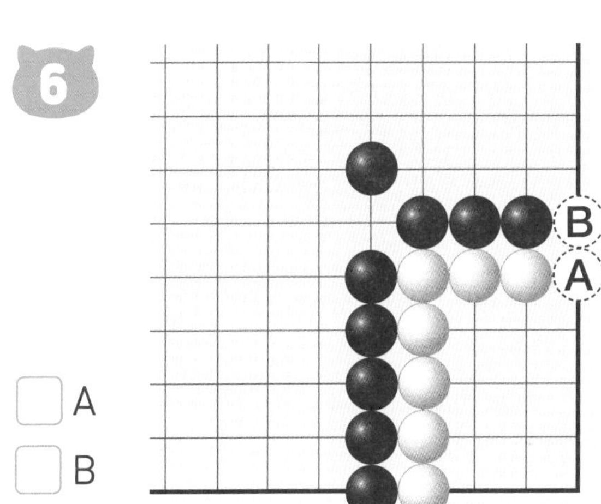

☐ A
☐ B

실력이 탄탄

흑이 둘 차례입니다. 올바른 끝내기에 ☑표를 해 봅시다.

7

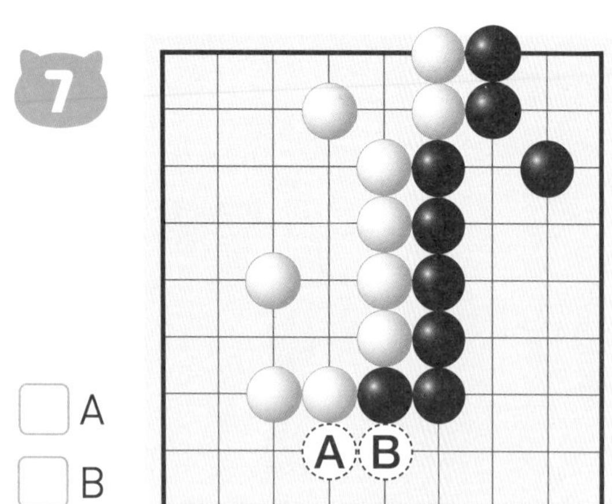

☐ A
☐ B

8

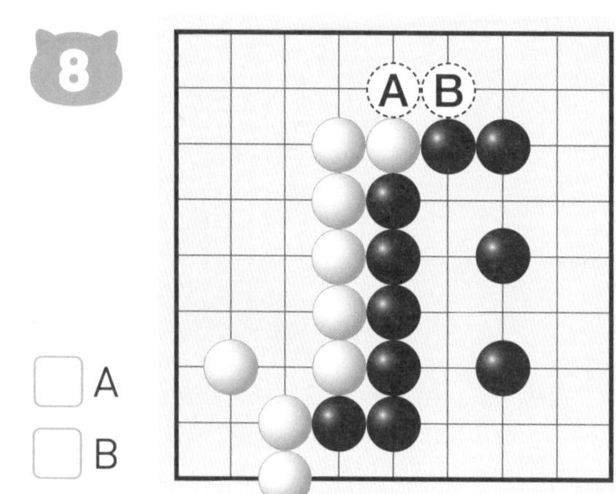

☐ A
☐ B

9

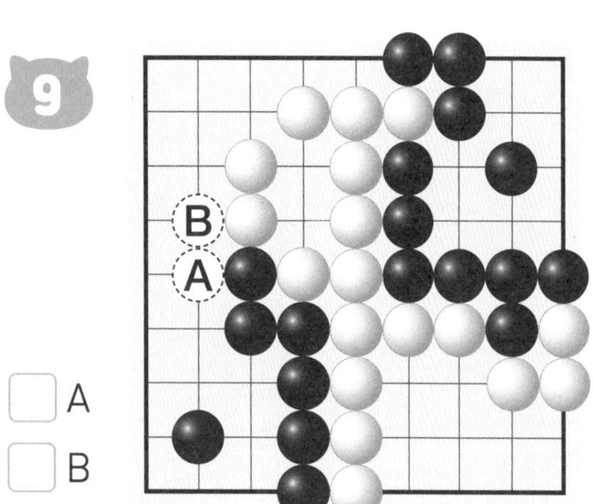

☐ A
☐ B

10

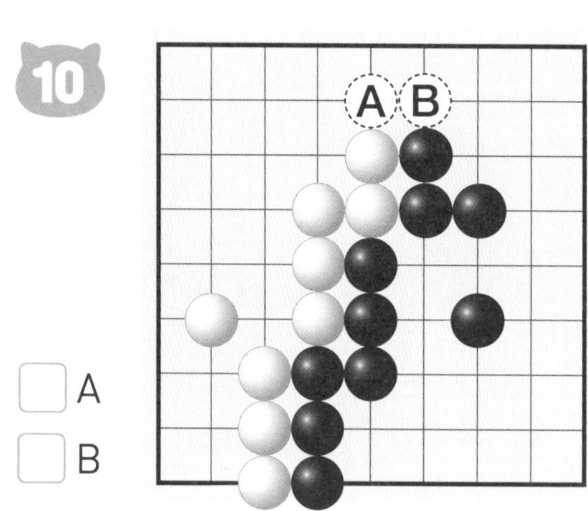

☐ A
☐ B

11

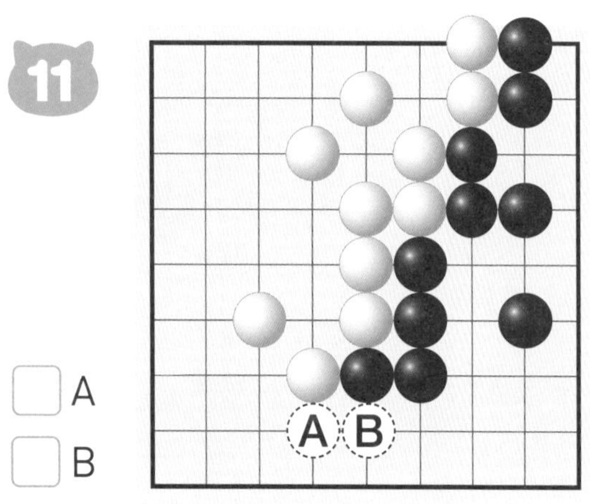

☐ A
☐ B

12

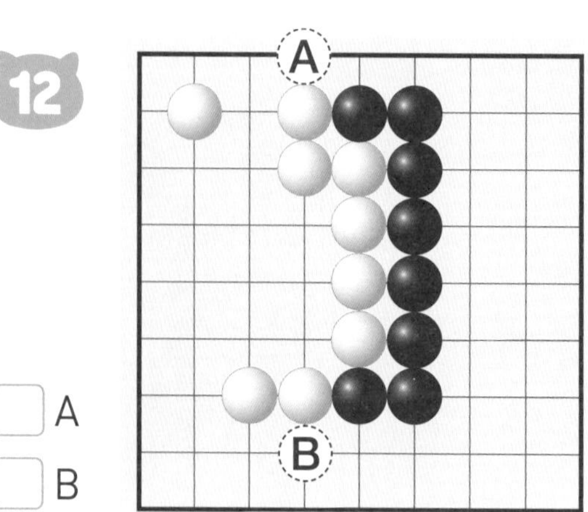

☐ A
☐ B

흑이 둘 차례입니다. 끝내기 할 수 있는 곳을 찾아 젖혀 봅시다.

13

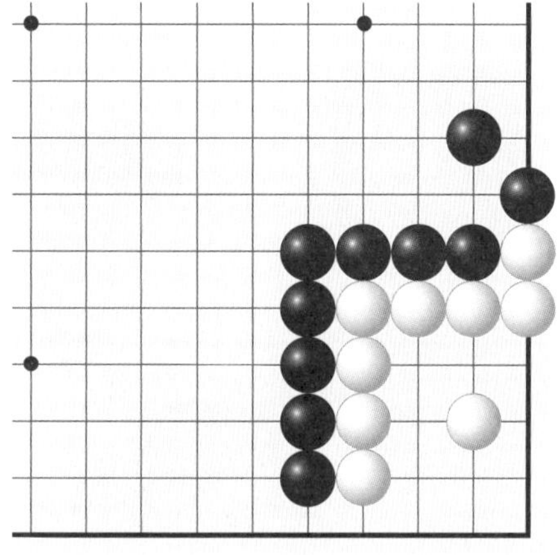

14

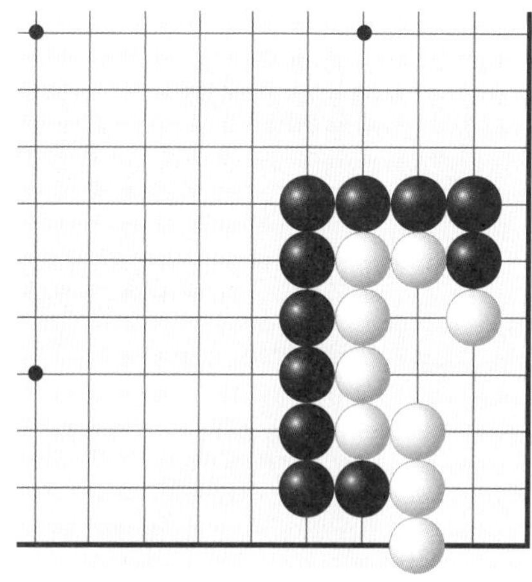

15

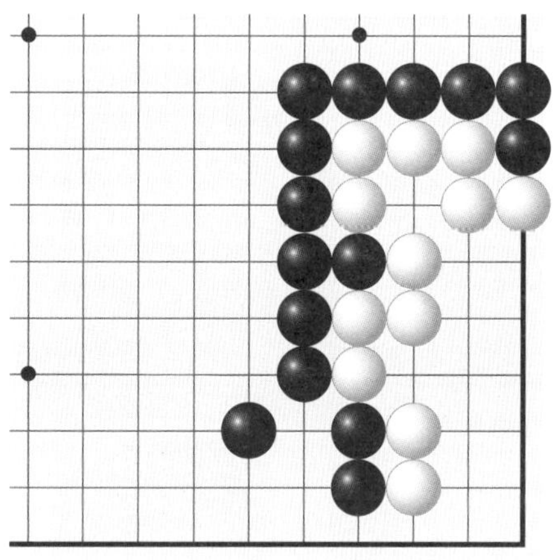

16

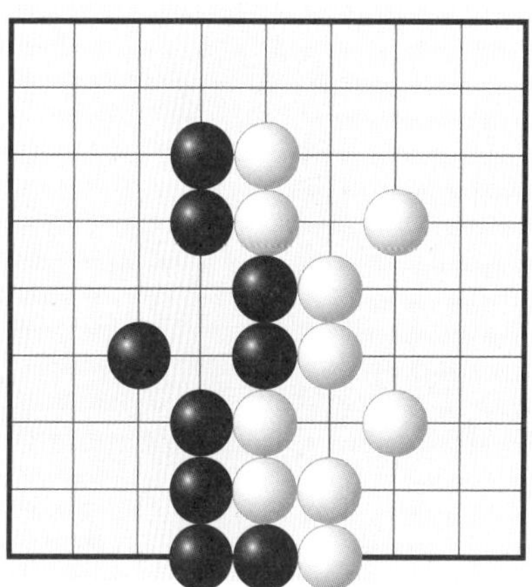

17

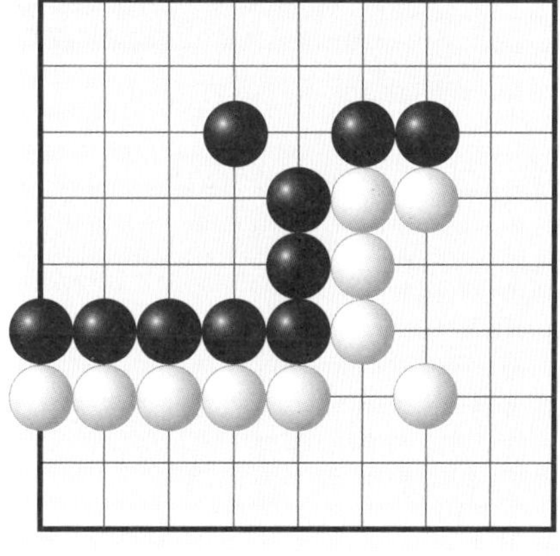

18

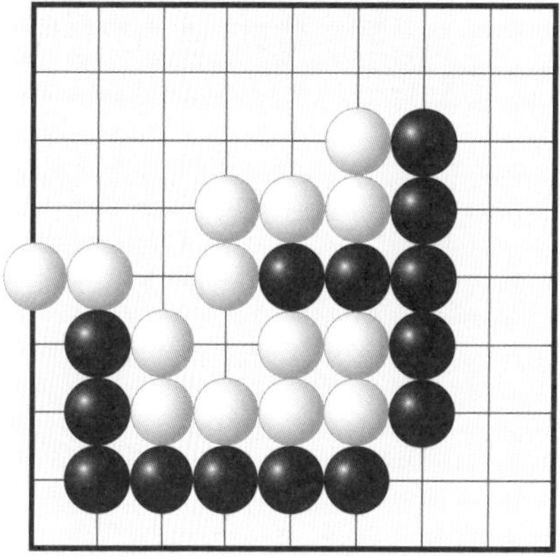

마음이 쑥쑥

다음 만화를 보고, 바둑에서 연결이 왜 중요한지 말해 봅시다.

바둑에서 연결이 중요한 것처럼 친구들과도 서로 잘 연결되려면 어떻게 해야 할지 써 봅시다.

바둑은 *조화다

사람은 결코 혼자서 살아갈 수 없는 존재입니다. 우리는 사회 구성원으로서 다른 사람과 더불어 살아가기 때문에 타인들과 화합하며 조화를 이루어야 합니다.

바둑 역사상 최고의 기성으로 추앙받는 우칭위안 9단은 "바둑은 조화다."라고 바둑에 대해 말하였습니다. 한 판의 바둑에서 두어지는 돌들이 서로 조화를 이루어야 대국을 훌륭하게 이끌 수 있다는 뜻입니다.

바둑은 흑과 백으로 나뉘어 승부를 겨루는 게임입니다. 그러나 바둑의 본질은 승부가 아니라 '흑과 백의 조화'를 만들어내는 것입니다. 승부가 나는 경우 대부분은 누군가가 욕심을 부리다가 조화를 깨뜨리기 때문입니다. 우리 삶에서 무리하게 욕심을 부리게 되면 원하는 것을 얻지 못하는 이치가 바둑과 똑같다고 할 수 있습니다.

웹툰「미생」에서도 "바둑판 위에 의미 없는 돌이란 없어."라는 대사를 통해 바둑이 담고 있는 조화의 정신을 표현했습니다. 바둑판 위에 하찮은 돌이란 없듯이, 세상 어느 그 누구도 보잘 것 없는 존재는 없습니다. 저마다의 의미와 개성을 지닌 개개인이 서로 조화를 이룰 때 비로소 사회는 아름다워집니다.

바둑을 배우고 바둑의 정신을 이해하면, 다른 사람들과 조화롭게 살아가는 방법을 체득할 수 있습니다.

* **조화(調和)** 서로 잘 어울림.

10 집의 완성

이 단원을 배우면!

- 집의 경계선을 확정 짓는 방법을 알 수 있어요.
- 공배를 메우고 사석을 들어낸 후 계가를 할 수 있어요.

인성 바둑을 두며 협동심을 기를 수 있어요.

 오늘 배울 내용을 생각해 보며, 그림을 살펴봅시다.

집을 완성하려면 경계선을 마무리지어야 한다.

만화로 배우는 바둑

한돌아, 수업 마쳤으니 가야지.
음...

조금만 더 있다가 갈게. 바둑은 너무 재밌어! 흐흐!

오! 알았어. 대신 나갈 때 문단속 잘해.
알았어!
흔들~ 흔들~

한돌아. 거의 다 두었으니 집을 완성해 봐!

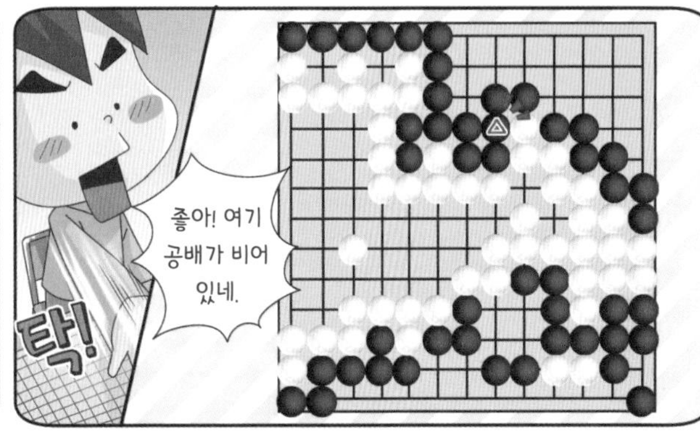
좋아! 여기 공배가 비어 있네.
탁!

응? 문이 열려 있는데?
적의 집을 빼앗자!

공배를 메우기 전에 집부터 완성해야지!

아, 흑 ❶을 먼저 두었어야 했는데. 문단속을 잘못해서 3집이나 빼앗기다니!
에휴~

그러고 보니 너 어제 교실 문단속도 안 하고 갔지?
샤샥
헉! 맞다!

하하하
슈웅
한돌이 너! 거기 서!
후다닥

집 완성하기

바둑은 집이 많은 사람이 이기는 게임이므로, 집의 경계선을 확정 짓는 법을 알아야 합니다. 상대가 나의 집으로 들어올 곳이 있는지 잘 살피고, 들어오지 못하도록 막아서 완벽한 집을 만듭니다.

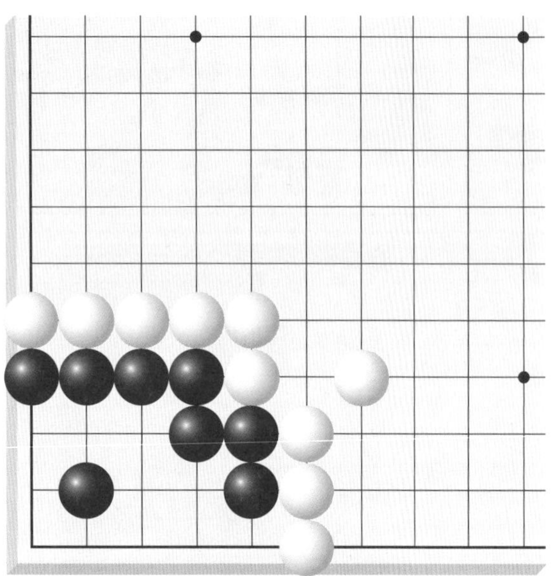

이 형태에서 흑집은 완성된 걸까요?

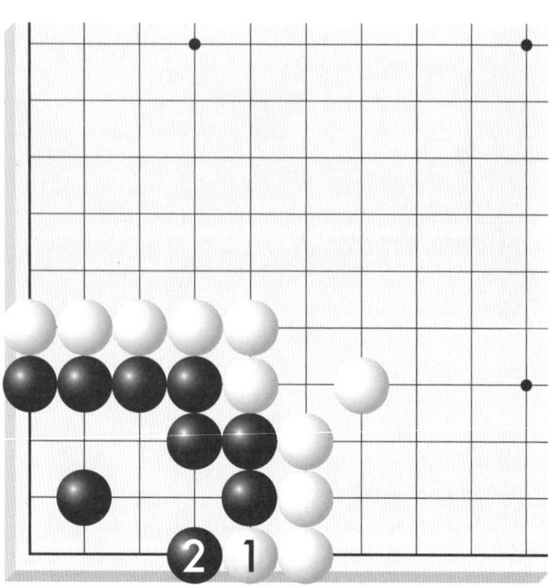

백이 둔다면 ①로 들어올 수 있습니다. 흑은 ❷로 막아 백이 더 이상 들어오지 못하게 방어합니다. 이렇게 되면 흑집은 전부 9집이 만들어집니다.

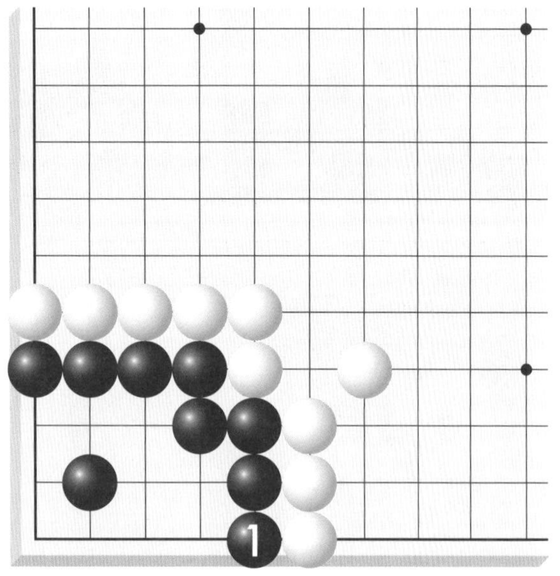

흑이 둔다면 ❶로 막아 집을 완성해야 합니다. 흑이 먼저 막는다면 흑집은 전부 10집이 납니다.

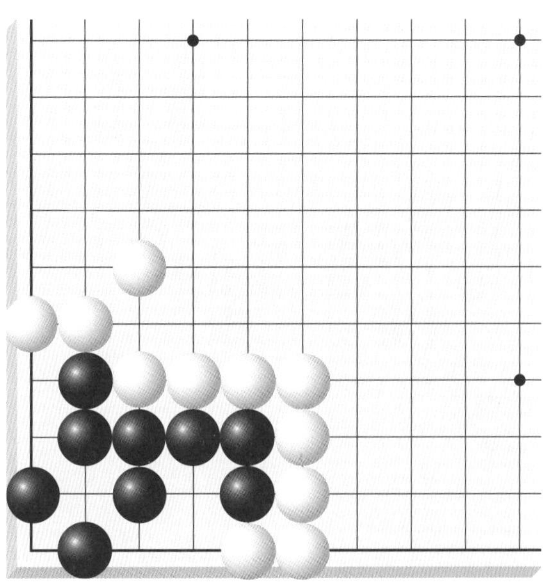

흑의 집을 완성하려고 합니다. 어디에 두는 것이 좋을까요?

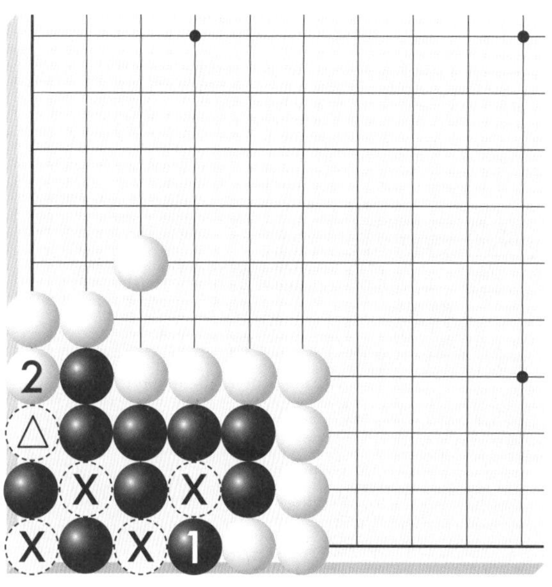

흑 ❶로 막는 것이 최선의 수입니다. 백이 ②로 들어오면 흑은 ⓧ의 곳들에 4집을 만들면서 경계가 완성됩니다. △는 누가 두더라도 집과 상관이 없으므로 공배입니다.

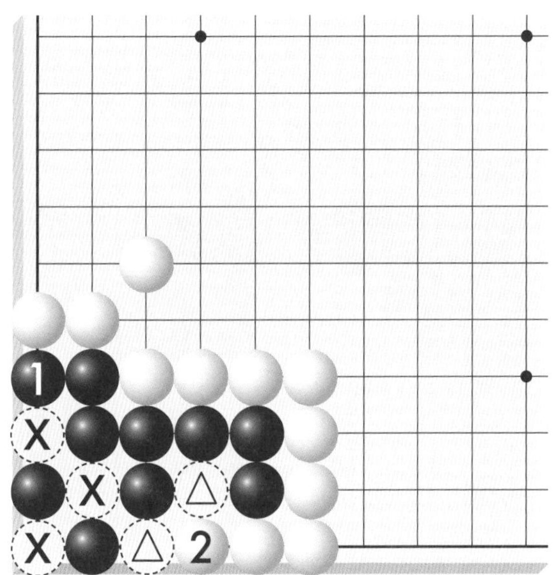

흑이 ❶로 두는 것은 어떨까요? 그럼 백은 ②로 들어옵니다. △는 공배이므로 집이 완성됐는데, 흑은 ⓧ의 곳들에 3집을 만들게 됩니다.

계가 연습하기

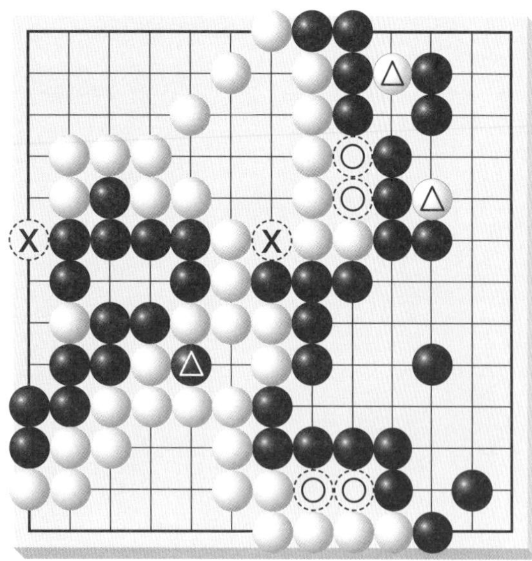

서로 경계가 완성되지 않은 곳들은 어디일까요? ⓧ자리가 아직 경계선이 확정되지 않은 곳입니다. ◎의 곳들은 집과 관계가 없으므로 공배입니다. 만약 흑이 둘 차례라면 어떻게 마무리를 지어가야 할까요?

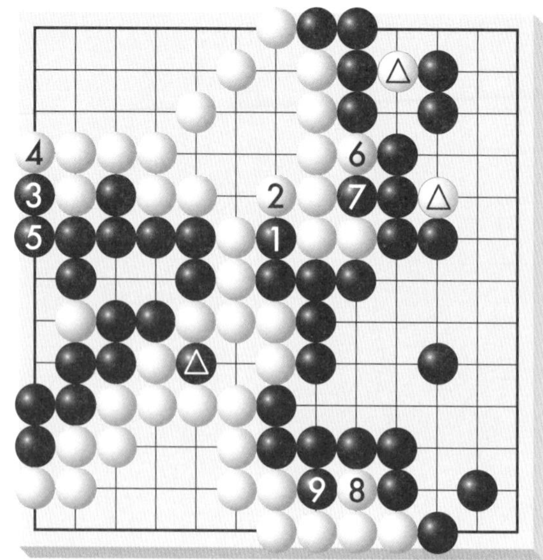

흑 ❶부터 찔러 들어가는 게 좋은 수순입니다. 백이 ②로 막을 때 흑 ❸으로 '1선 젖혀 잇기'를 하면 집의 경계선이 완성됩니다.

백 ⑥~흑 ❾는 공배입니다. 흑과 백 누가 두어도 집이 되지 않지만, 계가를 하기 위해 모두 메워야 하는 곳입니다.

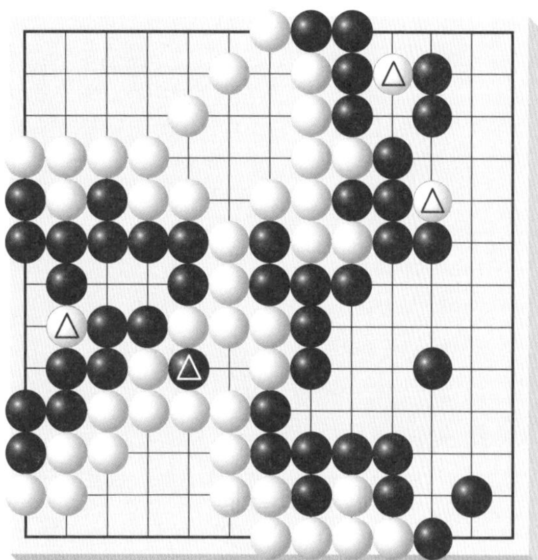

공배까지 모두 메우면 바둑이 종료됩니다. ◬, ▲의 돌들은 죽은 돌이므로 들어내어 각자 상대방 집을 메웁니다.

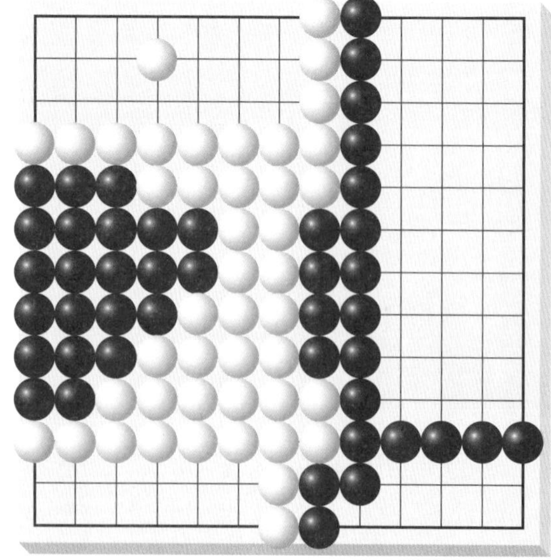

계가를 하기 좋도록 모양을 만듭니다. 상대방 집 속에 있는 돌들을 움직여 곱셈하기 좋은 형태로 만들면 됩니다. 모양이 정리되면 서로의 집을 셉니다. 흑집은 49집, 백집은 32집. 흑이 반면으로 17집을 이겼고, 덤 6집 반을 빼면 흑 10집 반 승입니다.

오호~ 실력이 좋아진다고!

집의 완성 단계입니다. 흑이 백의 집을 줄이려면 어디에 두어야 할지 ✓표를 해 봅시다.

1

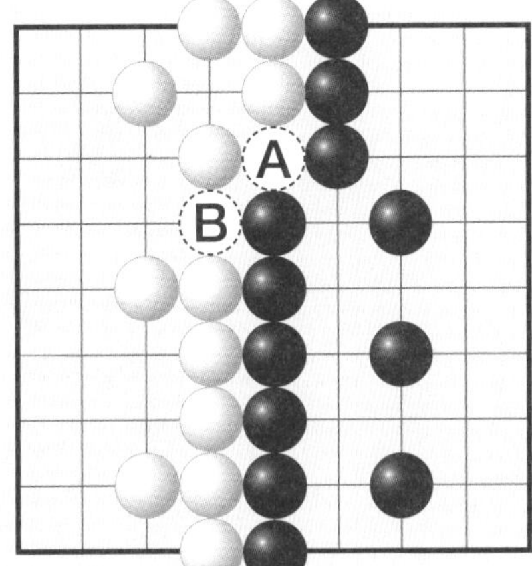

2

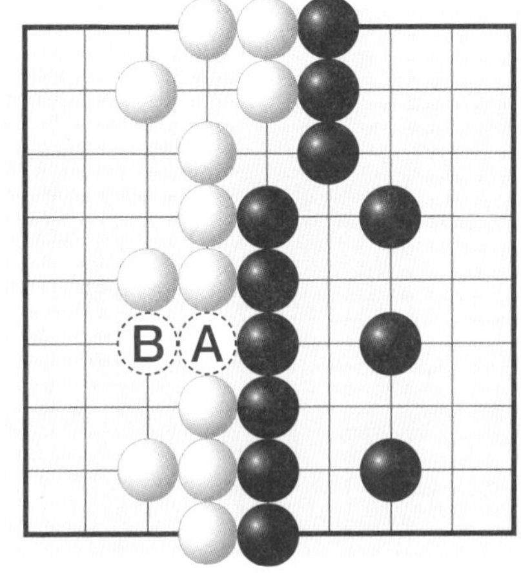

☐ A
☐ B

3

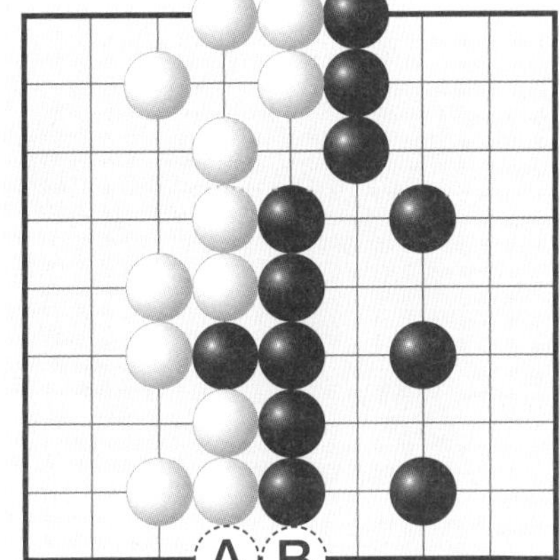

☐ A
☐ B

4

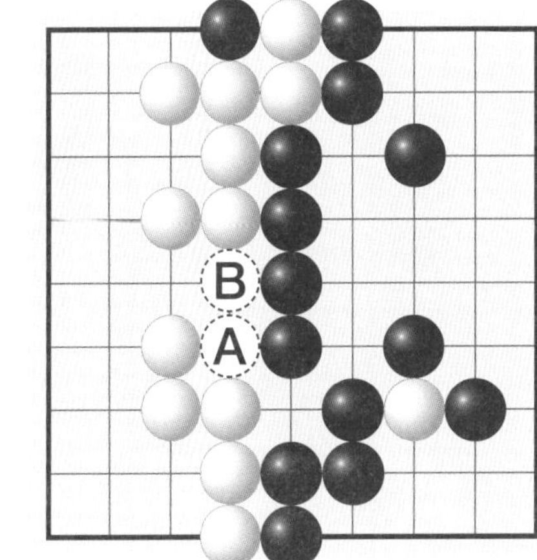

☐ A
☐ B

5

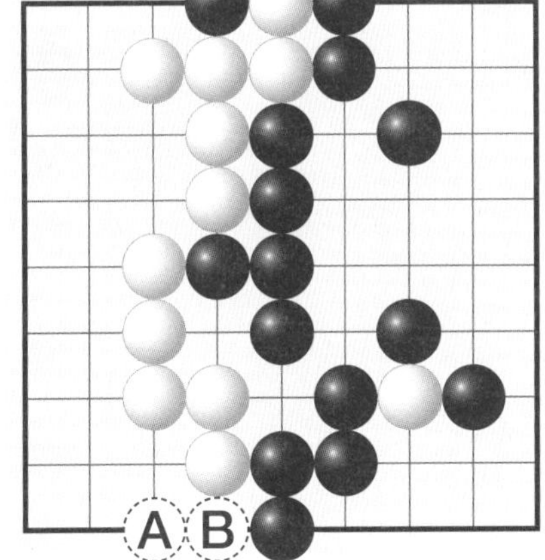

☐ A
☐ B

6

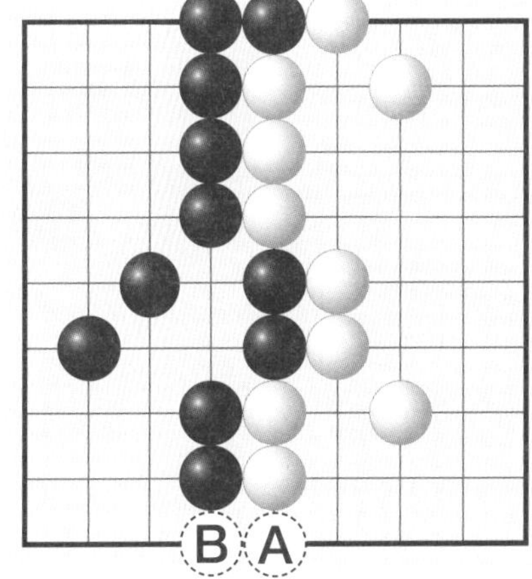

☐ A
☐ B

흑이 경계선을 지키려면 어디에 두어야 할지 ☑표를 해 봅시다.

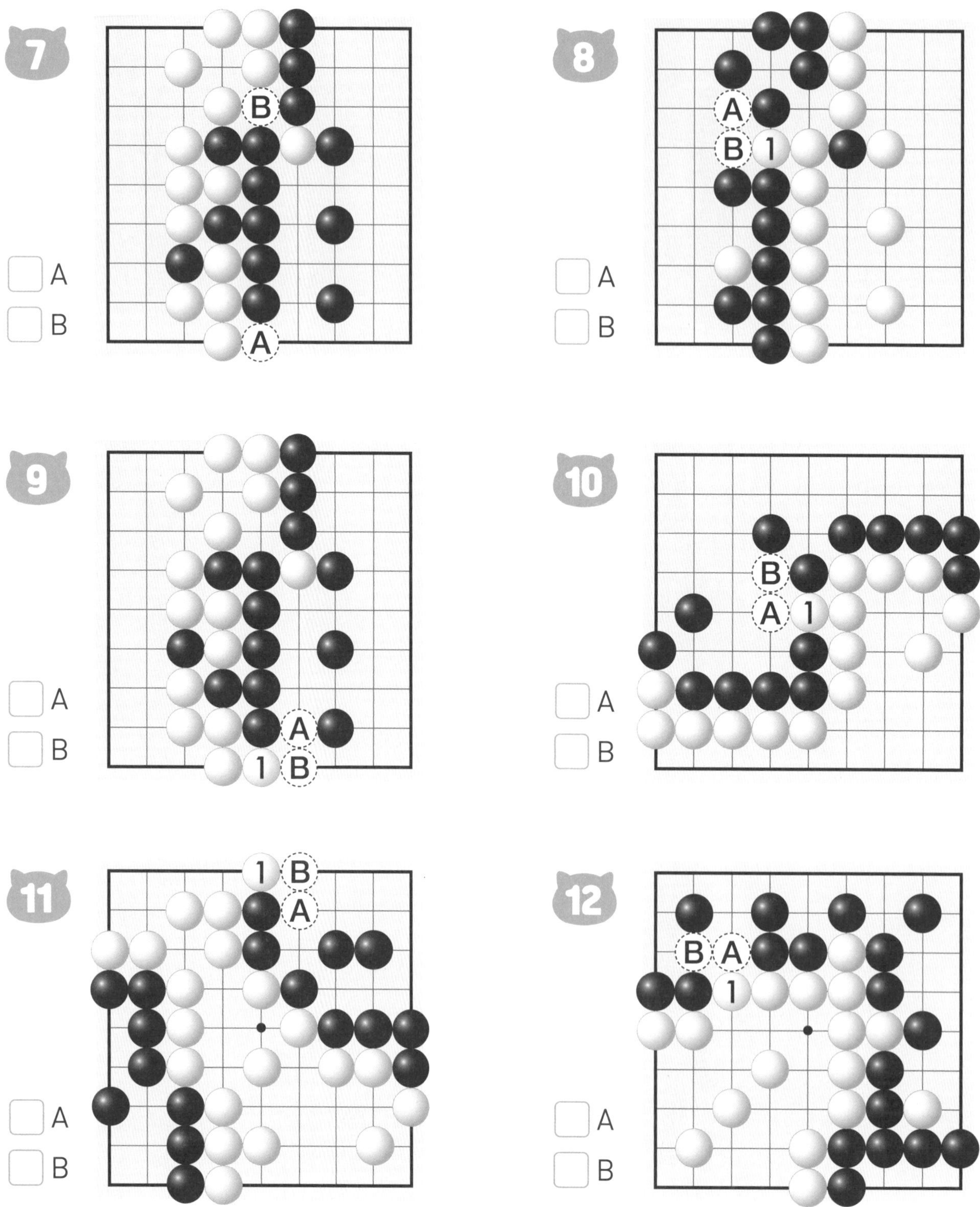

오호~ 실력이 좋아진다고!

문제 13 ~ 15 에서는 공배 한 개를 찾아서 X를, 문제 16 ~ 18 에서는 사석 두 개를 찾아서 X를 표시해 봅시다.

13

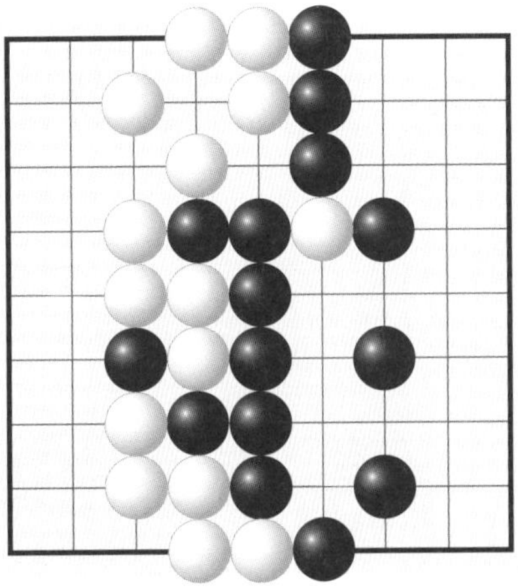

14

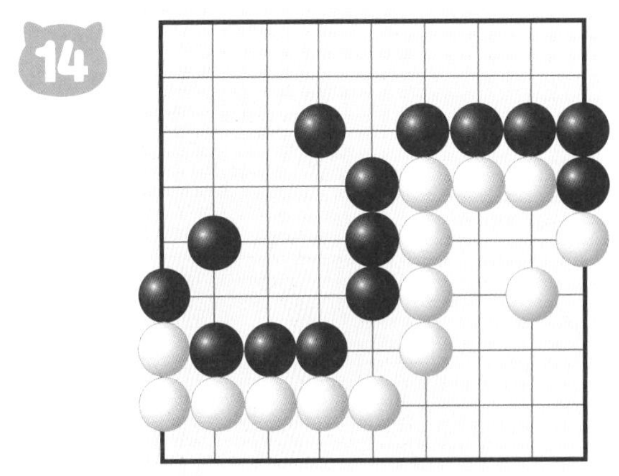

15

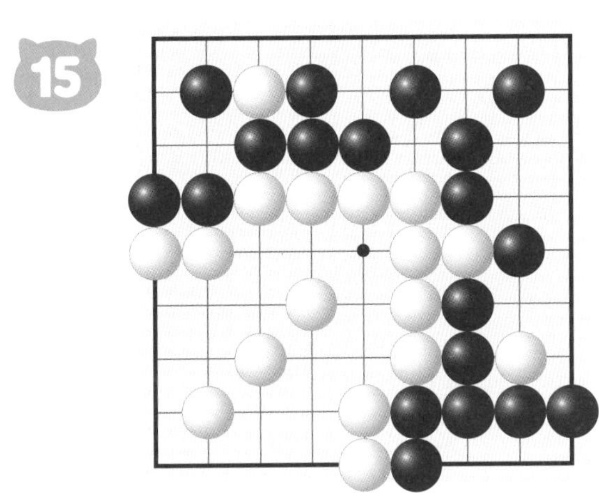

16

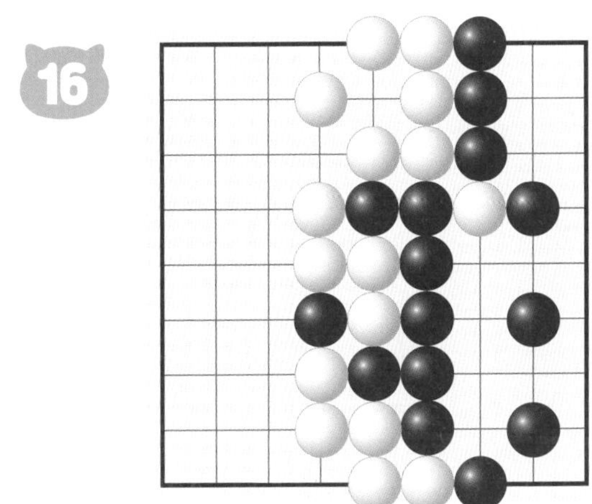

17

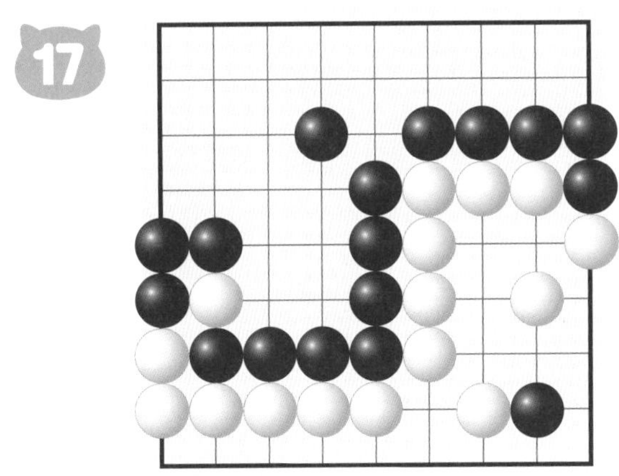

18

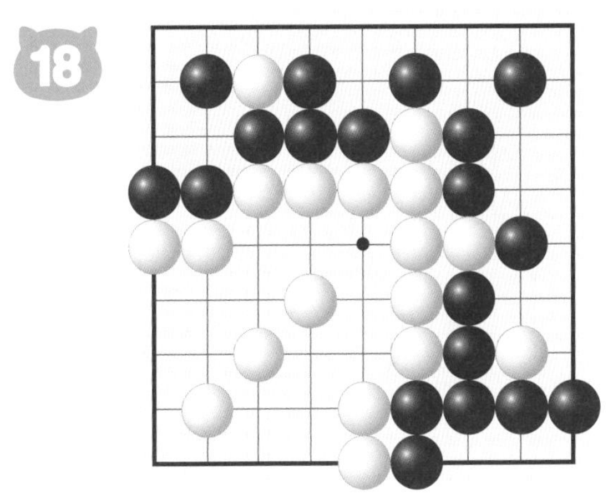

마음이 쑥쑥

다음 그림과 글을 보고, 질문에 답해 봅시다.

협동 대국

다음과 같은 방식의 대국을 선택하여 두어보며 협동심을 길러봅시다.

- **페어**: 두 사람이 한편이 되어 바둑을 둡니다.
- **3:3 대국**: 세 사람이 한편이 되어 바둑을 둡니다.
- **팀 바둑**: 두 팀으로 나누어 대형 바둑판에 한 수씩 나와 둡니다.
- **단체전**: 두 팀으로 나누어 개인전을 펼치고 승수가 많은 쪽이 이깁니다.
- **릴레이 대국**: 초반 · 중반 · 종반으로 나누어 세 명의 선수가 이어서 둡니다.
- **상담기**: 같은 편 선수끼리 함께 의논하고 연구하며 둡니다.

협동할 때의 좋은 점은 무엇일까요? 협동 대국을 마친 후에 느낀 점을 서로 이야기해 봅시다.

이야기로 배우는 바둑 상식

바둑의 스포츠화

바둑은 오랫동안 '예(禮)'와 '도(道)'를 중시하며 예술적 측면을 강조해 왔습니다. 하지만 현대 한국 바둑은 국민 스포츠를 목표로 합니다. 현재 바둑은 전국소년체육대회(2015년부터)와 전국체육대회(2016년부터)의 정식 종목으로도 채택되었습니다. 왜 한국 바둑은 스포츠의 길을 걷게 되었을까요?

▲ 제105회 전국 체육대회(2024) 바둑 종목 대회

먼저, 대중적으로 널리 알려지기 위해서입니다. 한국 바둑은 1970년대부터 발전하여 1980~1990년대에 전성기를 누렸습니다. 조훈현 9단, 이창호 9단 등과 같은 천재 기사들 덕분입니다. 2000년대에는 이세돌, 박정환, 김지석, 최철한 9단 등 신세대 강자들이 나타났습니다. 중국과 세계 바둑 최강국 자리를 놓고 치열하게 경쟁하고, 한국 바둑에 힘을 불어넣기 위해 바둑을 스포츠로 만든 것입니다.

다음으로, 중국 바둑이 빠르게 성장하고 일본 바둑이 침체되었기 때문입니다. 과거 세계 바둑을 지배한 일본은 바둑의 정신만을 고집하다가 발전하지 못했습니다. 반면 중국은 1956년 바둑을 체육 경기로 인정하여 빠르게 세계 바둑을 점령했습니다. 현재 중국과 한국이 세계 바둑 최강국의 자리를 놓고 치열하게 경쟁하고 있습니다. 일본 바둑은 세계 최강의 자리에서 밀려났습니다. 한국은 바둑을 더욱 발전시키기 위해 스포츠로 만든 것입니다.

스포츠로 인정받은 바둑은 더 많은 사람들에게 다가가기 위해 힘쓰고 있습니다. 최근에는 좀 더 쉽고 재미있게 관전할 수 있도록 프로 경기의 대국 시간을 짧게 줄이기도 했습니다.

바둑이 스포츠가 된다고 해서 바둑이 예술이라는 점을 잊어서는 안 됩니다. 한 판의 바둑은 승패를 떠나 상대방과 함께 만들어 가는 예술 작품입니다. 이세돌 9단은 바둑을 예술이라고 강조하면서 "때로는 이기는 것보다 내용이 멋진 명국을 만들고 싶은 욕심이 더 크다."라고 말하기도 했습니다.

11 축머리의 활용

이 단원을 배우면!

- 상대의 축머리를 피해 축을 몰아갈 수 있어요.
- 내 돌이 축에 몰렸을 때 축머리를 활용할 수 있어요.

인성 바둑을 두며 집중력을 기를 수 있어요.

오늘 배울 내용을 생각해 보며, 그림을 살펴봅시다.

만화로 배우는 바둑

나리야, 백 두 점을 잘 잡아 봐!
어허! 훈수 금지!

나도 알거든! 축으로 몰면 되잖아. 이렇게!
흥!

역시 나리는 나보다 하수야!
축이 맞긴 하지만 그쪽으로 몰면….
왜? 축 맞는데?

이렇게 원래 있던 백돌과 연결돼 살아.
탈출이다!

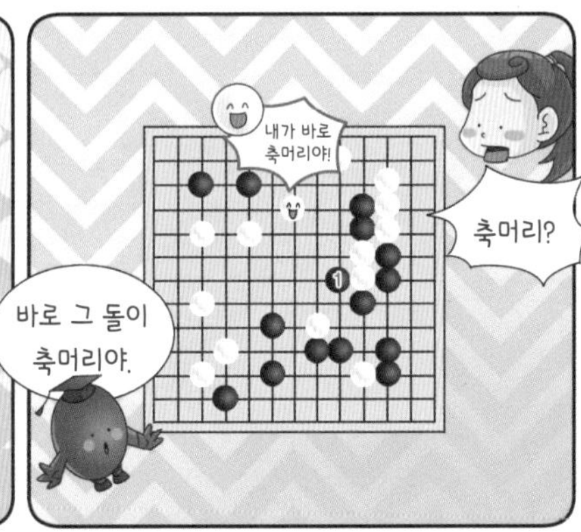

내가 바로 축머리야!
축머리?
바로 그 돌이 축머리야.

축머리를 피해 흑 ❶로 단수를 쳤으면 이렇게 축으로 잡을 수 있었어!
도망가야 절벽이지!
흠, 그러네!

매운 맛을 보여 주지! 축 공격!

그렇다면 축머리를 활용하자.
탁

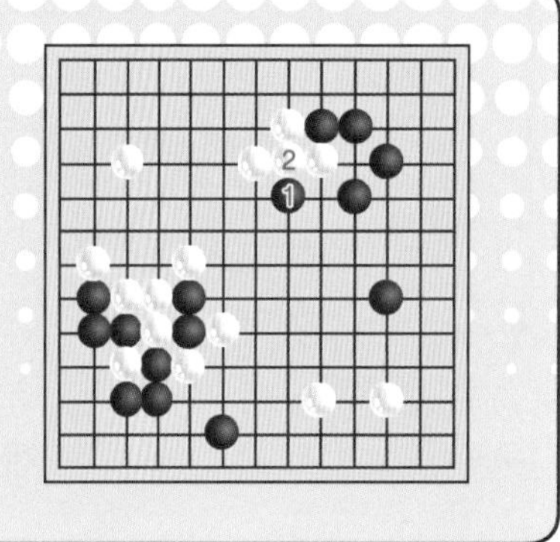

부활했다!
축머리 작전 성공!

대단한 걸?
헉! 잡은 돌이 다시 살았네!
으~아~
후후…

축머리 이해하기

축에 몰리면 달아나려다 더 큰 손해를 입을 수 있으니 포기해야 한다고 배웠습니다. 그런데 다른 방법으로 활용하는 수단은 없을까요? 축머리를 쓰는 요령에 대해 배워 봅시다.

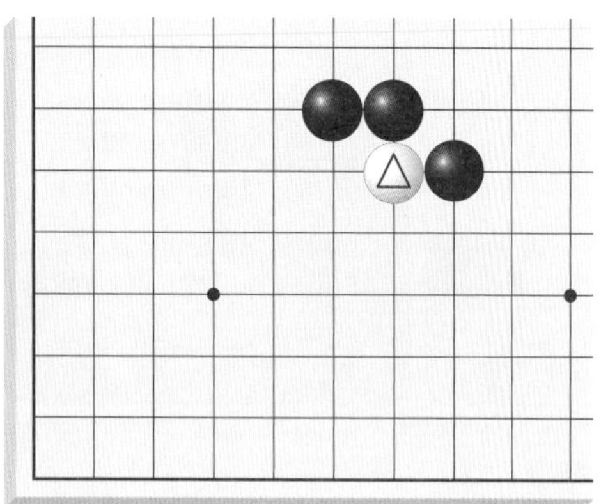

백 ⓐ를 축으로 잡으려면 어느 쪽으로 단수를 몰아야 할까요?

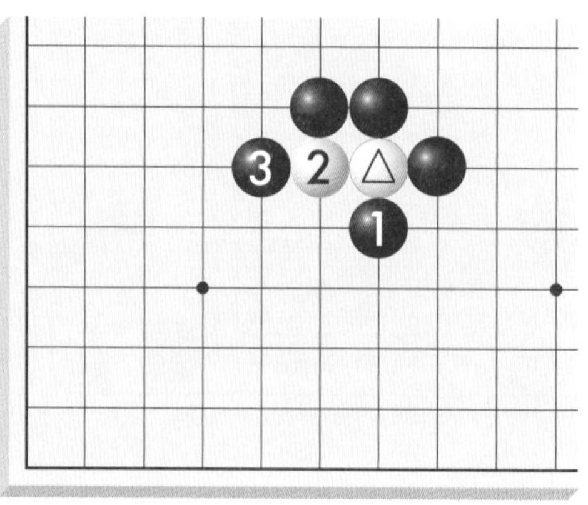

흑 ❶로 몰고 백 ②로 나온다면 흑 ❸으로 단수 몰아서 백돌을 잡을 수 있습니다. 백은 축에 몰려서 계속 달아난다면 바둑판 끝에서 더 많은 돌이 잡힙니다.

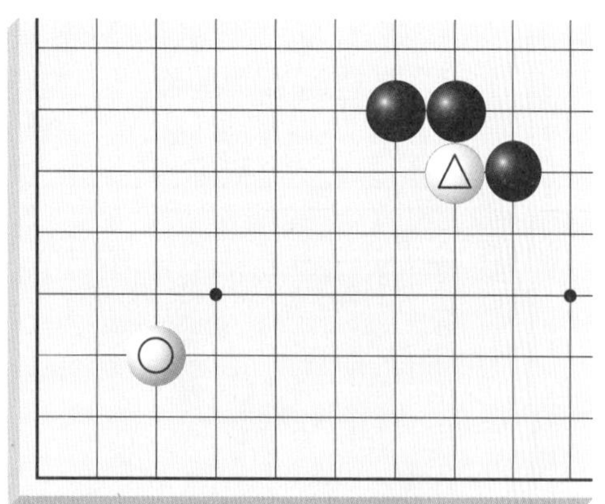

그런데 축으로 몰린 돌이 달아나는 길에 백 ◎처럼 같은 편 돌이 있다면 어떻게 될까요?

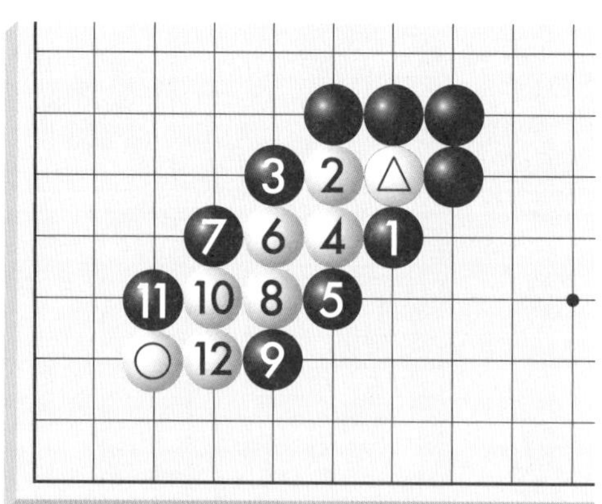

흑이 ❶로 축을 몰아간다면 백 ⑫까지 되어 백◎와 서로 연결됩니다. 그럼 더 이상 백돌을 축으로 몰 수 없기에 백은 삽니다. 이처럼 백이 살면 흑은 여러 곳이 단점 투성이가 되어 곤란해집니다.

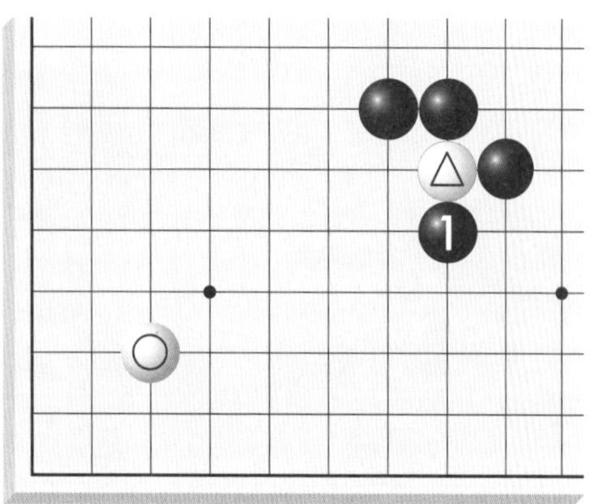

흑 ❶로 몰 때 백 ◎와 같이 축이 나아가는 앞길에 놓여있는 돌을 **축머리**라고 합니다. 축머리는 축이 성립되지 않게 하는 역할을 합니다. 따라서 축머리에 상대편 돌이 있을 때는 축으로 몰아서는 안 됩니다.

축머리 활용하기

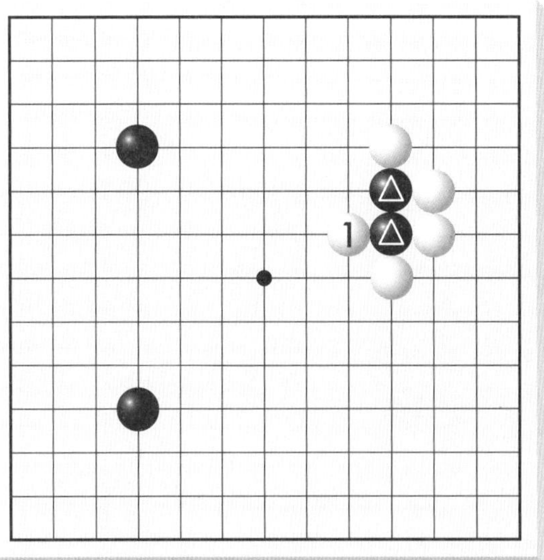

백이 ①로 단수를 친 장면입니다. 흑은 ▲돌을 살릴 수 있을까요?

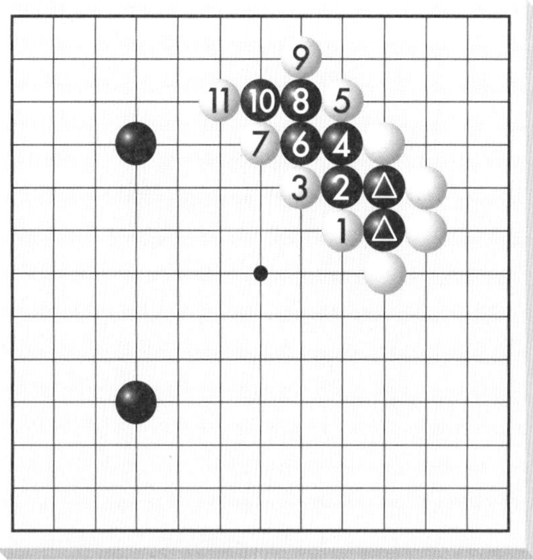

흑이 무턱대고 달아나려고 하는 것은 좋지 않습니다. 달아날수록 점점 피해가 커질 뿐입니다.

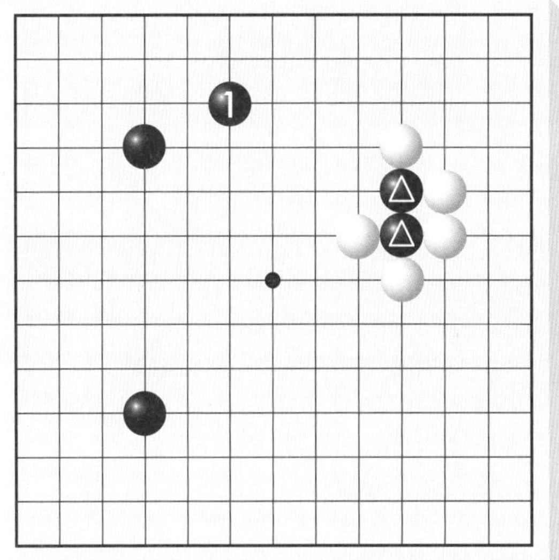

축에 몰렸을 때 당장 살릴 수 없다면, 흑 ❶과 같이 축머리를 써야 합니다. 축의 진행 방향에 내 돌을 놓는 것입니다.

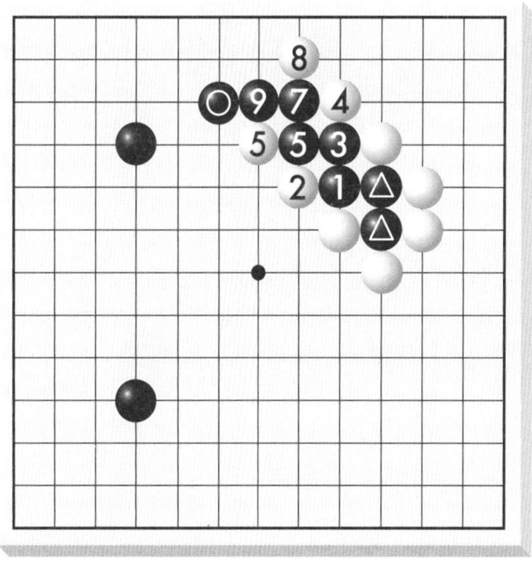

백이 손을 뺀다면 흑 ❶로 나와서 축에 몰렸던 돌을 살릴 수 있습니다. 백이 계속 축으로 몰아와도 흑 ❾까지, 축머리였던 흑 ◉와 연결되기 때문입니다. 이렇게 되면 백은 실패합니다.

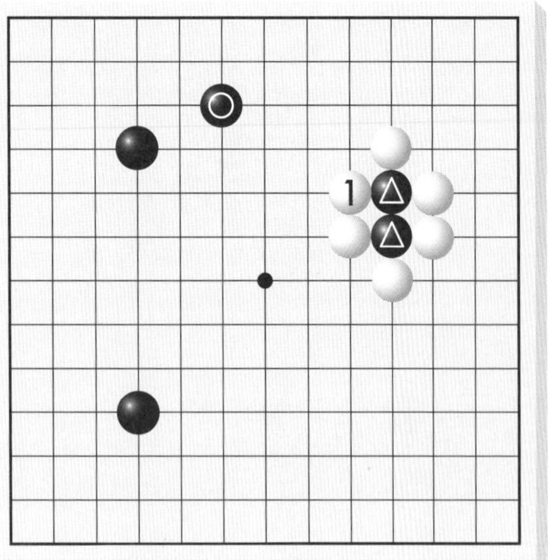

따라서 흑이 ◎자리에 축머리를 놓았을 때, 백은 ①로 흑 두 점을 따내는 것이 좋습니다. 그럼 흑은 축머리를 활용하여 집으로 이득을 보고, 선수를 잡아 다른 큰 자리로 향합니다.

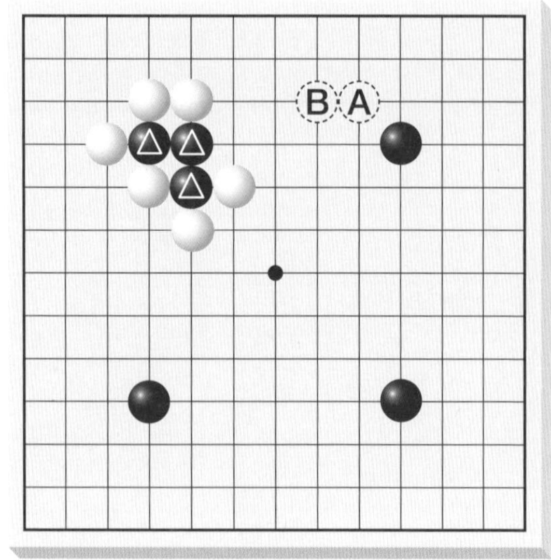

흑 ▲ 세 점이 축에 몰렸습니다. 흑은 Ⓐ와 Ⓑ중 어느 곳으로 축머리를 쓰는 것이 좋을까요?

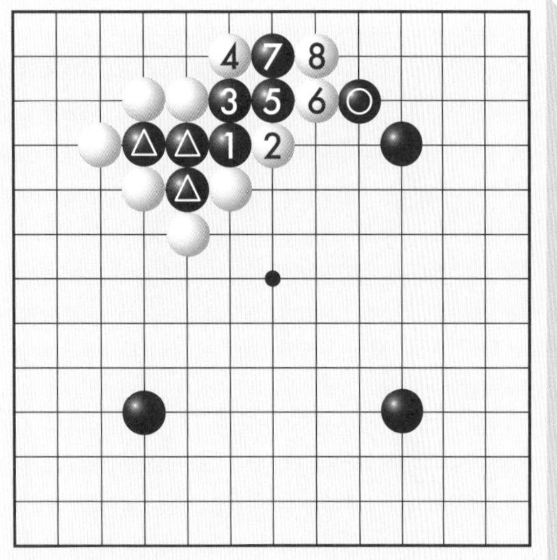

Ⓐ의 자리는 축머리가 되지 않습니다. 백이 손을 빼더라도 흑이 ❶로 나갔을 때 백이 계속 축으로 몰아가다가 흑 ❼에 백 ⑧로 단수를 몰면, 흑이 죽음의 선으로 달아날 수밖에 없으므로 잡힙니다. 지금은 흑 ◎와 연결이 안 되기 때문입니다.

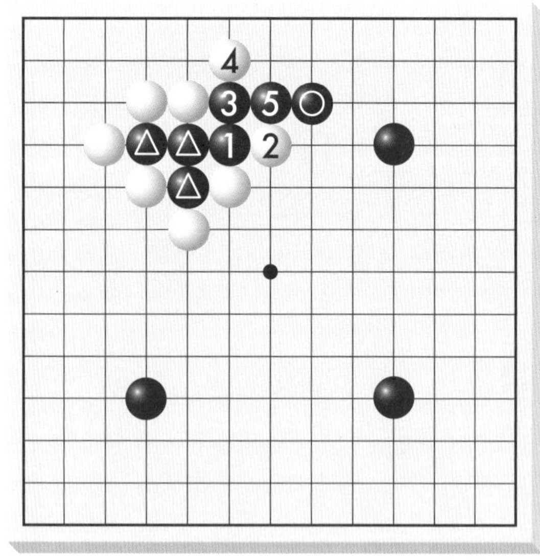

흑은 Ⓑ의 자리로 두는 것이 좋은 축머리입니다. 만약 백이 받지 않는다면 흑 ❶로 나갔을 때 축이 성립되지 않습니다. 흑돌이 달아나면서 흑 ◎와 연결되기 때문입니다. 그래서 흑이 ◎자리에 축머리를 놓으면 백도 흑 ▲를 따내 두어야 합니다.

흑이 둘 차례입니다. 축머리를 피해 백 △를 축으로 잡아봅시다. (첫 수 표시)

1

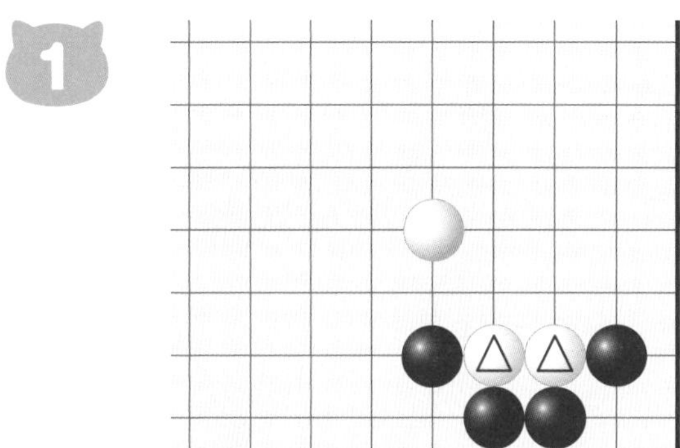

2

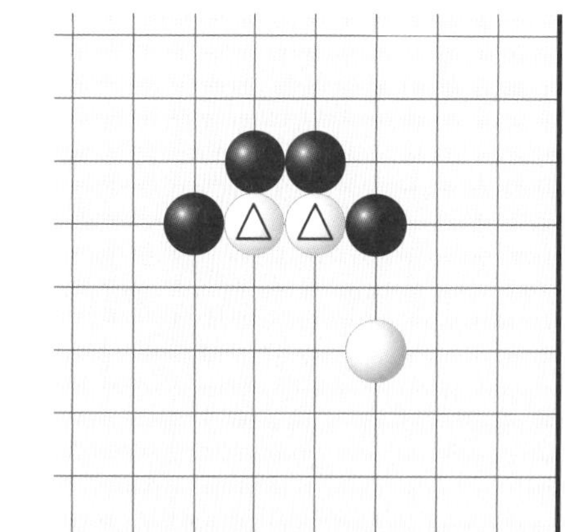

3

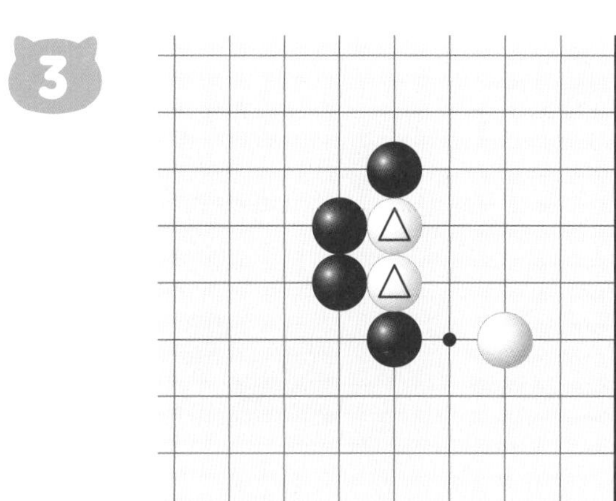

4

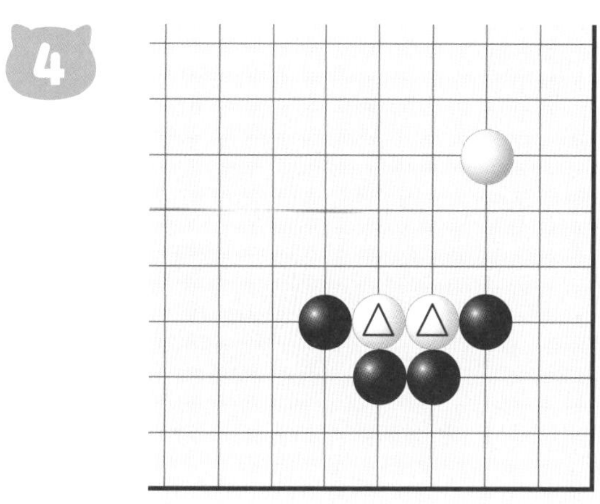

5

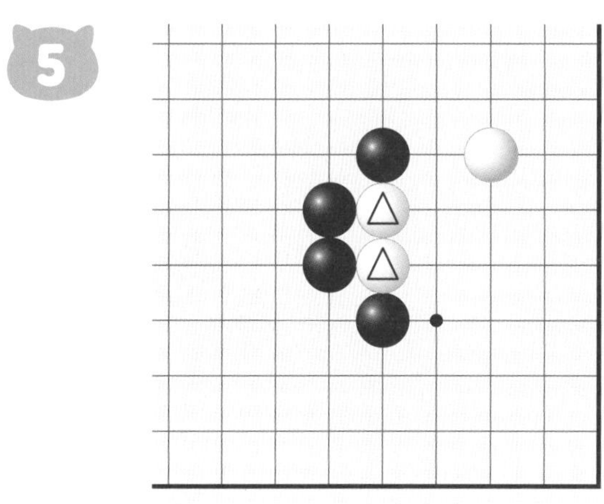

6

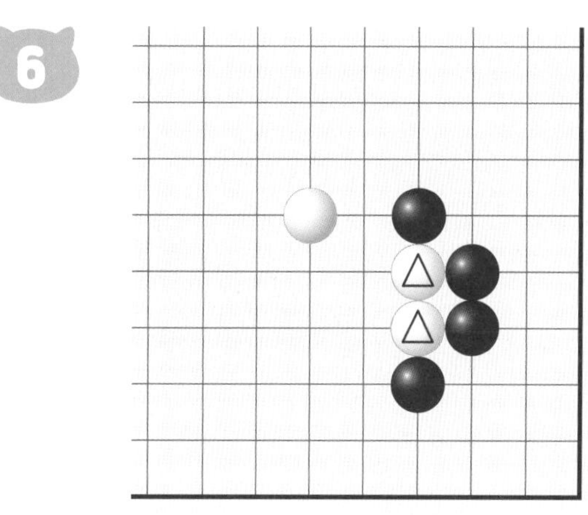

실력이 탄탄

흑이 둘 차례입니다. 축머리를 피해 백 △를 축으로 잡아봅시다. (첫 수 표시)

7

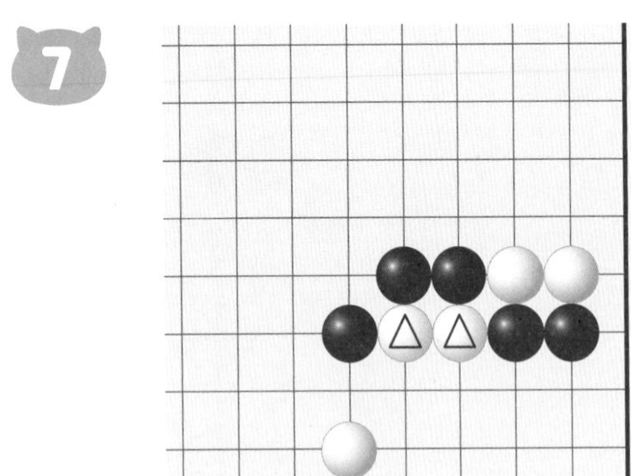

8

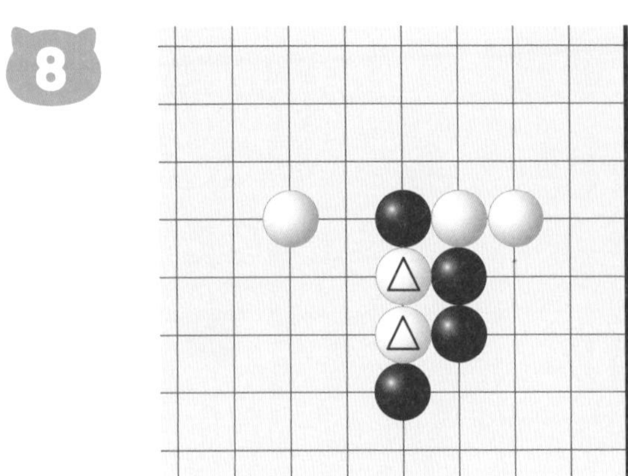

9

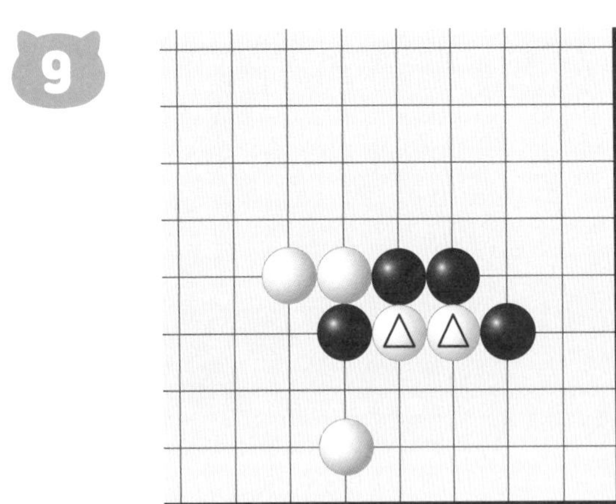

10

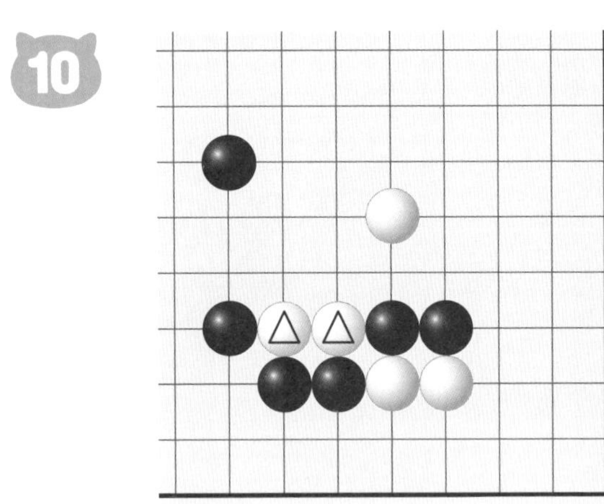

11

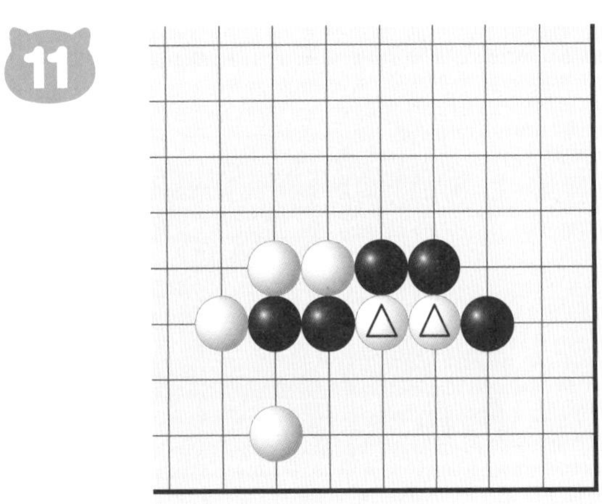

12

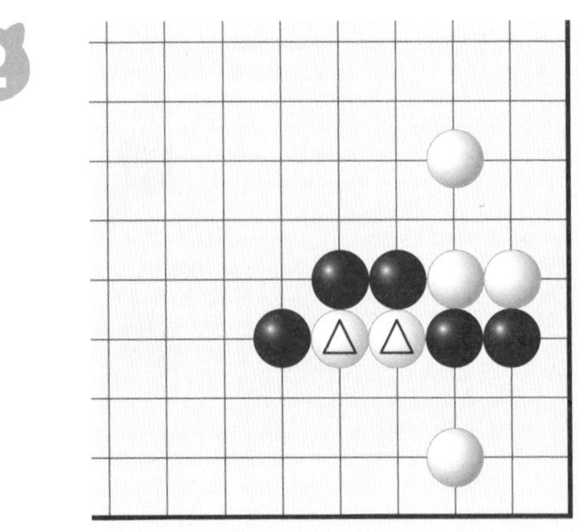

흑이 둘 차례입니다. 축머리를 피해 백 ⓐ를 축으로 잡아봅시다. (첫 수 표시)

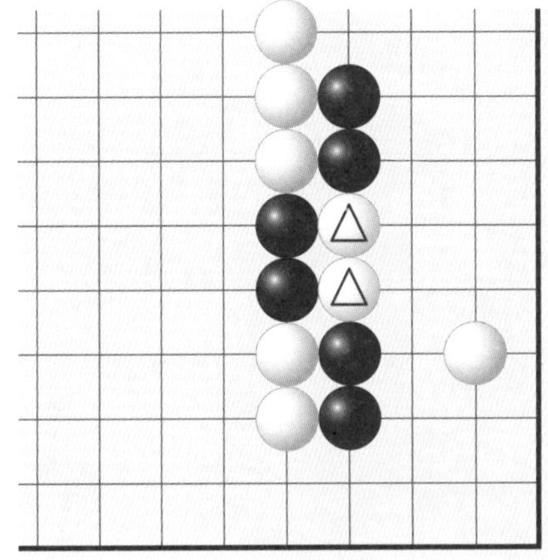

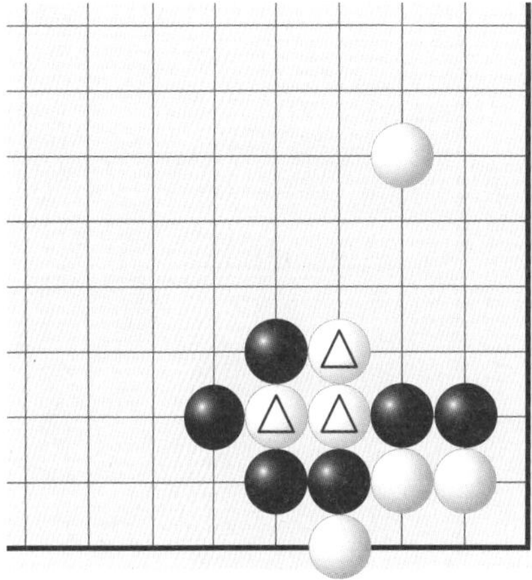

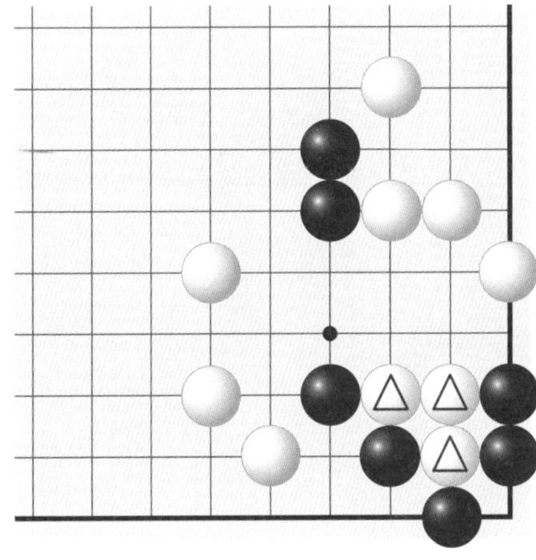

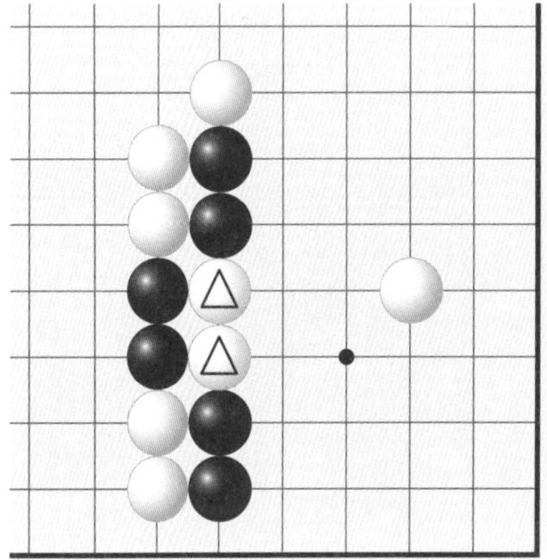

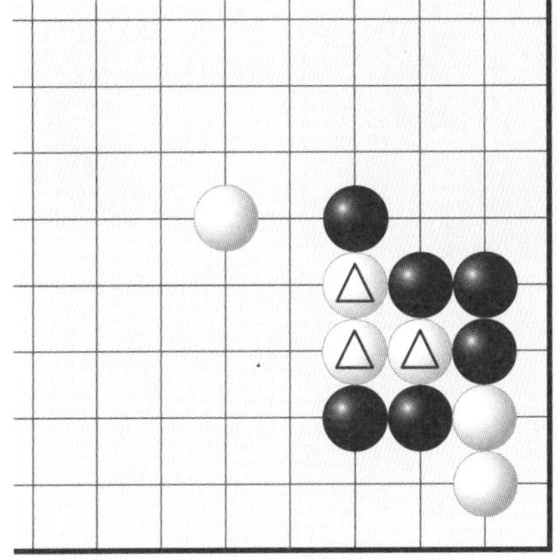

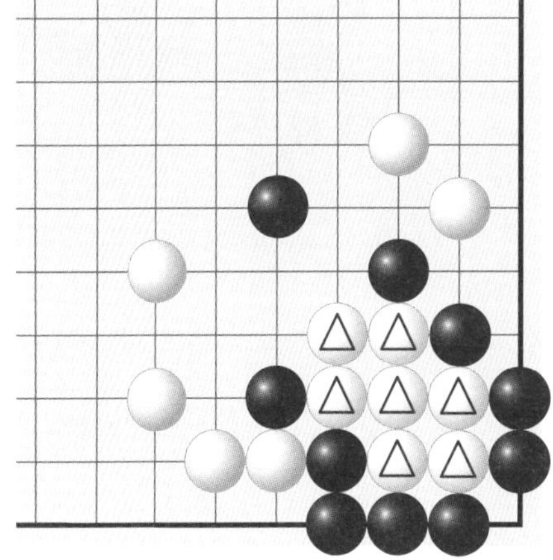

마음이 쑥쑥

다음 만화를 보고, 질문에 답해 봅시다.

저 나무 그늘에 앉아서 잠시 쉬었다 가야지.

여보게, 이번에는 자네가 졌네.

허허, 무슨 소린가? 자네는 나를 못 당하네.

어, 내 정신 좀 봐. 바둑 구경에 빠져서 나무하는 걸 잊었네.

이럴 수가! 내 도끼 자루가 썩어버렸어!

어르신들, 구경 잘했습니다. 해가 저물어 이만 가봐야겠습니다.

그래, 자네 바둑 구경하느라 배가 고프겠구먼. 이거 먹게.

이게 뭐지? 퉤!

자네가 그것을 삼켰다면 나와 같이 영원히 살 수 있었는데.

지금 누구 제사상을 차리고 있는 거니?

증조할아버지 제삿날이에요.

헉! 이럴수가!

- 무엇인가에 집중하다가 시간 가는 줄 몰랐던 적이 있나요? 어떤 경험인지 말해 봅시다.

이야기로 배우는 바둑 상식

'2010 광저우 아시안 게임' 한국 바둑, 전 종목 석권!

바둑이 아시안 게임의 한 종목으로 자리 잡았던 때가 있다는 것, 알고 있나요? 2010년, 중국 광저우에서 열렸던 아시안 게임에서 바둑이 정식 종목으로 채택되었습니다. 남자 단체, 여자 단체, 그리고 혼성 페어 3개 부문이었습니다.

그중 특히 관심을 끌었던 종목은 혼성 페어였습니다. 혼성 페어란, 남녀 두 기사가 한 팀이 되어 바둑을 두는 경기입니다. 17개 팀이 참가한 혼성 페어 부문은 이틀간 6라운드의 *스위스 리그를 치른 후에 1~4위가 토너먼트로 우승을 가립니다. 한국 혼성 페어 대표팀은 박정환-이슬아 선수였습니다. 여러 나라를 이기고 결승전에 오른 박정환-이슬아 조는 중국의 씨에허-쑹룽후이 조와 맞붙게 되었습니다. 이때, 박정환-이슬아 선수가 바둑 종목 첫 금메달을 목에 걸었습니다. 또 최철한-김윤영 조도 동메달을 따내며 한국 바둑 팬들에게 큰 기쁨을 주었습니다.

자신감이 오른 한국 선수단은 기세를 타기 시작했습니다. 남자 단체전과 여자 단체전에서도 당당히 우승을 거머쥐며 바둑 종목의 금메달 3개를 전부 목에 걸었습니다. 2010년 광저우 아시안 게임에서 한국의 바둑 국가 대표 선수들은 영원히 잊지 못할 자랑스러운 기록을 세웠습니다.

'2022 항저우 아시안 게임'에도 바둑이 정식 종목으로 채택되었습니다. 12년 만에 아시안 게임에 복귀한 바둑 종목에서 우리 선수들은 남자 단체전 금메달, 여자 단체전 은메달, 남자개인전 동메달을 획득하며 한국의 위상을 다시 한번 높였답니다.

*** 스위스 리그** 19세기 말 유럽 체스 대회에 채택되었던 방식으로 승자는 승자끼리, 패자는 패자끼리 계속해서 대결하는 방식.

12 숨은 약점 찾기

이 단원을 배우면!

- 상대 집의 숨은 약점을 찾아 공격할 수 있어요.
- 내 집의 약점을 찾아 지킬 수 있어요.
- 인성 바둑을 두며 책임감을 기를 수 있어요.

 오늘 배울 내용을 생각해 보며, 그림을 살펴봅시다.

상대의 약점은 공격하고!

내 약점은 잘 지켜야 해!

만화로 배우는 바둑

자, 다 됐으니 계가를 해 볼까?
잠깐! 아직 흑집 속에 약점이 숨어 있다고!
어디에? 흑집이 얼마나 튼튼한데!
앗! 찾았다!
탁!
망했다. 우리 둘 중 하나는 잡힐 거야.
헉! 양단수네! 언제 거기에 약점이 있었지?
현빈아, 내가 둘 차례였으니 지키게 해 주면 안 돼?
아, 그래.
탁!
히힛. 고마워!
다 됐지? 계가하자.
잠깐만! 내 집에 약점이 있는지 살펴봐야지.
약점은 없어. 난 다 됐으니 현빈이가 둬.
그렇다면? 여기다!
탁
내가 약점을 잘 살피라고 했잖아!
뭐? 그런 수가 있다니!
현빈아, 한 수만 물러줘.
힝~.
안 돼!
나리는 물러줬으면서!
하하하

끊는 약점 찾기

예리한 바둑을 두려면 상대의 약점을 찾아내 공략해야 합니다. 나의 약점을 잘 돌보는 것도 중요합니다. 보통 약점은 돌이 끊기는 곳에 있습니다. 돌이 끊어지면 잡히거나 피해가 발생하게 됩니다.

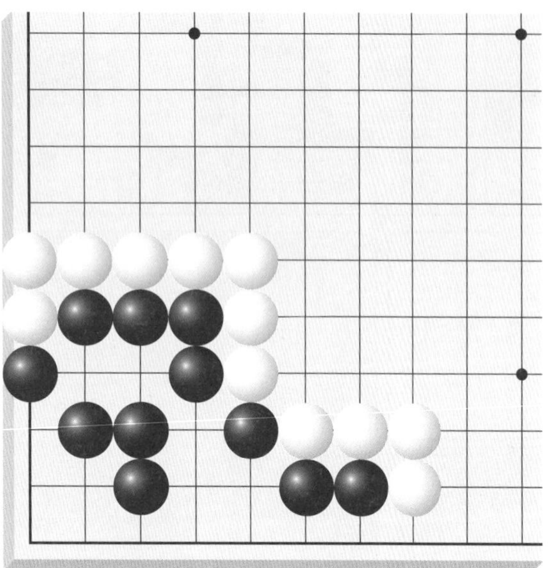

흑의 약점은 어디일까요?

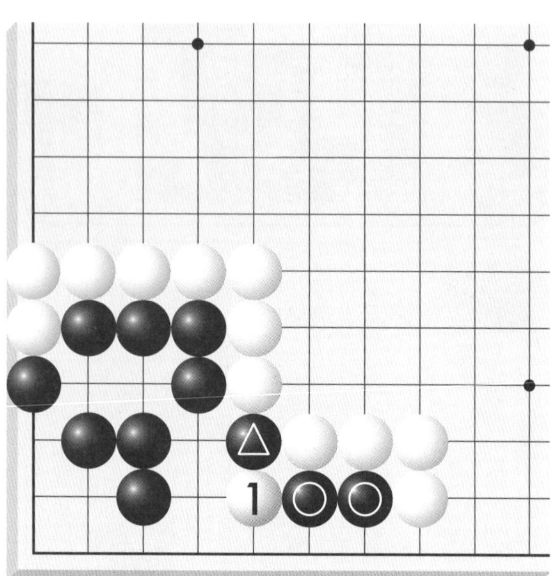

백 ①로 끊어가는 곳이 흑의 약점입니다. 그럼 백은 흑 ▲와 ●중에서 하나는 잡을 수 있습니다.

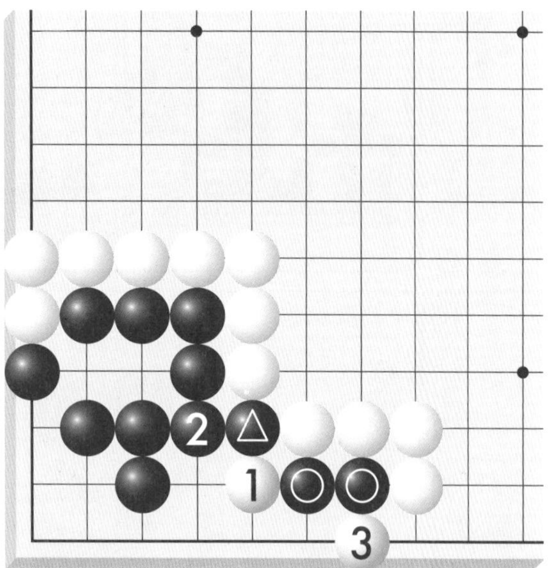

흑이 ❷로 이어 흑 ▲를 살린다면 백 ③으로 흑 ● 두 점을 잡을 수 있습니다.

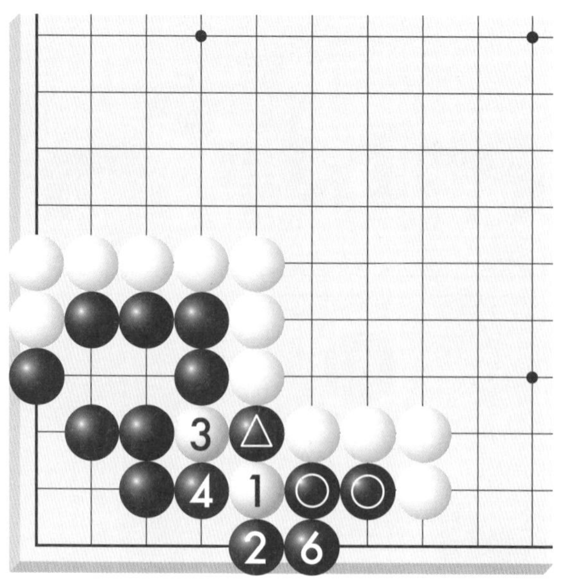

⑤…▲

흑이 ❷로 두어 흑 ●를 살린다면 백은 흑 ▲를 잡고 흑집을 줄일 수 있습니다.

바둑을 두다 보면 약점이 숨어 있을 때가 많습니다. 숨은 그림 찾기를 하는 것처럼 돌 모양의 약점을 찾아봅시다.

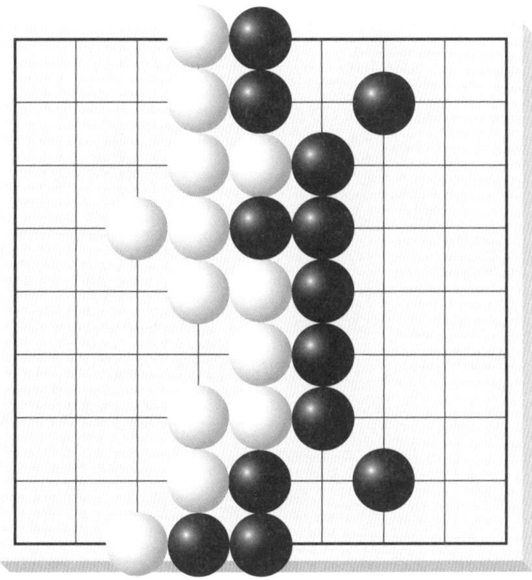

백집에 약점이 숨어 있습니다. 백의 약점은 어디일까요?

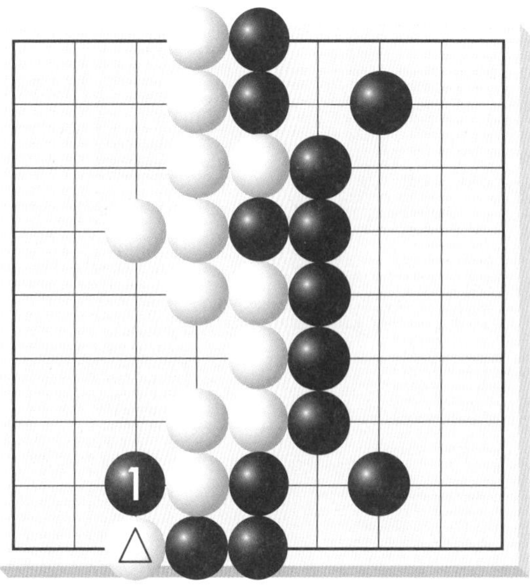

흑 ❶로 끊으면 백 ⓐ를 잡을 수 있습니다.

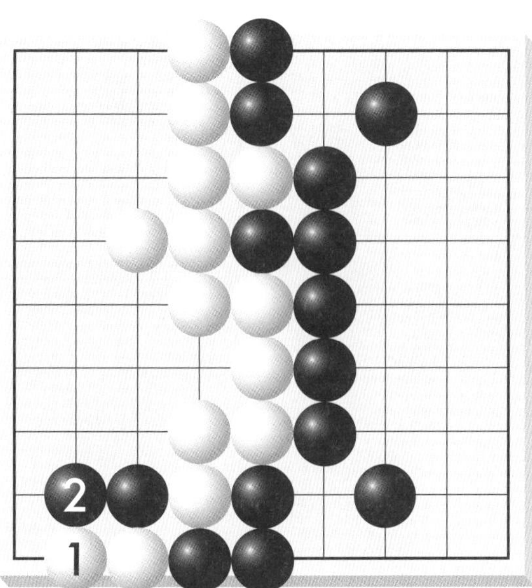

백이 ①로 달아나도 흑 ❷로 단수치면 백돌은 결국 낭떠러지로 떨어집니다. 이렇게 되면 백집이 많이 깨지게 됩니다.

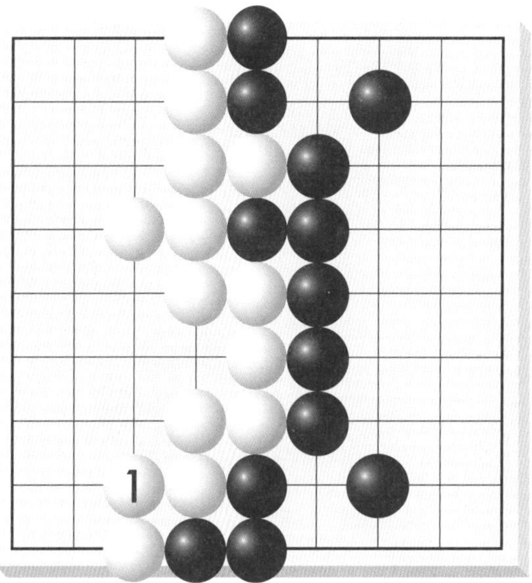

백은 흑이 끊기 전에 ①로 이어서 약점을 지켜야 합니다.

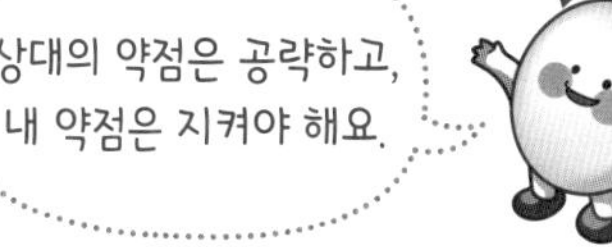

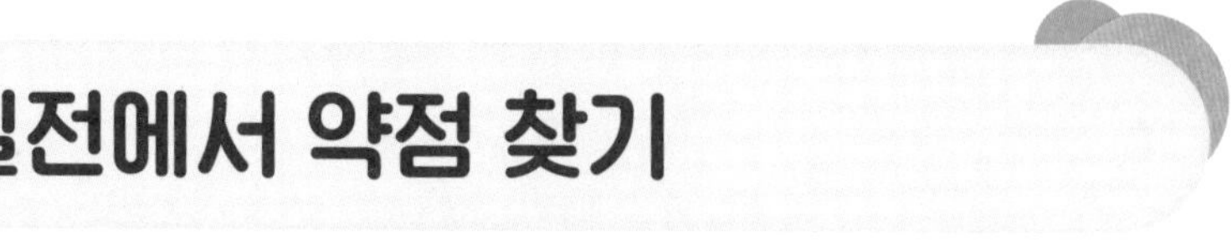

실전에서 약점 찾기

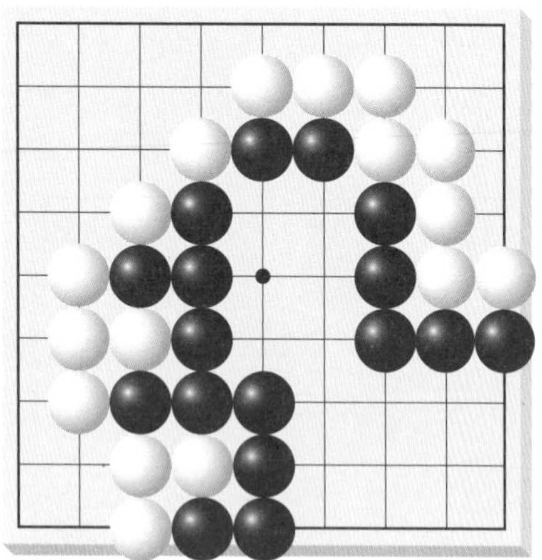

백집이 완성된 것처럼 보이지만 약점이 두 군데 숨어 있습니다. 약점은 어디일까요?

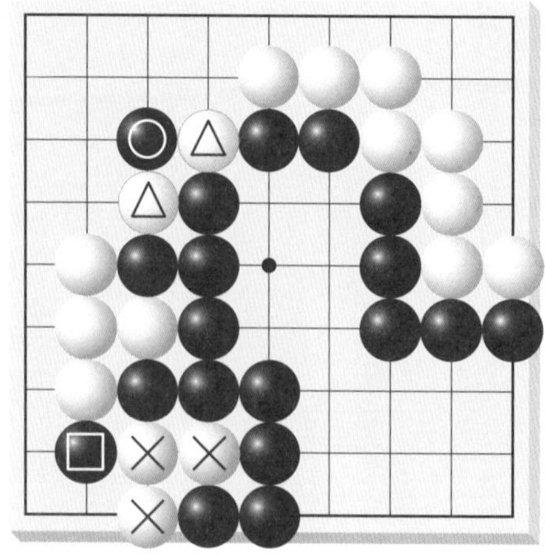

상대의 약점을 추궁하려면 '연결을 끊는 곳'을 찾으면 됩니다. 흑 ◎와 흑 ▣가 백돌의 연결을 끊는 자리입니다. 흑 ◎로 끊어가면 양단수가 되어 백 △ 둘 중 하나는 잡힙니다. 흑 ▣로 끊겨도 백 ⊗ 3점은 잡힙니다. 연결이 끊기면 돌이 잡히는 경우가 많답니다.

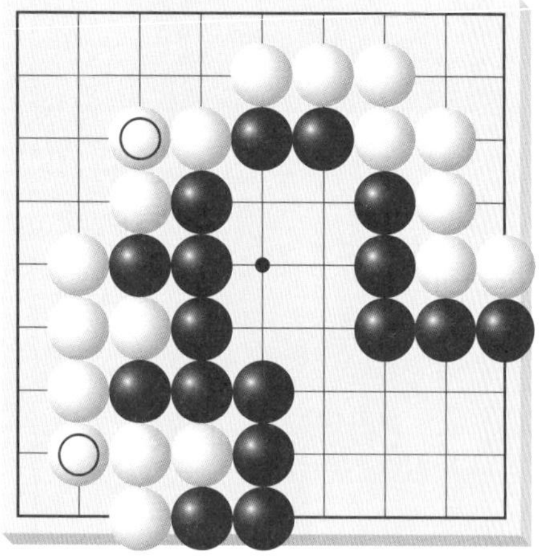

백은 연결이 끊기기 전에 백 ◎처럼 약점을 지켜야 합니다.

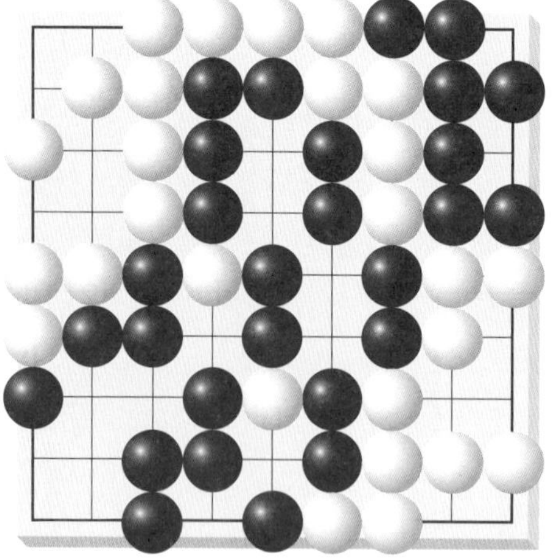

흑의 약점을 추궁하려면 어디에 두어야 할까요?

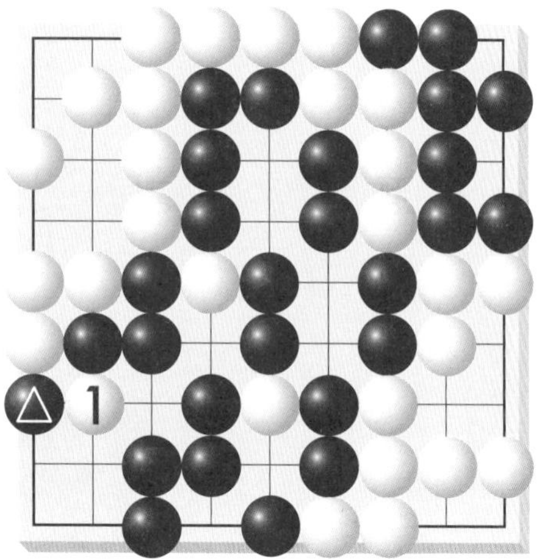

백 ①의 곳을 떠올렸다면 약점을 잘 찾은 겁니다. 백 ①로 끊기면 흑 ▲는 살아갈 수 없으므로, 흑도 ①의 자리에 이어서 약점을 지켜야 합니다.

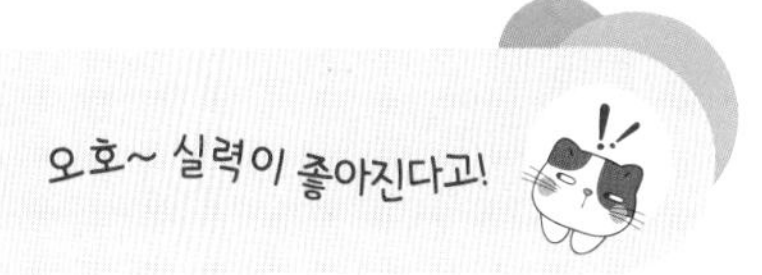

흑이 둘 차례입니다. 백집 속의 끊어지는 약점을 찾아 공격해 봅시다. (첫 수 표시)

1

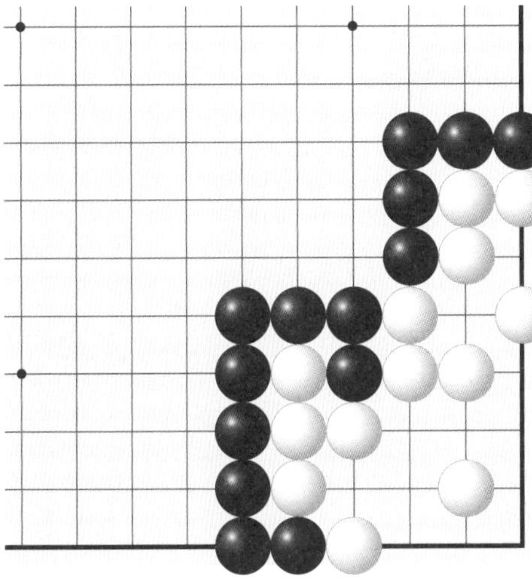

2

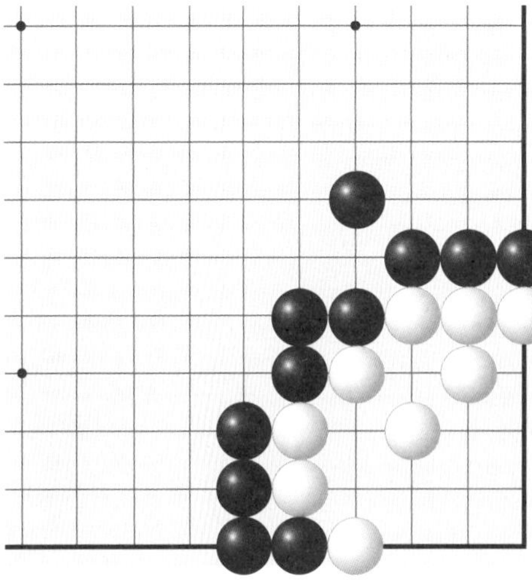

3

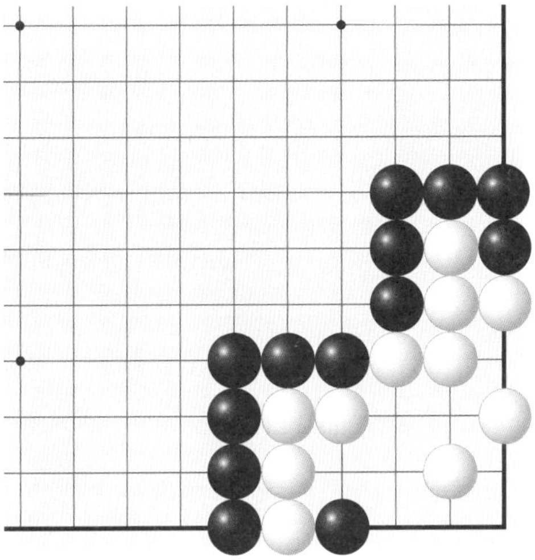

4

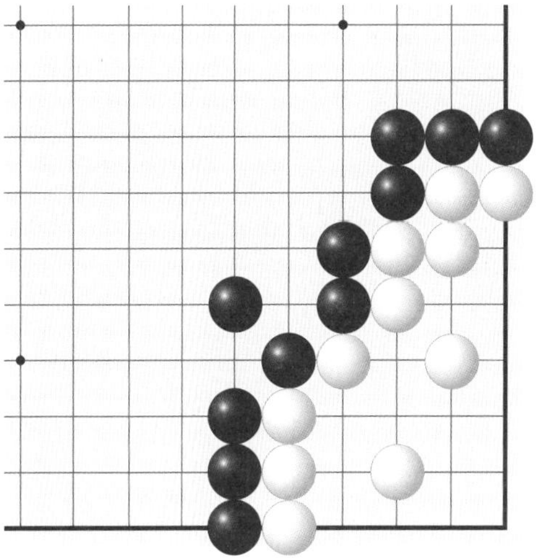

5

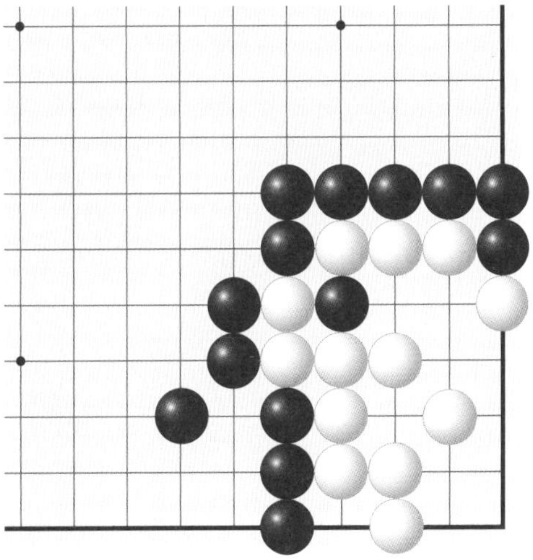

6

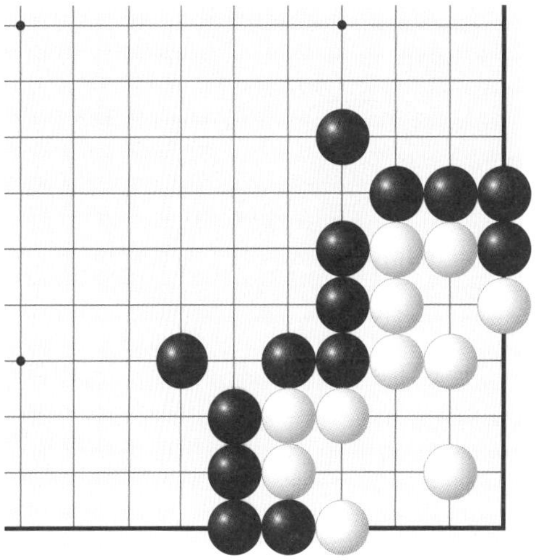

백이 둘 차례입니다. 흑의 약점을 찾아 공격해 봅시다. (첫 수 표시)

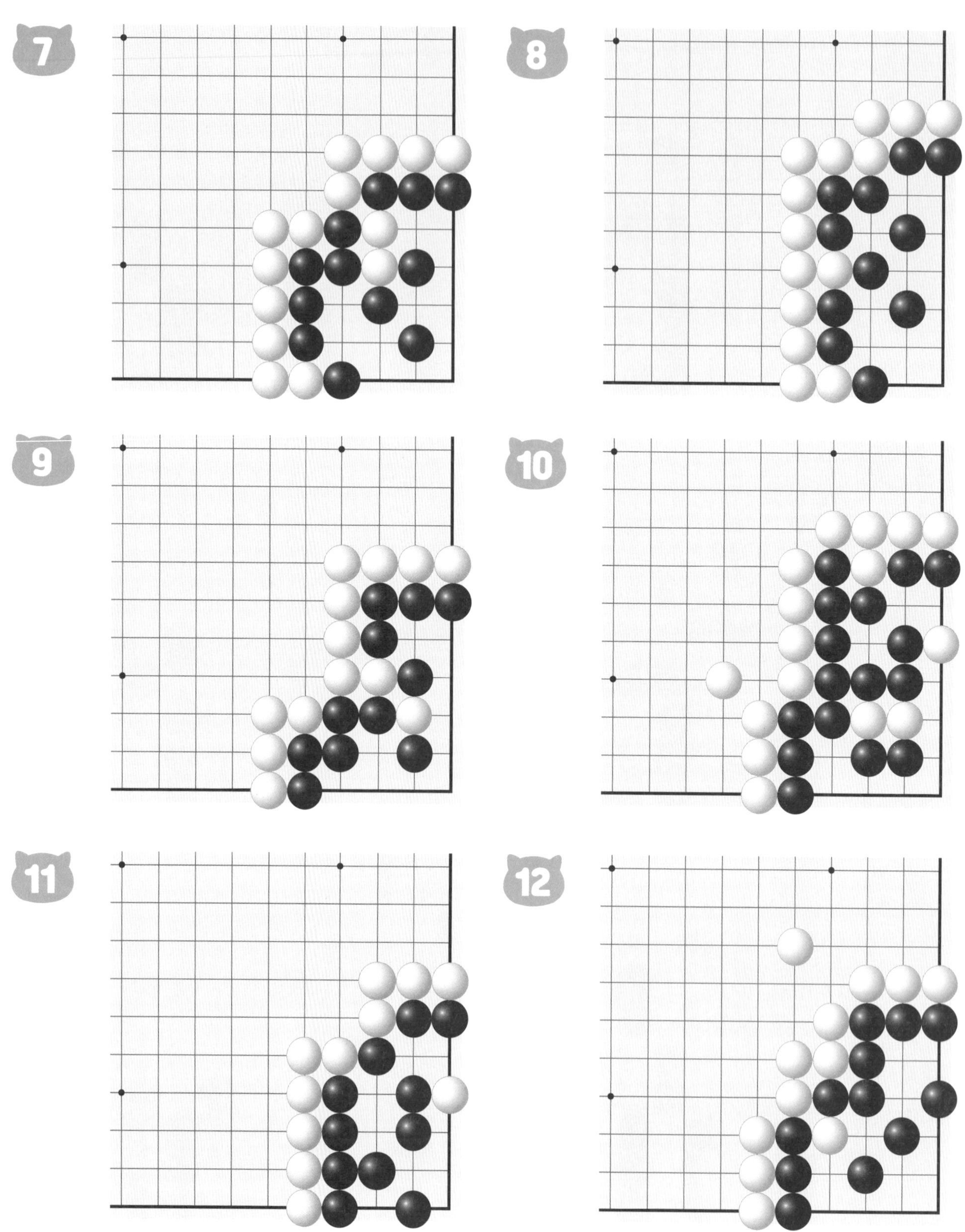

흑이 둘 차례입니다. 백의 약점을 찾아 공격해 봅시다. (첫 수 표시)

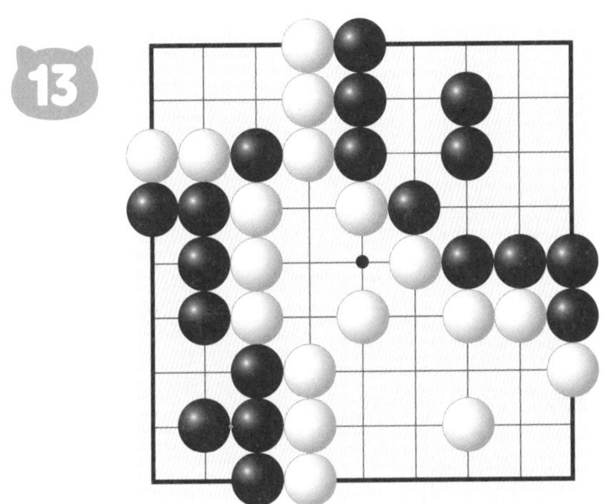

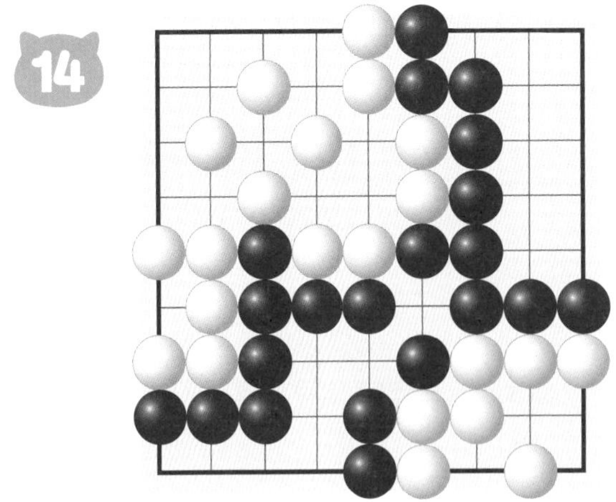

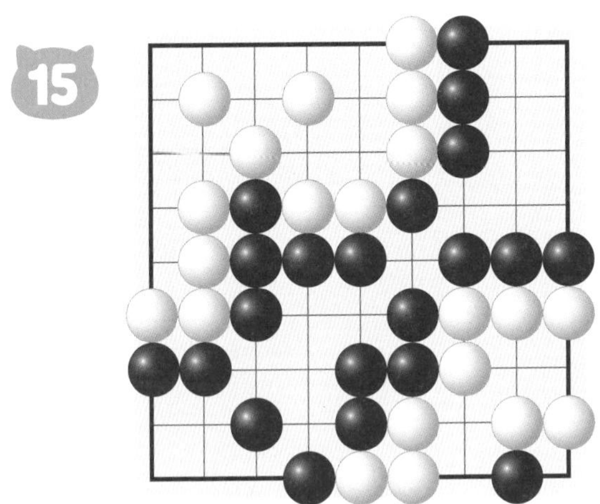

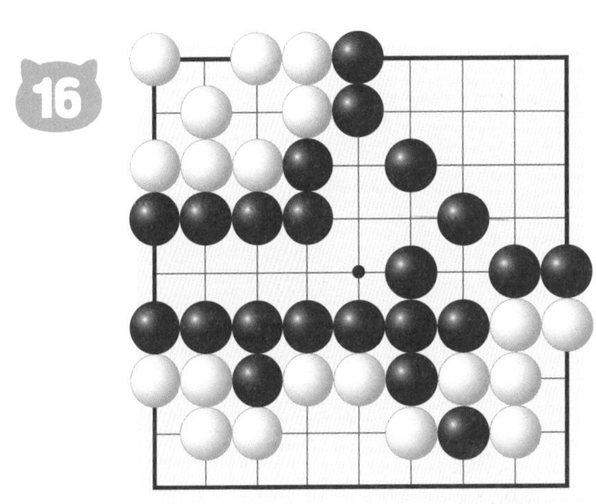

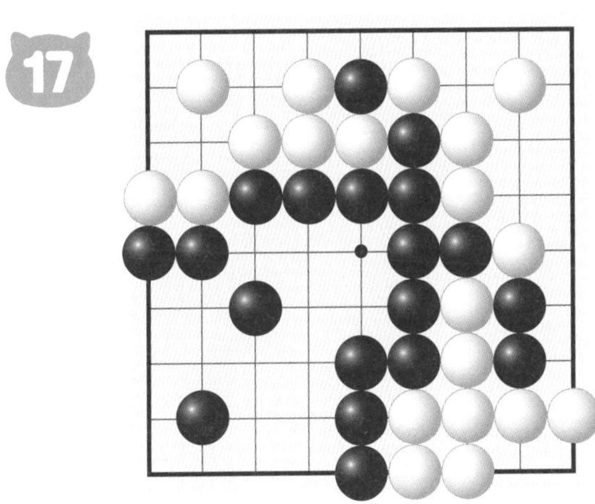

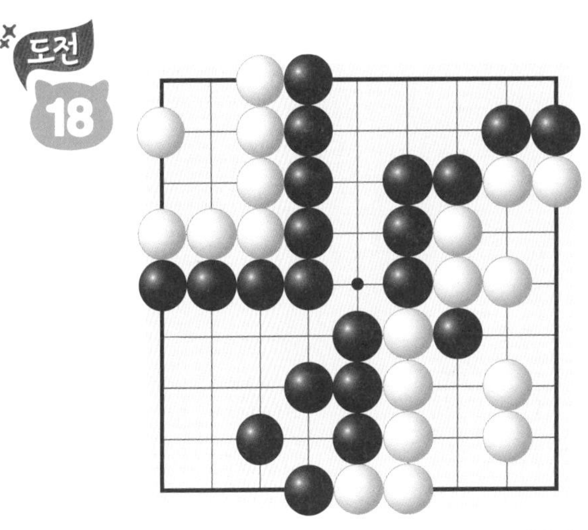

마음이 쑥쑥

다음에 따라 미니 바둑을 두고, 활동해 봅시다.

미니 바둑 두기

- 9줄 또는 13줄 바둑판에서 한 판의 바둑을 끝까지 두어봅시다.
- 스스로 계가를 하고 승패를 확인해 봅시다.
- 승부의 결과를 인정하고 깨끗하게 승복하는 법을 배워 봅시다.

내가 책임감 있는 사람이 되기 위하여 어떻게 행동해야 하는지 표현해 봅시다.

부모님께

친구들에게

이웃에게

선생님께

인공지능 '블랙홀'의 기이한 포석

2020년 3월, 바둑 인공지능(AI)들 가운데 '괴물'이라 불리는 AI가 등장했습니다. 이 인공지능 프로그램은 어느 나라에서 개발했는지, 누가 만들었는지도 장막에 덮여 있었습니다. 어느 날, 인공지능 전용 대국 사이트인 'CGOS(Computer Go Server)'에 나타나 기존의 강자들을 물리치며 파란을 일으켰습니다.

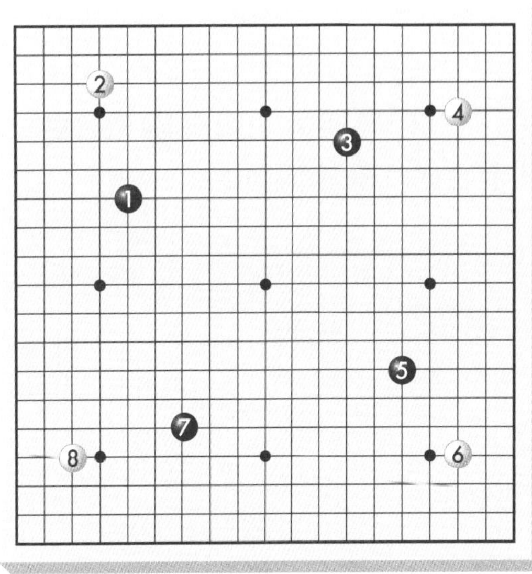

▲ AI '블랙홀'(흑)의 초반 4수 포진.
'카타고'(백)를 상대로 267수 만에 불계승했다.

블랙홀이 괴물로 불리게 된 가장 큰 이유는 기이한 포석 때문입니다. 바둑은 '귀 → 변 → 중앙'의 순서로 두어가야 한다는 원칙을 깨뜨리며 중앙에서 어정쩡해 보이는 네 곳부터 차지했습니다. 흑을 잡을 때도, 백을 잡을 때도 모든 판에서 똑같이 중앙에 마름모꼴 형태를 구축했습니다. 마치 '블랙홀'을 만드는 것처럼 말입니다.

그런데 더 놀라운 것은, 이러한 상식을 뒤엎는 포석으로 엄청난 승률을 올렸다는 것입니다. CGOS 사이트에는 약 20여 종의 인공지능 바둑 프로그램이 있는데, 블랙홀은 90%에 이르는 승률을 보였습니다. 세계 4~6위 권으로 평가받았던 '릴라제로'조차 블랙홀에 철저히 눌렸습니다. 블랙홀의 유일한 맞수는 '카타고'뿐이었습니다.

한국 국가 대표팀 코치 이영구 9단은 "블랙홀은 변칙 포석 탓에 20%대의 낮은 승률로 출발하고도 대등하게 싸운다. 이것은 만약 정상적인 포석으로 임할 경우, 무조건 이기는 실력이란 의미."라고 분석했습니다.

블랙홀의 정체는 밝혀지지 않았지만, 기이한 포석은 지금까지의 포석 체계를 무너뜨리고, 바둑의 상상력을 더욱 확장시켰다는 데 의미가 있지 않을까요?

바둑알 캐릭터 흑돌이와 백돌이는 임현진 작가의 작품으로,
한국기원과 의정부시가 주관한 '2021 의정부 바둑 페스티벌
바둑 콘텐츠 공모전'에서 당선되었습니다.

초등 창의 인성 바둑 교과서 ❸ 초급편

1판 1쇄 인쇄 2025년 2월 14일 | **1판 1쇄 발행** 2025년 3월 7일

지은이 한국기원 미래교육콘텐츠팀
기획 및 구성 총괄 한국기원 강나연
그림 이탁근, 김희선, 임현진, 김태형, 송영훈
감수 신진서, 최정
펴낸이 황상욱

편집 박성미
내지 디자인 · 표지 디자인 디자인 앤, 김지영
마케팅 윤해승, 장동철, 윤두열 | **경영지원** 황지욱
제작처 영신사

펴낸곳 ㈜휴먼큐브 | **출판등록** 2015년 7월 24일 제406-2015-000096호
주소 03997 서울시 마포구 월드컵로14길 61 2층
문의전화 02-2039-9462(편집) 02-2039-9463(마케팅) 02-2039-9460(팩스)
전자우편 yun@humancube.kr

내용문의 한국기원 미래교육콘텐츠팀 02-3407-3896

ISBN 979-11-6538-438-8 64690

인스타그램 @humancube_group **페이스북** fb.com/humancube44

어린이제품 안전특별법에 의한 표시사항
제품명 도서 | **제조자명** (주)휴먼큐브 | **제조국명** 대한민국 | **전화번호** 02-2039-9462
주소 03997 서울특별시 마포구 월드컵로 14길 61 2층 | **제조년월** 2025년 3월 7일
⚠주의 책 모서리에 찍히거나 책장에 베이지 않게 조심하세요.

정답

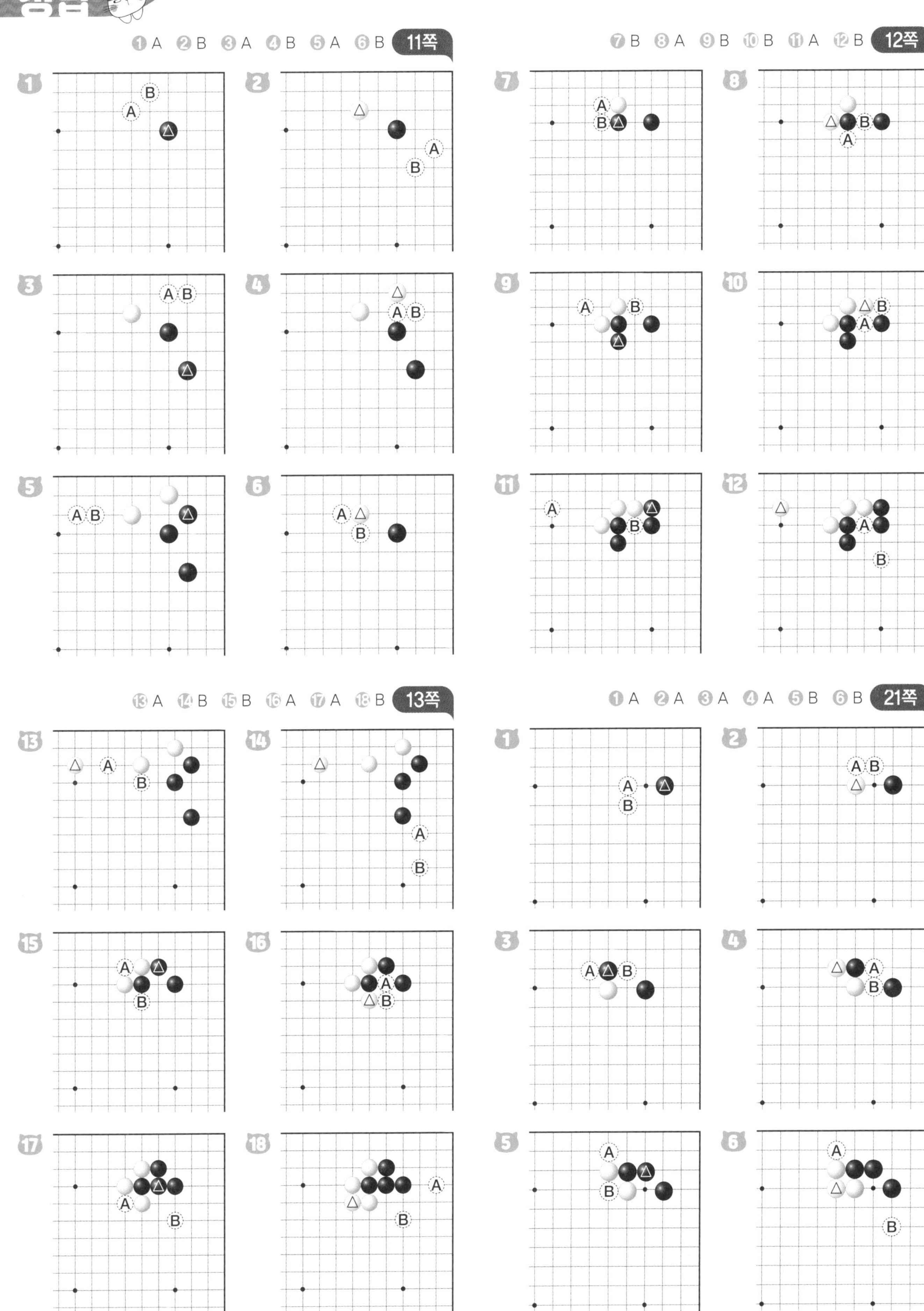

❶A ❷B ❸A ❹B ❺A ❻B 11쪽
❼B ❽A ❾B ❿B ⓫A ⓬B 12쪽
⓭A ⓮B ⓯B ⓰A ⓱A ⓲B 13쪽
❶A ❷A ❸A ❹A ❺B ❻B 21쪽

정답

⑦ A ⑧ A ⑨ A ⑩ A ⑪ A ⑫ A 22쪽

⑬ A ⑭ B ⑮ A ⑯ B ⑰ A ⑱ A 23쪽

❶ X ❷ ○ ❸ X ❹ X ❺ X ❻ ○ 31쪽

❼ ○ ❽ ○ ❾ X ❿ X ⓫ X ⓬ ○ 32쪽

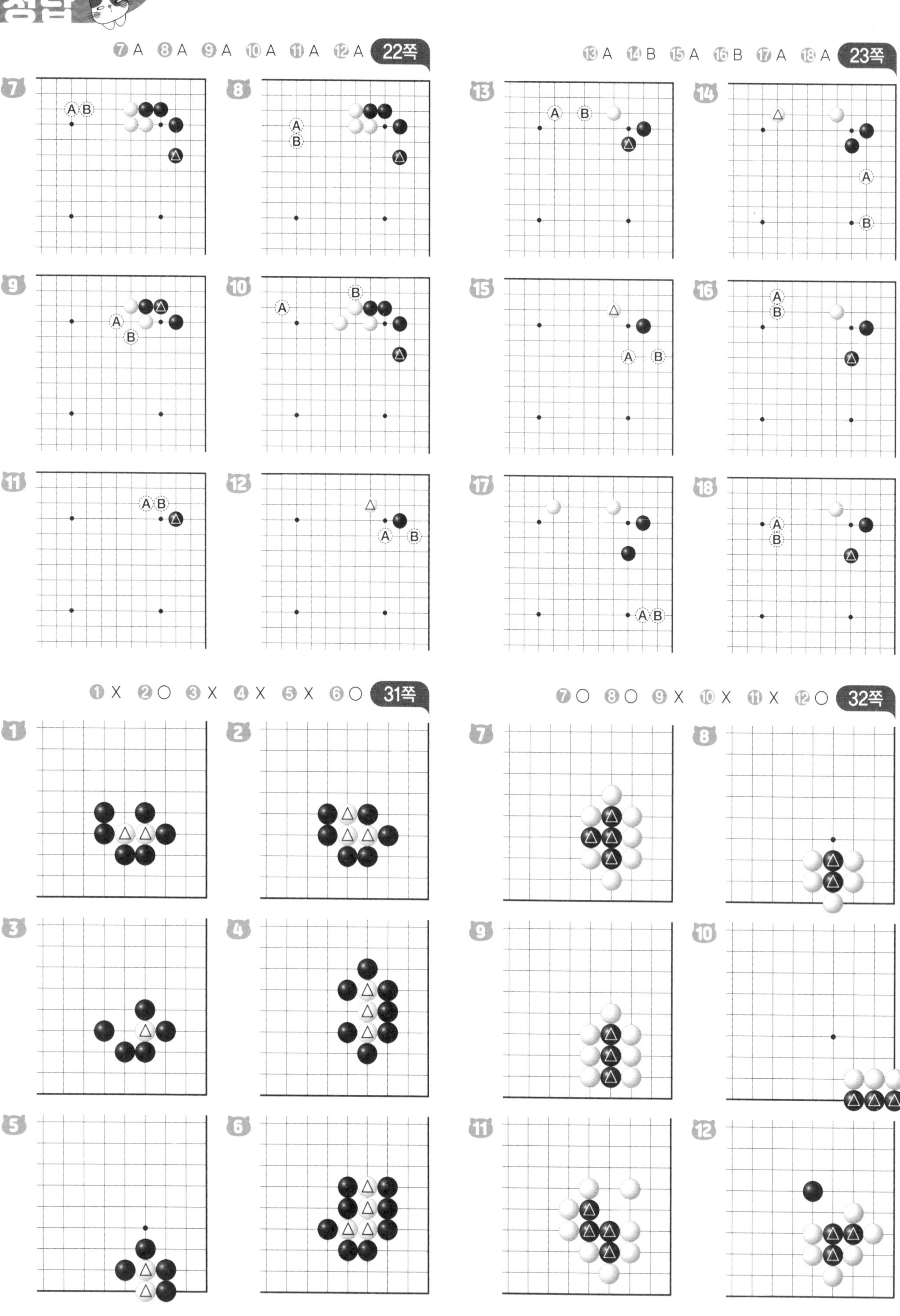

정답

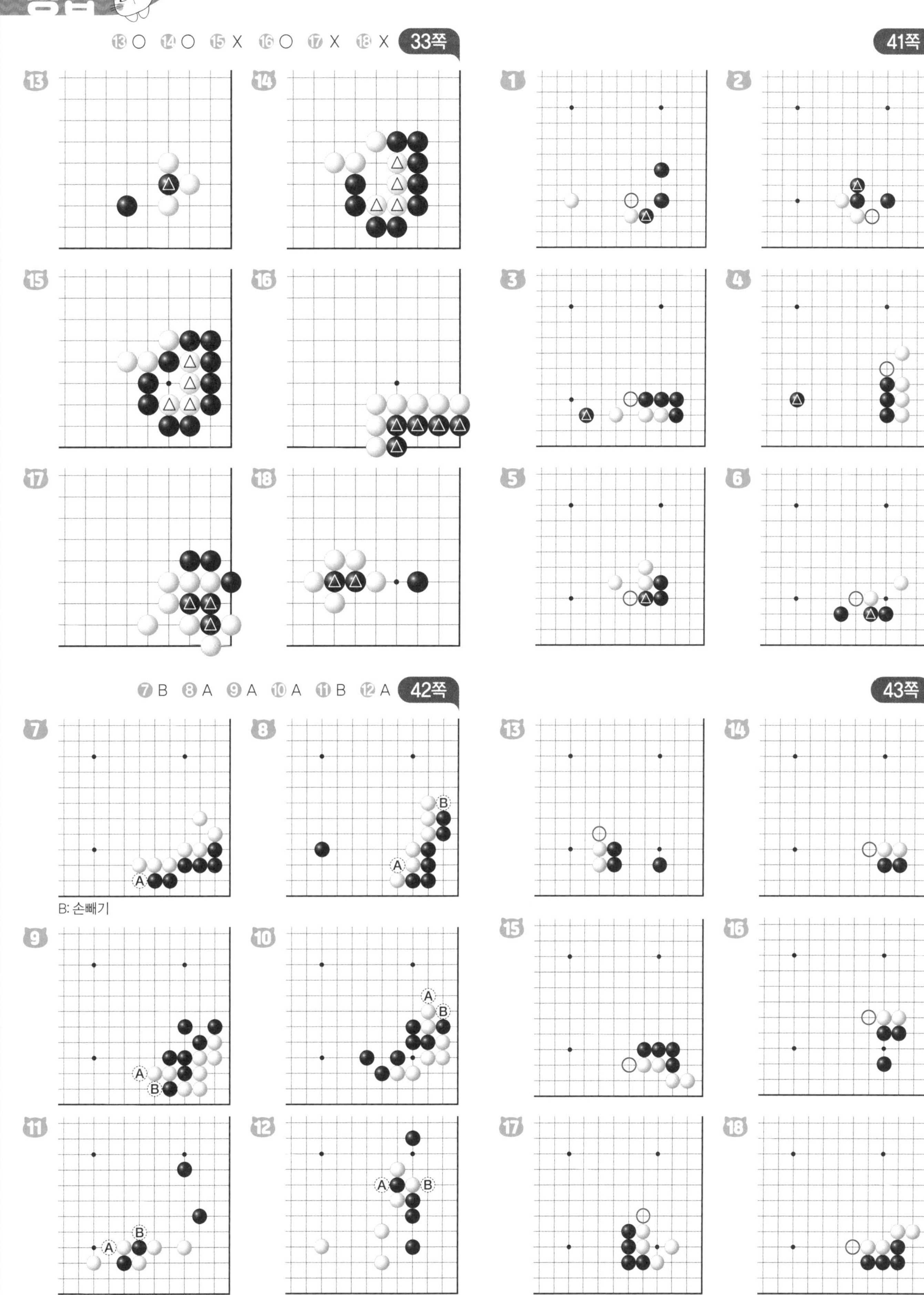

정답

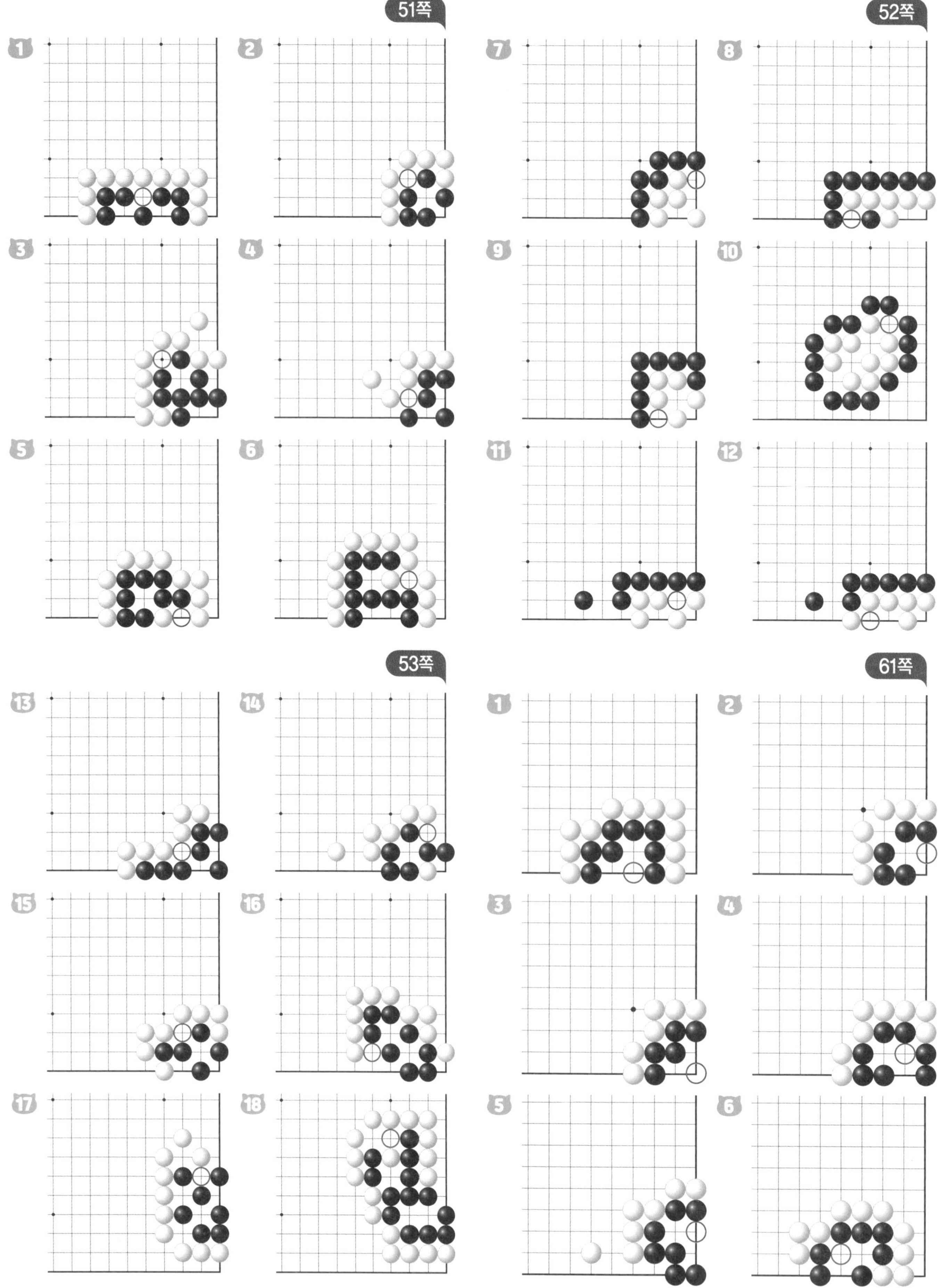

정답

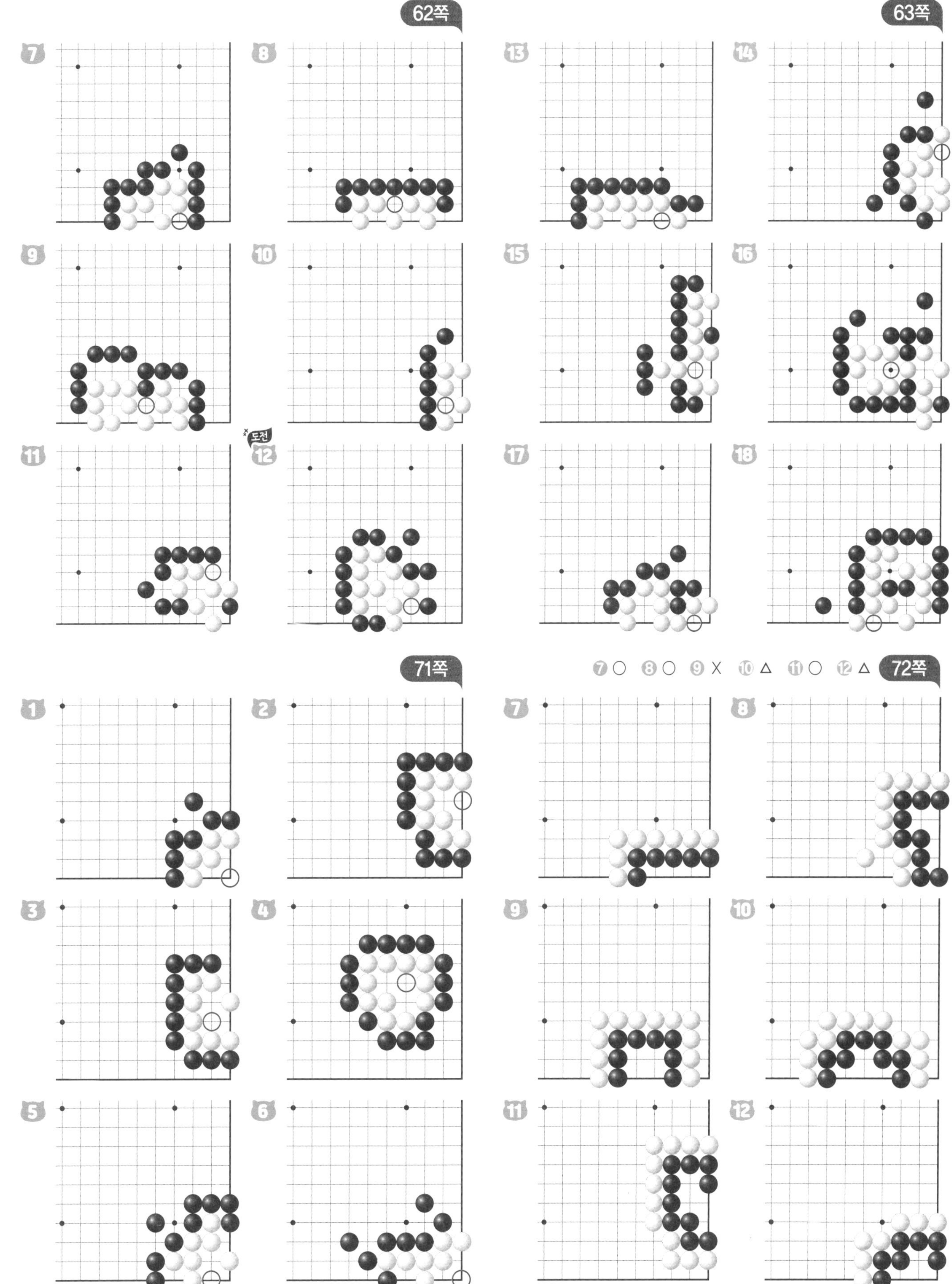

정답

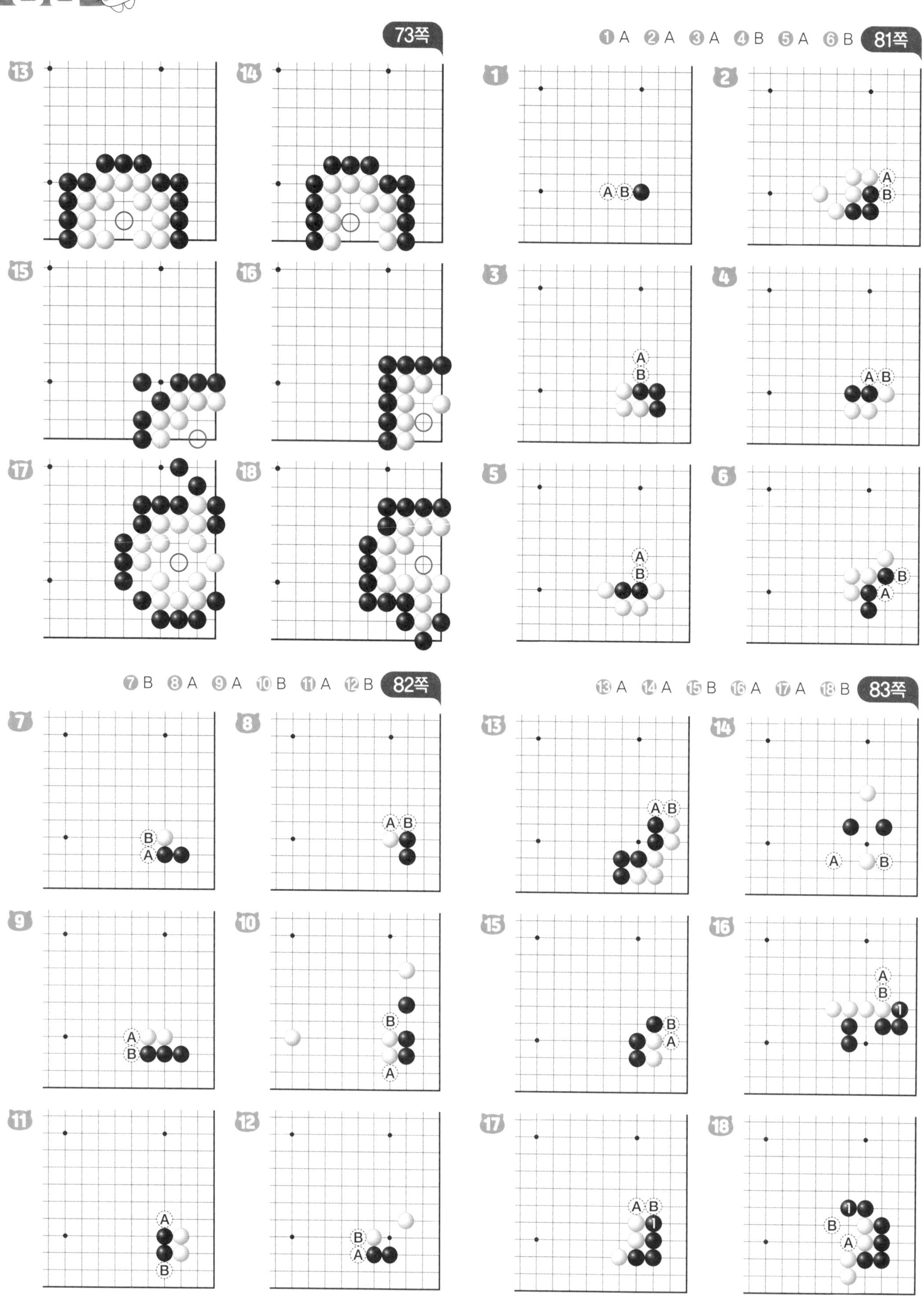

정답

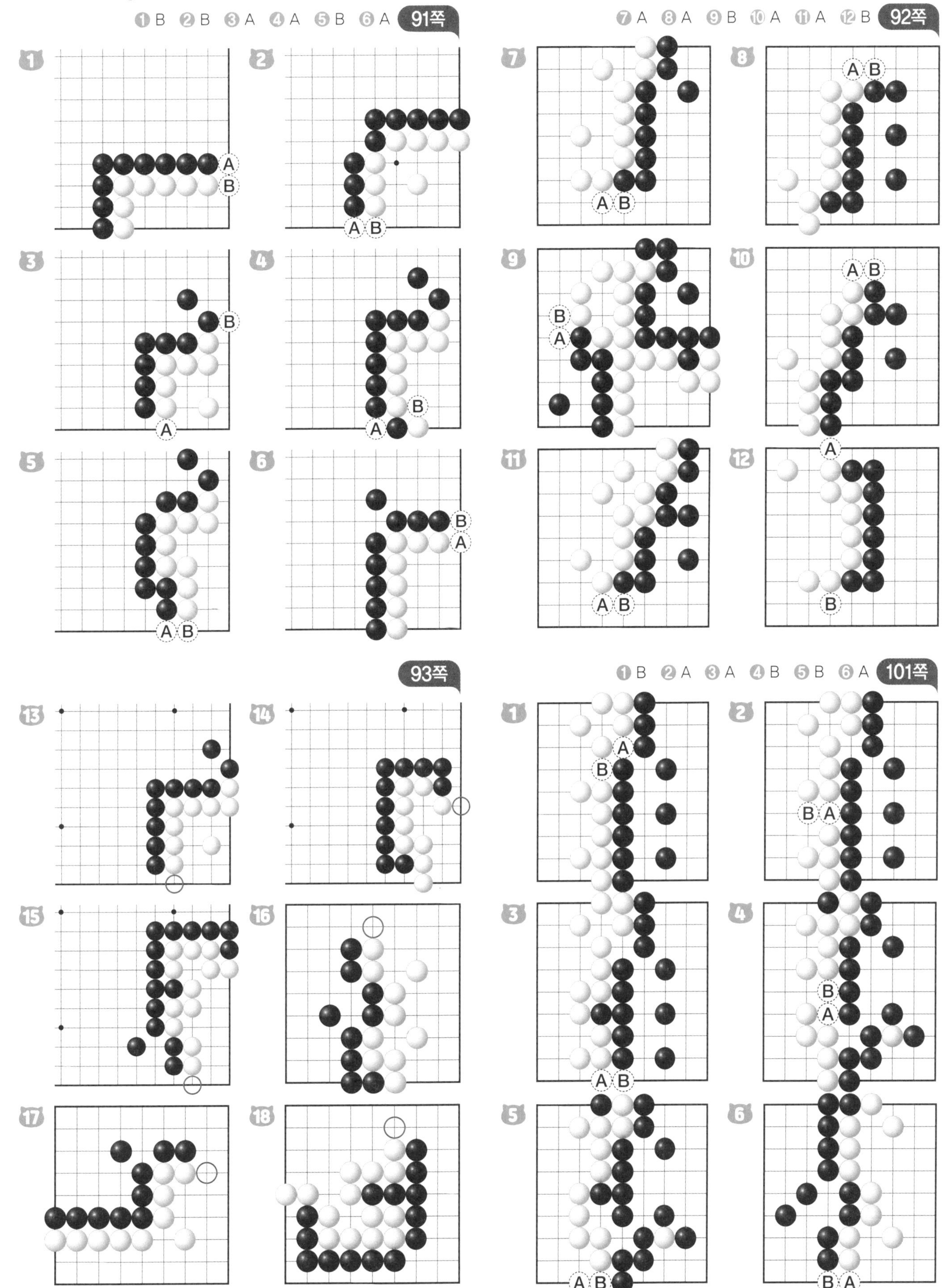

정답

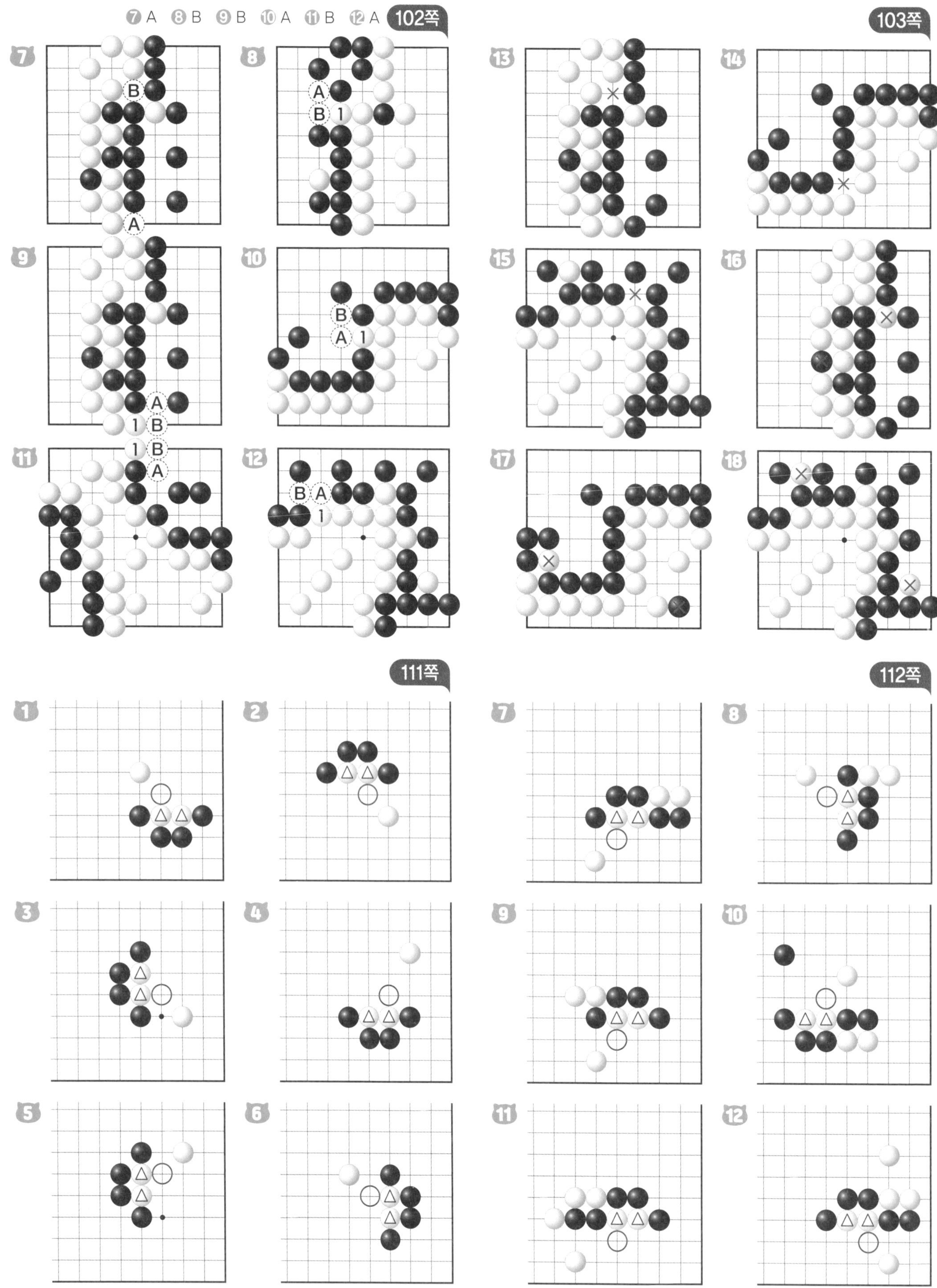

정답

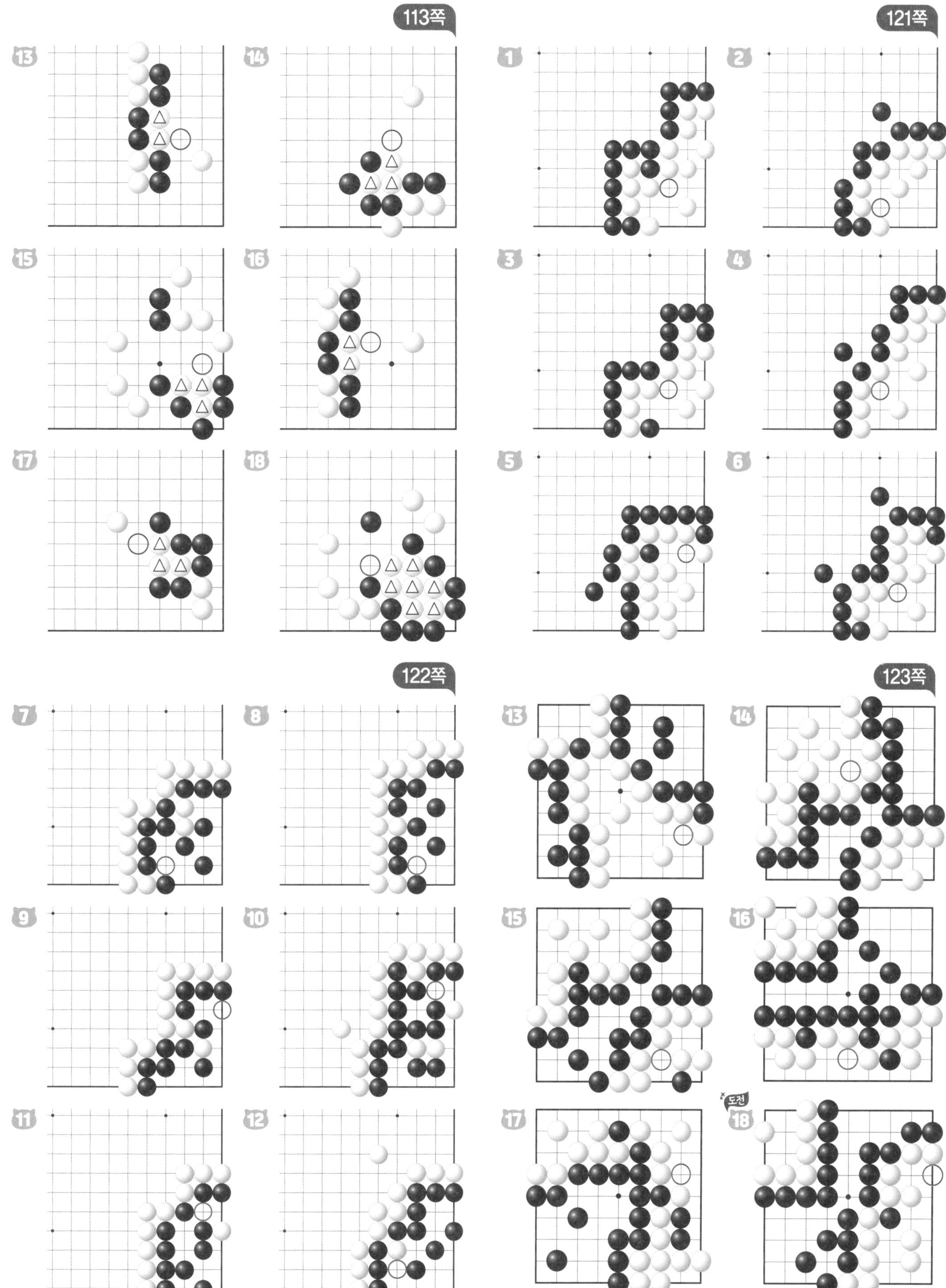
113쪽
13
14
15
16
17
18
121쪽
1
2
3
4
5
6
122쪽
7
8
9
10
11
12
123쪽
13
14
15
16
17
도전
18